주경철의 유럽인 이야기 2

주경철의 유럽인 이야기

2 근대의 빛과 그림자

Catherine de Médicis
Willem van Oranje
Galileo Galilei · Louis XIV
Leopold I & Carlos II
Judges of the Witches
Gian Lorenzo Bernini
John Law

주경철 지음

프롤로그

인간이 역사를 만들고 역사가 인간을 만든다.

이 중요한 사실을 역사가들조차 흔히 잊곤 한다.
세상을 전체적으로 조망하는 거대한 설명 틀도 중요하지만,
정작 그 안에서 사람들이 어떤 일을 하고, 어떻게 사랑을 나누고,
어떤 생각을 하며 살았을까 하는 기본적인 이야기가 빠지면
생기를 잃을 수밖에 없다.
프랑스의 역사가 마르크 블로크는
역사가란 인간의 살 냄새가 나는 곳이면 어디든 달려가는
식인귀ogre와 같다고 하지 않았던가.
우리도 역사가들처럼 근대 역사를 수놓은 주인공들의
내밀한 삶의 이야기를 찾아 떠나보자.

16세기 후반부터 17세기 말까지 유럽은 물질적·정신적으로 크게 도약했다. 왕조국가들이 정립되고, 경제가 성장하면서 자본주의 체제의 기본 골격이 만들어졌으며, 또한 '과학혁명'이 진행 중이었다. 이 모든 성과는 다음 시대에 유럽이 세계 패권을 장악하는 밑거름이 되었다. 그렇다고 해서 당시 유럽 사회가 전적으로 밝은 면만 있었던 것은 결코 아니다. 실제로 역사의 흐름은 교과서에 단순명료하게 서술된 것보다 훨씬 복잡하다. 발전과 성장에는 위기와 고통이 동반되었다. 한편에서 놀라운 과학 발전이 이루어지고 있을 때 다른 한편에서 가공할 마녀사냥이 벌어지고 있었다. 한 마디로 이 시대는 빛과 어둠이 공존했다.

진취적 측면과 퇴영적 측면이 공존했다는 점은 우선 정치와 종교에서 확인할 수 있다. 16세기 전반 카를 5세의 세계제국 건설 시도가 실패한 이후, 유럽 문명권 전체를 하나의 제국 질서하에 자리 잡도록 하려는 이념은 사라져갔다. 대신 국왕을 정점으로 한 왕조국가들이 정립되어 서로 치열한 경쟁을 벌였다. 그렇지만 왕조국가는 국왕 개인 혹은 왕실이라는 극히 제한된 집단이 통치 전반을 책임진다는 치명적인 약점을 안고 있었다. 국왕이 신체적·정신적으로 미약한 경우 혹은 왕위 계승이 순조롭지 않은 경우, 국내외 정세가 크게 요동쳤다. 여기에 종교 문제가 얽히면 극심한 갈등이 터져 나오곤 했다.

16세기 후반 프랑스가 전형적인 사례다. 앙리 2세가 사고로 사망한 후 어린 아들이 왕위에 올랐다가 일찍 죽고, 다시 동생이 왕위를 이어받는 일이 반복되었다. 당연히 통치권의 위기가 닥칠 수밖에 없다. 여기에 가톨릭과 칼뱅파 신교 사이의 갈등이 겹쳐 혼돈 사태가 벌어졌고, 결국 생바르텔레미 학살이라는 프랑스 역사상 최악의 비극이 발생했다. 카트린 드 메디시스는 남편 앙리 2세를 비롯해 세 아들의 즉위와 죽음을 모두 지켜보아야 했다. 그녀는 암흑의 역사를 온몸으로 헤쳐나간 비장한 캐릭터다. 일부 문학 작품과 영화에서는 카트린을 '모략을 일삼는 이탈리아 여인'으로 그렸지만, 실제로는 정치·종교적 화해를 통해 평화를 정착시키려 했던 인물이다. 그녀의 노력에도 불구하고 학살이 벌어진 것은 무질서와 광기를 통제하는 국가 체제가 아직 제자리를 잡지 못했기 때문이다.

네덜란드의 국부로 일컬어지는 빌렘의 사례는 상대적으로 긍정적이지만, 시대의 불행과 고통은 다르지 않다. 이때까지 '네덜란드'는 오늘날의 네덜란드와 벨기에 지역에 걸쳐 있는 합스부르크 소속 17개 주province로 구성되어 있었다. 이 지역은 합스부르크 전체 영토 가운데 가장 부유하고 선진적인 곳이었다. 에스파냐 국왕 펠리페 2세와 갈등을 일으킨 이유도 종교적·경제적 자유를 소중히 여기는 이 지역 전통을 펠리페 2세가 무시했기 때문이다. 최종적으로 17개 주 가운데 북부 7개 주가 합스부르크의 지배에서 벗어나 독립 국가를 이룩했는데, 이는 합스부르크 제국 질서가 실질적으로 와해되는 중요한 계기가 되었다. 네덜란드는 80년에 걸친 전쟁 끝에 독립 국가로 탄생하지만, 빌렘 자신은 조국의 독립을 보기 전에 가톨릭 광신자에게 암살되었다.

왕조국가의 가장 전형적인 사례는 루이 14세 시대의 프랑스다. 후대 역사가들이 이 시기를 '절대주의'라고 지칭한 것은 국왕이 전권을 휘두르며 국가 전반을 장악했기 때문이다. 그러나 최근 연구 결과는 절대주의 체제가 결코 절대적이지 않았다는 사실에 주목한다. 루이 14세는 화려한 베르사유궁을 무대로 전국의 귀족과 부르주아를 좌지우지한 것처럼 보이지만, 실상은 지방의 엘리트들이 국왕에게 복종하는 척하면서 재정적으로나 행정적으로 자신들의 이해를 굳건히 지켜나갔다는 것이다. 루이 14세는 그런 불완전한 통치 기반 위에서 재원을 쥐어짜며 주변 국가들과 끊임없이 전쟁을 치렀다. 루이 14세 자신은 영광을 추구한다고 했으나 그로 인해 2,000만 명의 프랑스 국민과 이웃 국가 주민들은 엄청난 희생을 감내해야 했다.

합스부르크 가문이 지배하는 두 국가, 곧 신성로마제국(오스트리아)과 에스파냐 역시 기본 성격은 프랑스와 다를 바 없다. 특이한 점은 두 국가로 나뉜 후에도 양국 왕실 가문 간 결혼을 통한 인적 결합이 지속되었다는 점이다. 에스파냐 공주가 오스트리아로 가서 황제와 결혼하고 거기에서 태어난 공주가 다시 에스파냐로 와서 국왕과 결혼한 후 그 자식을 다시 오스트리아로 보내는 식이다. 두 사촌 국가는 이런 방식으로 가문의 영토를 보존하고 양국 간 외교·군사적 공조를 강화했다. 그러나 친족간 결혼의 결과 유전병의 폭발 현상을 피할 수 없었다. 에스파냐 국왕 카를로스 2세가 후손 없이 사망하여 벌어진 왕위 계승 문제는 전 유럽을 전쟁터로 만들었다. 프랑스계 부르봉 왕실이 에스파냐의 지배 가문으로 들어선 결과에 주목하면 루이 14세가 평생의 소망을 이룬 셈이지만, 바로 그 시점부터 프랑스가 패권을 상실하고 유럽의 국제 정치는 강대국들 간 세력균형 상태로 변모해간다. 한편, 신성로마제국은 공격해오는 오스만제국을 잘 막아냈을 뿐 아니라 더 나아가 오스만 세력이 후퇴하는 틈을 타 발칸 지역으로 영향력을 팽창해갈수록 '다뉴브 제국'의 성격을 띠게 된다.

근대 유럽 문명의 강력한 힘의 원천 중 하나로 과학기술을 꼽을 수 있다. 그런 점에서 갈릴레오 갈릴레이는 유럽의 근대성을 대변하는 대표적 인물이다. 지구가 우주의 중심이며 천체가 지구를 축으로 돌고 있다는 성경 내용을 문자 그대로 믿던 시대에 갈릴레오는 모든 편견을 버리고 망원경으로 직접 우주를 관찰했다. 완벽한 구球라고 믿었던 달에 산과 계곡이 있으며, 목성에 4개의 위성이 있다는 사실을 밝혀냈다. 그는 관찰 결과들을 수학적으로 정식화하여 이 세상을 설명하는 새로운 틀을 제시했다. 이러한 혁신적인 견해는 교회와 충돌을 일으켰고, 갈릴레오는 종교재판에 회부되어 많은 사람 앞에서 자신의 견해를 부인한 후 오랜 기간 가택 연금 상태로 살아야 했다. 근대 과학 문명의 발전은 결코 순조롭지 않았다.

같은 시기에 유럽 도처에서 마녀사냥의 광기가 불어닥쳤다. 악마와 계약을 맺어 인간 사회에 엄청난 해악을 끼쳤다는 혐의로 무수히 많은 사람이 고문당하고 화형에 처해졌다. 사람이 동물의 모습으로 변신해 밤에 먼 들판으로 날아가 악마 집회에서 아이를 잡아먹는다는 주장이 어떻게 가능한가. 흔히 마녀사냥을 까마득히 먼 고대 혹은 중세에 일어난 일이라고 믿지만, 사실은 16~17세기에 정점을 맞은 근대의 현상이었다는 점을 잊어서는 안 된다. 더구나 이는 일부 몽매한 사람들이 일으킨 사건이아니라 국가나 지방 정부가 법적 절차에 따라 수행한 엄연한 공식 재판이었다. 근대 유럽 세계는 여전히 문명과 야만이 뒤섞여 있었다.

유럽의 경제적 팽창 역시 명암이 엇갈린다. 일각에서는 고도로 발전된 경제 체제가 등장했지만 여전히 많은 사람은 가난에서 벗어나지 못했다. 부의 불평등이 심화되는 상황에서 탐욕과 부패라는 치유 불가능의 병이 사회를 뒤덮었다. 미시시피 버블과 남해회사 버블 사건이 대표적이다. 전쟁의 연속이었던 루이 14세 치세 이후 프랑스의 국가 재정은 해결

불가능한 수렁에 빠졌다. 존 로라는 인물이 이 문제를 단번에 해결하겠다고 나서지만, 실상 그는 일확천금을 노리는 사기꾼 기질과 무모한 모험으로 국가 경제를 살리겠다는 허황된 영웅주의가 결합된 인물이었다. 수많은 사람이 헛된 욕심을 좇아 존 로의 회사에 투자했다가 엄청난 손실을 입었다. 유사한 버블 사건이 이웃 나라들에서도 잇따라 일어났다. 현대 경제의 병리 현상은 등장과 함께 곧바로 세계화되었다.

이 같은 격동의 근대 세계를 예술적으로 증언한 인물이 베르니니다. 그는 강렬하고 극적인 감수성으로 이탈리아 바로크 예술의 정점을 이루는 걸작들을 생산해냈다. 그의 손으로 빚어낸 조각 작품과 건축물 들로 오늘날의 아름다운 로마와 바티칸이 만들어진 것이다. 그는 생애 대부분을 로마에서 살며 로마를 위해 일했지만, 종교적인 열정과 세속적 아름다움이 극적인 대조와 조화를 이루는 그의 작품들은 유럽 사회 전반을 대변해주는 듯하다.

이 여덟 명의 이야기로

근대 유럽의 면모를 전부 살펴볼 수는 없으나,

이 시대가 얼마나 비장하고 역동적이었는지 느낄 수 있을 것이다.

때로는 황당하고 때로는 아름다운 사건의 주인공들을 보노라면

유럽인이란―더 크게 보아 인간이란―

사악하기 그지없는 존재라고 느껴졌다가도

인간 내면의 어느 한구석에는

아름답고 숭고한 한 조각의 가능성이

깃들어 있다는 느낌이 들기도 한다.

그 작은 가능성을 크게 키우고자 하는 것이

역사라는 거울을 통해 우리를 비춰보는 이유이다.

인간 사회는 어쨌든 조금씩 밝고 긍정적인 방향으로

나아가고 있으리라 믿고 싶다.

차례

1장

카트린 드 메디시스,
프랑스 흑역사의 주인공

프랑스 왕실

혼인 관계 ──────
친자 관계 ──────

프랑수아 1세
François I 1494~1547,
재위 1515~1547

가톨릭(구교)
(기즈 가문)

정부

앙리 2세 Henri II
1519~1559,
재위 1547~1559

디안 드 푸아티에
Diane de Poitiers
1499~1566

카트린 드 메디시스
Catherine de Médicis 1519~1589

샤를 드 로렌
Charles de Lorraine 1524~1574

프랑수아 2세 François II
1544~1560, 재위 1559~1560

프랑수아 드 로렌
(프랑수아 드 기즈 François de Guise)
1519~1563

발루아의 엘리자베트
Élisabeth de Valois
1545~1568

신교

샤를 9세 Charles IX
1550~1574,
재위 1560~1574

가스파르 드 콜리니
Gaspard de Coligny
1519~1572

기즈의 앙리
Henri de Guise 1550~1588

암살

앙리 3세 Henri III
(앙주 공 앙리 Henri d'Anjou)
1551~1589, 재위 1574~1589

암살

자크 클레망
Jacques Clément
1567~1589

잔 달브레
Jeanne d'Albret
1528~1572

프랑스의 프랑수아
(알랑송 공작), 1555~1584

발루아의 마르그리트
Marguerite de Valois
(마르고 Margot),
1553~1615

앙리 4세 Henri IV
(나바르의 앙리 Henri de
Navarre) 1553~1610,
재위 1589~1610

암살

프랑수아 라바야크
François Ravaillac
1577~1610

1

신의 은총으로 왕비가 되다

 카트린 드 메디시스만큼 많은 오해와 편견을 불러일으킨 인물도 흔치 않다. 이탈리아 출신의 이 여인은 프랑스의 왕비가 되었고, 세 아들이 차례로 국왕으로 등극했다가 일찍 죽거나 비참하게 몰락하는 것을 지켜보았다. 16세기 후반 프랑스가 종교·정치 문제로 위기에 몰렸을 때, 카트린은 모든 갈등을 부추기고 살인과 폭동을 교사했다는 비난을 받아야 했다. 하지만 이는 사실과 다르다. 소설이나 영화에서 지나치게 과장되거나 왜곡된 이미지를 퍼뜨린 것이다. 이자벨 아자니가 주연을 맡은 영화 〈여왕 마고〉가 대표적이다(제목부터 오역이다. '마르고 왕비'라고 해야 맞다). 이 영화에서처럼 늘 검은 옷을 입고 아들들을 조종하며 배후에서 모략을 일삼는 늙은 여인이 그녀의 전형적인 이미지였다. 그렇지만 실제 카트린은 국가가 위기에 처한 상황에서 갈등을 해소하고 정치 안정을 찾기 위해 눈물겨운 노력을 기울였다. 오늘날 같으면 노벨 평화상을 받았을지도 모른다.

카트린 드 메디시스는 1519년 이탈리아 피렌체에서 태어났다. 그녀의 본래 이름은 카테리나 마리아 로몰라 디 로렌초 데 메디치Caterina Maria Romola di Lorenzo de' Medici였다. 메디치 가문은 전 유럽을 무대로 상업과 금융 활동을 통해 거부가 되었고, 피렌체의 실질적인 지배 가문이 되었다. 카트린의 아버지는 교황의 도움으로 우르비노 공작이라는 고상한 작위까지 거머쥐었다. 그녀의 어머니 마들렌은 프랑스의 유서 깊은 대귀족 가문 출신인데, 거슬러 올라가면 성왕聖王(성인 서품을 받은 국왕) 루이 9세의 혈통을 이어받았다. 카트린은 세련된 이탈리아 문화 속에서 제대로 교양 교육을 받은 재원이었다.

프랑스 국왕 프랑수아 1세가 둘째 아들의 신붓감으로 점찍고 청혼을 한 것은 이처럼 두루두루 좋은 조건을 갖추고 있었기 때문이다. 메디치 가문으로서도 프랑스 왕실의 청혼을 마다할 이유가 없었다. 그런데 왜 장남이 아닌 차남이었을까? 왕위를 물려받을 왕세자인 장남은 왕족이나 황족 가문의 자손과만 결혼하는 것이 프랑스 왕실의 관례였기 때문이다. 그녀는 공작 가문 출신이라 장남이 아니라 차남과 결혼해야 했던 것이다. 그러니까 원래 왕비가 될 예정은 아니었다.

1533년 카트린은 프랑스로 건너와 앙리와 결혼했다. 그리스어, 천문학, 수학 등에 관심이 많은 영리한 소녀를 보고 시아버지 프랑수아 1세는 아주 만족해하고 귀여워했다고 한다. 더구나 그녀는 남자들을 따라 사냥에 쫓아올 정도로 승마술에도 뛰어났다. 그녀가 바로 아마존 승마방식(두 다리를 말 옆구리에 모으고 타는 방식)을 프랑스에 도입한 것으로 알려

프랑수아 클루에가 그린 카트린 드 메디시스와 앙리 2세의 초상(16세기). 메디치 가문의
재원으로 훌륭한 교육을 받고 자란 카트린은 1533년 프랑스 왕실의 차남 앙리와 결혼한
다. 그런데 장남이 일찍 죽는 바람에 앙리가 왕위를 계승하면서 카트린은 왕비가 된다.
기록에 따르면 카트린은 눈이 튀어나오고 입이 아주 커서 미인 축에 들지 않았다고 한다.

져 있다. 다만 몇 차례 말에서 떨어져 크게 다친 적이 있지만.

왕비가 되어 골치 아프게 사는 것보다는 이처럼 왕족의 일원으로 폼 나게 사는 것이 훨씬 행복한 일이었는지 모른다. 그런데 일이 그렇게 돌아가지 않았다. 1536년 시아주버니가 죽자 앙리와 카트린은 각각 왕세자, 왕세자빈이 되었다.

장차 앙리 2세가 되는 남편은 내면적으로 문제가 있었다. 우선, 아버지와 갈등이 컸다. 부왕 프랑수아 1세는 장남과 삼남을 편애한 반면 차남인 앙리를 탐탁지 않게 여겼고, 앙리 또한 그런 아버지에 대해 반항심이 컸다. 그러던 차에 파비아 전투(1525)에서 프랑수아 1세가 신성로마제국 황제 카를 5세의 군대에 패배하여 포로로 잡힌 적이 있었다. 마드리드 조약을 통해 일단 프랑수아가 풀려난 대신 장남과 차남이 인질로 에스파냐에 끌려갔다. 이때의 뼈아픈 기억이 앙리에게 크나큰 정신적 상처를 준 것으로 보인다. 프랑스로 돌아온 그는 웃는 법이 없었다. 이런 여러 원인이 함께 작용하여 애정결핍 증상을 보인 건 아닐까.

앙리는 결혼한 지 얼마 안 되어 자신보다 훨씬 나이 많은 여인을 사랑하게 되었다. 17세의 유부남인 앙리는 스무 살 연상의 디안 드 푸아티에에게 푹 빠져버렸다. 역사에서 이렇게 멋진 자유부인은 유례를 찾기 힘들 것이다. 디안 자신도 40년 차이 나는 늙은 남편 몰레브리에 백작과 결혼하여 딸 둘을 낳은 후 32세에 과부가 되었다. 디안은 출중한 외모와 넘쳐나는 끼로 뭇 귀족 남성들을 매료시켰다. '미녀 중의 미녀belle parmi les belles'를 만난 앙리는 그 품에서 헤어나지 못했다.

이 두 사람은 몰래 연애를 하는 게 아니라 아예 대놓고 사귀었다. 기회만 되면 앙리는 자신의 애인에 대한 찬미를 늘어놓았다. 오히려 디안이

앙리 2세의 정부 디안 드 푸아티에의 초상. 많은 예술가가 아름답고 자유분방한 과부인
디안의 모습을 그림으로 남겼는데, 그중에는 이처럼 그녀를 과감하게 표현한 것도 많다.
〈목욕하는 여인〉, 프랑수아 클루에, 1571년경.

자신에게만 집착하지 말고 카트린에게도 관심을 가지라고 말할 정도였다. 그뿐이 아니었다. 심지어 앙리는 1539년 사부아 전투에 참여했는데, 실제 전투보다는 애먼 일에 승리를 거두고 돌아왔다. 피에몬테 출신 처녀를 임신시켜서 데리고 온 것이다. 이 여인에게서 딸을 얻자 아이 이름을 또 디안이라고 지었다.

왕비의 자격을 갖추어나가다

카트린은 앙리의 이 같은 행각을 꾹 참고 버티는 것이 이기는 길이라고 생각했을 것이다. 무엇보다 아들을 낳아서 자리를 확고히 지켜내야 했다. 그런데 문제는 바로 거기에 있었다. 웬일인지 아이가 생기지 않았다. 그녀는 가능한 모든 방법을 알아보았다. 점성술사와 마법사들에게 자문을 구하고, 신교도들에게 찬송가를 배워 불러보았다. 아이를 둔 여자들에게 비법도 물어보았고, 온갖 사랑의 묘약도 시도했다. 그중 당나귀 오줌 같은 고약한 것도 눈 딱 감고 삼켰다. 이와 동시에 왕세자 부부는 궁정 의사 장 페르넬Jean Fernel에게 검진을 받았다(왕세자는 산파의 도움을 받아 간접적인 방식으로 검진했다). 의사의 말에 따르면 두 사람은 문자 그대로 속궁합이 안 맞았다. 앙리는 요도 구멍에 문제가 있었고 카트린은 자궁이 비틀려 있다는 것이다. 이처럼 둘 다 생식기관의 형태에 이상이 있어 정상체위로는 정자가 난자까지 도달하지 못해 임신이 되지 않자 궁정 의사는 두 사람에게 색다른 체위를 제안하여 씨앗이 잘 섞이도록 했고, 에로틱한 책을 읽게 해서 상상력을 자극했다. 진정 명의라 칭할 만하다.

　의사의 처방이 맞은 건지 당나귀 오줌이 효능이 있던 건지 1544년 이후 아이를 갖게 되었다. 한번 길이 열리자 걷잡을 수 없이 생산 활동이 이루어져 12년 동안 10명의 아이를 낳았고, 이 중 4남 3녀가 성년까지 살아남았다. 이 가운데 세 명이 차례로 프랑스 국왕이 되었고(프랑수아 2세, 샤를 9세, 앙리 3세), 딸 하나는 나바르 왕국의 왕비가 되었으며(마르그리트, 흔히 마르고Margot라는 애칭으로 불린다), 또 다른 딸은 에스파냐의 펠리페

2세의 세 번째 왕비(발루아의 엘리자베트)가 되었다. 이들이 16세기 후반 격동의 역사를 수놓은 인물들이다.

1547년 프랑수아 1세가 사망하자 앙리 2세가 국왕으로 등극했다. 앙리는 이때까지도 디안에 대한 애정은 변함이 없어서 카트린을 일찍 잠자리에 들게 한 후 자신은 디안과 함께 즐거운 저녁 시간을 보냈다. 또한 국왕이 전투에 참여하여 자리를 비우게 되면 명목상으로는 왕비가 섭정을 맡지만, 실제로는 임시 통치위원회를 두어서 그곳에서 모든 중요한 일을 처리하고 카트린에게는 아무런 실권도 주지 않았다. 카트린이 소외감을 느꼈을 법하지만 현실을 인정하여 일단 고개를 숙이고 인내했다. 그러는 동안 프랑스사 연대기들을 열심히 공부했다. 어느 날 디안 드 푸아티에가 카트린에게 무엇을 읽고 있느냐고 묻자 이렇게 답했다. "이 나라 역사를 읽고 있는데 이걸 보니 매 시대마다 창녀가 국왕의 일에 간섭했더군요."

1557년 에스파냐군이 네덜란드 지방으로부터 프랑스로 침략해왔다. 이해 8월 10일 생 캉탱 전투에서 프랑스군이 대패하자, 자칫 파리가 적의 수중에 떨어질 위험에 처했다. 당시 앙리 2세는 돈 한 푼 없어서 거병할 처지가 못 되었다. 이때 카트린이 발벗고 나섰다. 8월 13일 파리 시청으로 달려가서 시장, 상인 대표, 파리 대학 학장, 고등법원 원장 등에게 읍소해 무려 30만 리브르를 빌려온 것이다. 앙리 2세는 이 돈으로 에스파냐군을 격퇴할 수 있었다. 베네치아 대사는 본국에 보낸 편지에서 "이곳에서는 모든 사람이 왕비의 용의주도함에 대해 이야기하고 있습니다"라고 썼다. 이후 앙리 2세는 애인을 조금 멀리하고 왕비와 저녁 시간을 보내는 일이 더 많아졌다고 한다.

남편의 죽음으로 새로운 국면을 맞은 카트린

1559년 7월 희한한 참사가 벌어졌다. 국왕 앙리 2세는 오스트리아와의 오랜 전쟁이 끝나고 딸과 펠리페 2세의 결혼을 기념하기 위해 개최한 마상 창 시합에 출전했다. 몽고메리Montgomery 백작과 경기를 하던 중 백작의 창이 부러졌는데, 창 조각이 국왕의 눈을 찌르면서 뇌에 박혀 며칠 후 국왕은 사망했다. 이런 위험천만한 경기에 국왕이 참여했다가 죽는 게 이 시대 궁정의 모습이다.

왕위를 이어받은 아들 프랑수아 2세는 15세였다. 당시 15세면 공식적으로는 성인이지만 사실은 아직 어린아이였다. 대관식 때 머리에 얹은 왕관이 너무 무거워서 네 사람이 왕관을 받쳐 들고 왕좌로 걸어갔다고 한다. 이런 정도니 그가 국정을 주관하는 것은 불가능했다. 실권은 국왕의 외척인 프랑수아 드 기즈와 추기경인 샤를 드 로렌이 잡았다. 앞으로 자주 등장하겠지만 기즈Guise 가문은 당시 정치·종교·사회 갈등의 중요한 한 축을 이루는 강경 가톨릭 세력의 대표 선수였다. 이 두 사람이 국왕권을 전횡하고 있었지만, 이탈리아 전쟁을 종식시킨 것만은 누가 뭐래도 훌륭한 일이었다. 1449년 이래 100여 년간 프랑스가 주장해온 나폴리 왕국에 대한 계승권을 포기함으로써, 이제까지 황당한 꿈을 좇아 이탈리아 공격에 국력을 소진했던 어리석은 일은 더 이상 지속되지 않았다.

카트린은 처음에는 권력을 전혀 쥐지 못했다. 차라리 국왕이 더 어리면 섭정을 선언하고 공식적으로 권력을 행사했을 텐데, 성년 선언을 했기 때문에 그러지 못한 것이다. 그래도 어린 국왕의 어머니라는 위치 때문에 점차 힘을 얻어갔다. 카트린이 권력을 손에 쥐었을 때 가장 먼저 한 일은 남편의 오랜 연인이었던 디안을 손보는 것이었다. 디안이 그동안 선물받은 보석들을 압수하고, 쉬농소 성을 빼앗아버렸다.

상복을 입고 권력을 행사하다

이 시대의 가장 큰 문제는 가톨릭과 신교의 갈등이었다. 프랑스는 물론 가톨릭 국가지만 남부와 서부 지역에, 특히 귀족들 중에 신교를 받아들인 사람이 많아, 프랑스 귀족의 3분의 1이 신교도였다. 이에 맞서 기즈 가문을 비롯한 가톨릭 세력도 강경하게 대응했다. 이들은 어린 국왕에게 1559년 9월 빌레코트레 칙령에 서명하도록 강요했는데, 이 중에는 신교 예배를 본 집을 아예 파괴해버린다는 내용도 있었다.

위그노(프랑스에서 신교도를 부르는 말) 귀족들 역시 이런 압박에 강력하게 대처했고, 때로는 무리한 일들을 벌이곤 했다. 예컨대 1560년 3월 신교 측이 앙부아즈궁을 공격해 프랑수아 2세를 납치하려 했다('앙부아즈 음모' 사건). 기즈 가문에 휘둘리고 있는 국왕을 '해방'시키기 위해 1,000여 명이 앙부아즈 성을 공격했지만, 대비하고 있던 기즈 가문이 이끄는 병사들에 의해 쉽게 진압되었다. 반란을 주도했던 라 르노디는 살해되어 시신이 토막 나 성문 앞에 걸렸고, 다른 가담자들 역시 살해된 후 주검이 쇠갈고리에 꽂혀 성문 또는 나무에 걸리거나 루아르 강에 던져졌다. 아름다운 성과 강이 핏빛 지옥으로 변모했다. 왕과 모후는 이 광경을 멀리서 지켜보았다. 이제 종교 갈등은 폭발 지경이었다.

이럴 때 카트린이 견지한 원칙은 단 하나, 모든 저항을 억누르고 왕실의 권위를 높여야 한다는 것이다. 국왕은 귀족들과 종교 파당들 위에 군림하면서 중재자가 되어 평화를 유지해야 했다. 그녀의 이런 정책을 지지하는 세력을 '정치파politique'라 한다. 특히 미셸 드 로피탈Michel de L'Hôpital(1505?~1573)이 중요한 인물이다. 일종의 수상 역할을 하던 그는 법학자로 정치 능력과 학문적 업적이 뛰어나 많은 사람의 존경을 받았다. 왕비와 그는 서로 의존하며 왕권 강화를 통한 평화 정책을 추구했다.

문제는 국왕에게 있었다. 1560년 허약한 프랑수아 2세가 병으로 죽자 동생이 샤를 9세라는 이름으로 왕위에 올랐다. 고작 아홉 살인 국왕은 대관식 때 엄마 곁에서 울었다고 한다. 이러니 통치의 위기가 오지 않을 수 없었다.

이제 카트린은 국왕위원회의 실질적 좌장으로서 권력을 장악했다. 그녀가 사용하는 인장에는 "신의 은총으로 프랑스의 왕비이며 국왕 모후인 카트린"이라고 쓰여 있었고, 상복을 입은 채 어린 아들 대신 권력을 행사하는 어머니의 모습을 보여주었다. 그런데 모후는 의자에 앉지 못하고 서서 정사를 보았다. 실권을 잡았지만 다만 빌려온 권력이기 때문이다. 실제로 모후와 그녀를 돕는 미셸 드 로피탈의 권력은 완전하지 못했다. 이후 40년 동안 이 나라는 격심한 정치·종교의 전쟁터가 되었다. 프랑스 사에서는 이 시기를 종교전쟁 시기라 부른다.

프랑스 역사상 최악의 참극

 카트린은 도그마에 강하게 집착하지 않았다. 신교도들이 왕권을 인정하고 가톨릭의 우위를 수용한다면 제한적이나마 자유로운 예배를 허락하고자 했다. '엄격성rigueur'이 아니라 '부드러움douceur'의 정책을 펴고자 했던 것이다. 어떻게든 신교와 구교의 충돌을 피하려 했고, 더 나아가서 양측의 화해를 모색했다. 1561년 9~10월 푸아시Poissy 콜로키움을 개최한 것이 그런 사례다. 신교와 가톨릭 대표들이 만나 교리와 의식의 차이를 상대화하는 회의를 이끌어내고자 한 것이다.

이 회의에는 칼뱅의 오른팔 격인 테오도르 드 베즈Théodore de Bèze가 이끄는 신교 대표단이 참석하여 가톨릭 인사들과 논의를 했다. 하지만 중요한 교리 문제를 놓고 충돌했다. 미사 때 빵과 포도주의 본질이 변하는가 아닌가 하는 것이었다. 쉽게 말하면 가톨릭에서는 미사 때 그리스도가 임재하여 빵의 본질이 예수의 살로, 포도주의 본질이 예수의 피로 변한다고 믿지만, 신교 측에서는 그런 것은 단지 예수의 희생을 추모하는 일일 뿐 실제 빵과 포도주의 본질이 변화하지는 않는다고 주장했다. 이 문제는 결국 합의점을 찾지 못했다. 평화 공존을 모색하는 마지막 기회였는데 그 가상한 노력은 실패로 끝나고 말았다.

악화일로로 치닫는 신구교 갈등

그럼에도 카트린은 신교도들에게 정치적 관용을 허락하는 내용의 생 제르맹 칙령을 반포했다(1562). '소위 새로운 종교를 믿는 이들'에게 양심의 자유를 인정하여, 공개된 장소가 아닌 실내에서 예배를 보는 것은 허락하겠다는 취지다. 그러나 이 칙령을 공식화하려면 파리 고등법원에 등록해야 하는데, 이 기관을 가톨릭 세력이 장악하고 있으므로 그것은 불가능에 가까운 일이었다. 오히려 그런 사실을 접한 가톨릭 측의 공분을 샀다. 사태는 갈수록 악화되었다. 조그마한 불씨 하나가 큰 사건으로 번질 기세였다.

푸아시 콜로키움이 개최되고 몇 달 후 드디어 터질 것이 터지고 말았다. 가톨릭 측에 의한 신교도 학살 사건이 일어났다. 기즈 가문의 지도자인 프랑수아 공의 군사가 샹파뉴의 바시라는 작은 도시를 지나가다가 그곳에서 예배를 드리던 수십 명의 신교도를 발견하고 살해한 것이다. 그전에 신교도들이 기즈 공을 비난했던 게 화근이었다. 신교도 예배 장면을 우연히 목격한 기즈의 군사들은 흥분하여 "죽여라, 죽여, 위그노 놈들을 죽여라!Tue, tue, mort Dieux, tue ces huguenots" 하고 큰 소리를 지르며 살인

1562년 기즈 가문의 군사들이 신교도를 살해하는 바시 학살이 일어났다.
첫 번째 종교전쟁으로 보는 이 사건 이후 곳곳에서 신교와 구교의
충돌이 발생했다. 작자 미상, 16세기 말.

을 저질렀다. '바시 학살massacre of Wassy'이라 불리는 이 사건을 대개 첫 번째 종교전쟁으로 본다. 이 사건이 일어난 후 예상대로 신교도들이 봉기하고, 전국 각지에서 신교와 구교가 충돌했다.

이번에도 카트린이 양측의 충돌을 피하기 위해 관용의 칙령을 발표했지만 근본적인 해결책이 될 수는 없었다. 자기 집에서 자유롭게 예배를 볼 수 있는 신교도는 오직 힘 있는 귀족뿐이었다. 가톨릭 신자들 역시이 칙령을 맹렬히 비난했다. 한 왕 아래 어떻게 두 종교가 가능하단 말인가? 종교 문제에서 중재 혹은 중립이란 없다. 오직 예수 그리스도에게 곧장 나아가는 것인데, 이에 대해 함께하든지 반대하든지 둘 중 하나다.

매번 일이 비슷하게 돌아갔다. 충돌이 일어나면 수적으로 우세한 가톨릭 측이 우위를 차지하지만, 그렇다고 해서 카트린의 입장에서는 신교도를 완전히 억압할 수는 없으므로 오히려 신교 측에 유리한 내용의 칙령을 발해주었는데, 이것이 다시 가톨릭 측의 분노를 샀다. 양측 모두 수뇌부를 중심으로 뭉쳐 상대를 공격했다. 가톨릭의 대표가 기즈 가문이라면 신교 측 지도자로는 가스파르 드 콜리니가 가장 영향력 있는 인물이었다. 콜리니는 국왕이 '아버지'라 부를 정도로 인망이 높았다. 그러나 이처럼 국왕에게 직접 영향을 미칠 수 있는 신교도의 존재 자체가 가톨릭 측을 자극했다.

더구나 콜리니가 추진하려 한 정책이 문제를 일으켰다. 당시 심각한 국제 문제는 네덜란드 사태였다. 에스파냐의 지배를 받던 네덜란드에서 종교와 세금 문제로 봉기가 일어나 독립을 요구하자 에스파냐는 맹장猛將 알바 공을 보내 잔혹하게 진압하도록 했다. 그러나 유럽의 신교 국가들이 네덜란드를 원조했다. 이때 콜리니는 프랑스도 네덜란드를 군사적으로 도와야 한다고 제안했다. 일종의 '전쟁 수출'을 통해 국내의 갈등을 해외로 돌리자는 것이었다. 그러나 가톨릭 신도가 다수인 프랑스가 에스파냐를 버리고 신교 국가를 돕는다는 것은 있을 수 없는 일이었고, 따라서 프랑스 왕실에서도 반대했다. 결국 공연히 가톨릭 측의 분노만 초래했을 뿐이다.

신교와 구교 간 충돌 가운데 가장 격렬한 사건은 1572년 8월 23~24일에 일어난 생 바르텔레미 학살이다. 이 사건은 프랑스사에서 씻을 수 없는 최악의 흑역사 중 하나로 손꼽힌다. 이 엄청난 학살 사건이 일어나게 된 과정을 살펴보자.

카트린의 정책은 왕권이 신·구교 양측 어디에도 종속되지 않도록 한다는 것이었지만 신교 측은 그렇게 보지 않았다. 왕실이 실질적으로 기즈 가문의 지배하에 있다고 보았고, 1567년 국왕 샤를 9세와 모후를 납치하려는 이른바 '모Meaux 습격' 사건을 일으켰다. 카트린으로서는 신교도 봉기 세력을 억제해야 했지만, 그렇다고 기즈 가문의 영향력을 더 키워주고 싶지도 않았다. 그래서 생각해낸 아이디어가 현 국왕의 동생인 앙주 공 앙리에게 군사를 맡겨 이 문제를 처리하도록 한다는 것이었다. 그는 나중에 앙리 3세로 왕위에 오른 인물이다. 카트린은 그를 왕국 총사령관으로 임명하여 신교 측과 맞서 싸우도록 했고, 실제 몇 차례 승리를 거두었다. 그 결과 앙리는 가톨릭 측, 특히 파리에서 폭발적인 인기를 누렸다. 자신이 언젠가 국왕이 되리라는 큰 야망을 품고 있던 그는 자신의 힘을 실질적으로 더 키우면서 모친의 힘을 잠식하려 했다.

복잡미묘한 권력 균형의 줄타기 상황에서 카트린이 생각해낸 아이디어는 자신의 딸 마르그리트(애칭 '마르고')를 신교 측 실력자인 나바르의 왕 앙리와 결혼시키는 것이었다. 앙리라는 이름이 너무 많으니 한번 정리하고 넘어가자. 기즈 가문의 실력자로서 가톨릭의 대표 선수인 앙리(기즈의 앙리), 카트린의 아들이고 현 국왕인 샤를 9세의 동생으로서 왕권

을 노리는, 그리고 실제로 훗날 프랑스 국왕 앙리 3세가 되는 앙리(앙주
공 앙리), 그리고 에스파냐 북부와 프랑스 남부에 걸쳐 있는 소왕국 나바
르의 왕이자 점차 신교 측 지도자로 부상하며, 훗날 프랑스 국왕 앙리 4
세가 되는 앙리(나바르의 앙리)가 그들이다. 이 중 나바르의 앙리가 점차
신교 측 주요 지도자로 부상하자, 카트린은 딸 마르그리트와 결혼시켜
정치·종교적으로 화해를 모색해보려 한 것이다.

엄마 카트린은 이렇듯 여러 문제로 골머리를 앓으며 동분서주하는데,
딸 마르그리트는 자유분방한 건지 철이 없는 건지 그 와중에 불장난을
하고 있었다. 그것도 다름 아닌 기즈 가문의 앙리와 동침하고 있었다(영
화 〈여왕 마고〉에서 이런 이야기들이 다소 과장되게 그려졌다). 이 사실을 알게
된 국왕과 모후는 마르그리트를 불러다가 옷을 찢고 때리고 머리카락을
한 움큼 뽑으며 혼쭐을 내고는 나바르의 앙리와 결혼하도록 강요했다.

남은 문제는 나바르 측의 동의를 구하는 일이었다. 나바르의 앙리의
어머니 잔 달브레 역시 시대의 여걸이었다. 카트린은 달브레를 궁으로
불러서 어렵사리 설득해 결혼계약서까지 작성했다. 그런데 이상한 일이
벌어졌다. 결혼 계약에 합의한 후 달브레는 파리에 집을 구해 머물면서
혼례용 의상 쇼핑을 하고 있었는데, 이곳에서 뜻하지 않게 죽음을 맞았
다. 왜 그렇게 갑자기 죽었을까? 사실인지 아닌지 알 수 없지만, 카트린
이 향수를 뿌린 장갑으로 위장한 독 장갑을 선물하여 죽였다는 설이 퍼
졌다. 알렉상드르 뒤마의 원작 소설 〈마르고 왕비〉에서는 카트린의 동향
인으로 향수·독약 전문가인 르네René의 작품이라고 하나, 이는 확인할
길이 없다.

나바르의 앙리와 마르그리트의 결혼은 1572년 8월 18일로 정해졌다.

나바르의 국왕 앙리와 왕비 발루아
의 마르그리트. 카트린은 딸 마르그
리트를 신교도인 나바르의 왕 앙리
와 결혼시켜 신·구교 간 화해를 모
색하려 했다. 작자 미상. 1572.

이해 여름, 결혼 하객으로 수많은 신교 귀족이 파리로 운집했다. 분위기
가 심상치 않았다. 가톨릭 측에 대한 복수를 주장하는 수천 명이 시내에
모여들었고, 질서 유지를 위한 민병대 5,000명이 배치된 데다가, 파리 시
민들도 흥분 상태였다. 날씨는 엄청나게 더워 사람을 힘겹게 만들고 있
었고, 경제 사정도 안 좋고 물가도 많이 올라서 사람들의 불만이 이만저
만이 아니었다. 성당에서는 노골적으로 폭력 살인을 부추기는 이야기들
이 오갔다. 무슨 일인가 터질 것 같은 분위기였다.

　급기야 결혼식이 끝난 뒤 사건이 터졌다. 8월 22일 아침, 콜리니를 향
해 누군가가 총을 쐈는데 다행히 가벼운 부상에 그쳤다. 누가 암살을 지

시한 것일까? 많은 역사가의 연구에도 불구하고 이 사건은 수수께끼로
남아 있다. 모두 카트린을 의심했으나 기즈 가문 혹은 에스파냐 측도 의
심의 대상이 되었다. 이제 상황은 통제 불능으로 치달을 것이 분명했다.

"다 죽여라, 국왕께서 명령하셨다!"

학살은 바로 직후에 벌어졌다. 8월 24일 새벽, 루브르궁 바로 옆에 위치
한 생 제르맹 록세루아 성당의 종이 급박하게 울렸다. 이것은 약속된 신
호임이 틀림없었다. 당시 기록에 따르면 이날 기즈 공작 앙리가 루브르
궁의 문을 열었으며, 다른 가톨릭 귀족들이 "다 죽여라, 국왕께서 명령
하셨다Tuez tous, le roi le commande!" 하고 소리치며 거리를 뛰어다녔다고 한
다. 신교도에 대한 야만적인 폭력이 자행되었다. 죽은 사람들의 옷을 벗
기고, 아이들이 시체를 진창으로 끌고 다니다가 참수하고 내장을 꺼내는
등 끔찍한 일들이 벌어졌다. 원한에 의한 살인의 경우 이렇게 시체를 참
혹하게 다룬다고 하지 않는가. 민병대가 있었지만 방관하거나 심지어 동
조한 것으로 보인다. 살인범들이 제일 먼저 노린 인물은 바로 콜리니였
다. 이틀 전 암살에 실패하자 가장 먼저 그를 공격했다. 폭도들은 루브르
궁 근처에 위치한 그의 저택을 급습하여 그를 죽이고 시체를 창 너머로
던진 후 뭉갰다. 그와 동시에 이 구역을 소탕하고 나섰다.
　학살 소식은 곧 프랑스 전역으로 퍼졌고, 주요 도시들에서 신교도 학
살이 벌어졌다. 8월부터 10월까지 오를레앙, 리옹, 보르도 등 12개 도시
에서 살인 사건이 발생해, 그해 가을 내내 프랑스는 학살의 무대가 되

었다. 얼마나 많은 사람이 희생되었을까? 당시에는 10만 명이라고 했으나, 오늘날 역사가들은 최소 5,000에서 최대 1만 명, 특히 파리에서만 약 2,000~3,000명이 학살된 것으로 추산한다.

이날의 사태를 증언하는 자료로는 프랑수아 뒤부아François Du Bois가 그린 〈생 바르텔레미 학살〉이 있다. 물론 이 그림은 현장을 직접 보고 그린 것이 아니다. 화가는 사건 당시 제네바에 피신해 있었다. 그림은 지옥의 한 장면 같다. 내장이 끄집어져 나온 여인들, 몽둥이로 맞는 사람들, 학살되는 신생아, 단도로 살해되는 노인들이 보이고, 도망가는 사람과 죽이려고 쫓는 사람들밖에 없다. 그림에서 보듯 센강 왼쪽 기슭의 생 제르맹 구역에 살고 있던 신교도들만 겨우 목숨을 구할 수 있었다. 그림에는 콜리니를 살해하는 여러 모습이 나타나 있다. 루브르궁에서 멀지 않은 그의 저택의 창에서 그를 내던지는 모습, 참수한 후 기즈 공이 그의 목을 트로피처럼 들고 있는 모습, 다시 성기를 자르고 교수대에 매단 모습들이 그려져 있다. 또 국왕 샤를 9세가 루브르궁의 창에서 총을 쏘았다는 떠도는 이야기도 표현되어 있다. 검은 옷을 입은 카트린은 옷이 벗겨진 시체 더미를 바라보고 있다. 이는 분명 마리아의 역상이다. 이런 묘사가 '검은 왕비reine noire'라는 카트린의 흑색 전설을 강화하는 데 일조했다.

이 사건의 많은 부분은 여전히 미스터리에 싸여 있다. 이날 새벽 성당 종을 격렬하게 울린 사람은 누구일까? 국왕과 카트린의 역할은 과연 무엇이었을까? 현재 사료를 통해 우리가 알 수 있는 건 학살 사건이 터지기 전날 밤에 이 두 사람과 측근들이 모였다는 사실이다. 그러나 이때 어떤 결정이 이루어졌는지 알 수 있는 기록은 전혀 없다. 사실 샤를 9세와 카트린은 학살 사건을 접하고 질겁했다. 이날 오후에 국왕은 기즈 가 사

신·구교 간 화해를 모색하려던 나바르의 앙리와 마르그리트의 결혼식이 끝난 후, 돌아온 것은 야만적인
폭력이었다. 생 제르맹 록세루아 성당의 종이 울리자 신교도들에 대한 무자비한 학살이 자행되었다.
〈생 바르텔레미 학살〉, 프랑수아 뒤부아, 1572~1584년경.

람들에게 법정에 세우겠다고 경고하면서 당장 학살을 중지하라고 지시했다. 그렇다면 이날의 학살은 가톨릭 측 지도자인 기즈 가문이 주도한 것인가?

그런데 그로부터 이틀 후 이해할 수 없는 일이 일어났다. 8월 26일 국왕이 직접 나서서 이번 학살은 왕실에서 벌인 일이라고 밝힌 것이다. 신교 측 폭동 음모를 미리 간파하여 예방 조치로서 살인 예비범들을 먼저 공격했다고 주장했다.

종교가 광기를 띠면?

과연 누가 학살을 모의했고 누가 명령을 내렸는가? 이에 대해 역사가들의 의견이 분분하다. 정말 국왕이 살해 명령을 했을까? 이런 대학살은 왕의 지시 없이는 불가능하지 않을까? 에스파냐가 배후에서 사주한 것은 아닐까? 스스로 유럽 가톨릭의 최후의 보루를 자처하는 펠리페 2세가 네덜란드의 신교도 봉기를 진압하고, 더 나아가 이웃 프랑스의 종교 분란에 개입하여 신교 세력을 눌러버리는 동시에 자신의 영향력을 확대하기 위해 비밀리에 사주했을 가능성도 있다. 이처럼 여러 추론이 가능하다. 역사가들이 이야기하는 대표적인 시나리오 네 가지를 살펴보자.

첫째, 카트린이 사전 모의하고 학살 명령을 내렸다는 설이다. 카트린은 이미 오래전부터 신교도 제거를 생각했다는 것이다. 이에 따르면 그녀의 화친 평화 정책은 위장술이었으며, 신교도들을 안심시킨 후 본격적으로 학살극을 벌였다. 16세기 당시에 퍼진 설이지만 오늘날에는 부정된다. 그러나 일부 학자는 8월 22일 콜리니 암살 음모까지는 그녀의 작품이고, 이것이 실패하자 신교도들의 복수에 대한 공포로 대학살이 자발적으로 일어났다고 본다. 이 역시 카트린에게 책임을 묻는 해석이다.

둘째, 기즈 가의 봉기라는 설이다. 기즈 가가 왕실의 화평 정책에 반대하여 에스파냐의 힘을 등에 업고 쿠데타를 일으켰다는 주장이다. 파리 시민의 전투적 태도, 봉급을 제대로 못 받은 왕실 군대의 불만 등을 교묘히 이용했다는 해석이 덧붙여진다.

셋째, 카트린이 최악의 상황을 피하기 위해 벌인 이성적 범죄였다는 설이다. 콜리니 암살 실패로 카트린은 궁지에 몰렸다. 이 상황에서 기즈 가를 공격하려니 가톨릭 세력과 틀어지고, 가만있자니 신교도들의 복수가 시작될 것이다. 그래서 국왕 샤를 9세와 협의하여 신교도 수뇌부를 공격했다는 것이다. 이것은 카트린이 지금까지 해온 정책과는 반대되지만 최악을 피하기 위해 일종의 '필요악'으로 일을 벌였다고 해석한다. 다만 사태가 예상을 뛰어넘는 대규모 학살로 이어졌다는 것이다.

넷째, 야망에 찬 앙주 공 앙리가 자기 권력을 확대하기 위해 독단적으로 폭력을 저질렀다는 설이다. 이 가설에 따르면 콜리니 암살 시도는 기즈 가와 에스파냐가 사주했다고 본다. 여기까지는 두 번째 가설과 통한다. 그 후 8월 23일 국왕위원회에서 이탈리아인들(카트린에게 조언을 해주고 있던 사람들)이 신교도 수뇌부 50명 정도를 암살하라고 권했다. 국왕과 카트린은 여기에 극력 반대했는데, 이 자리에 참여했던 앙주 공 앙리가 자신이 권력을 잡을 호기라 여기고 또 다른 권력광인 기즈 가의 앙리 및 파리 당국자들과 접촉하여 벌인 일로 추론한다. 당시 총사령관이었던 앙주 공 앙리는 국왕의 이름으로 행동할 수 있었다. 학살이 일어나자 카트린은 그 진상을 조사하려 했는데, 자기 아들이며 다음 왕위 계승자인 앙리가 개입된 사실을 알게 되었다. 이렇게 되면 결국 자신도 학살 사건으로부터 자유로울 수 없었기에 국왕이 더 큰 정의를 실현하기 위해 학살을 주도했다고 선언하면서 진실을 숨겼다는 것이다. 이 설은 당시에도 제기되었는데, 최근 역사학계에서 다시 주목을 끌었다.

그러나 이 모든 것은 가설에 불과하다. 이 사건의 주모자를 밝혀내는 것은 결국 미스터리로 남을 가능성이 크다.

당시 사람들은 이 사건을 어떻게 보았을까? 신교 측에서야 당연히 광신적인 가톨릭 세력의 계획적 살인이라고 비난했다. 가톨릭 측의 반응은? 현재 우리의 관점에서 보면 문제가 심각하다. 가톨릭에서는 이 학살을 하느님의 복수라고 정당화했다. 악마의 자식들이 날치는 데 대한 신의 분노라는 것이다. 학살을 저지른 시민들은 신의 도구이며 신의 전사라 칭송받았다. 교황 그레고리오 13세는 특별 감사 미사를 드리며 테데움(신을 찬미하는 성가)을 부르게 하고 프랑스 국왕에게 황금장미를 보내 경축했다. 이 교황이 현재 우리가 사용하는 그레고리우스력이라는 달력의 체제를 확립했는데, 신교 국가에 이 달력의 보급이 늦어진 것도 이런 정황과 무관치 않다.

파리 민중들도 유사한 반응을 보였다. 8월 24일 아침, 시내의 이노상 묘지의 산사나무에 꽃이 피었다. 이 나무의 가시가 그리스도 가시관의 상징이어서 학살을 정당화하는 또 다른 증거로 삼았다. 곧 순수의 상징인 아이들이 달려가 콜리니의 시체를 끌고 다니고 교회 종을 타종했으니 이 모든 것이 기적이라 주장했다. 지금 우리 눈에는 유치한 상징이지만 그런 유치함이 엉뚱하게 작동하면 실로 가공할 사태를 초래한다.

후일의 평가 중에도 유사한 것들이 있다. 루이 13세 시대 지식인으로서 마자랭 도서관 사서였던 가브리엘 노데Gabriel Naudé(1600~1653)는 생바르텔레미 학살을 미완의 혁명으로 규정했다. 그때 확실하게 다 죽이고 깨끗이 끝냈어야 했는데……. 케자르는 평생 119만 명을 죽였다고 자랑하지 않았던가? 종교가 광기를 띠면 바로 이렇게 된다.

3

평화를 추구한 여성 정치가

 왕실로서는 하루바삐 사태를 진정시키고 질서를 찾아야 했다. 그러기 위해 시급한 과제 중 하나는 국왕의 동생으로서 권력욕에 불타 있는 앙주 공 앙리의 힘을 눌러놓는 일이었다. 국왕의 힘이 미약한 반면, 그 동생의 힘이 커지면 문제가 발생할 공산이 크기 때문이다.

그런데 때마침 좋은 기회가 찾아왔다. 폴란드-리투아니아의 국제國制가 선출왕제로 바뀐 것이다. 이 제도는 민주적이라기보다는 귀족이 국왕을 통제해서 자신들의 권력을 지키겠다는 봉건적 의미가 컸다. 귀족들은 자신들의 입맛에 맞고 자신들을 억누르지 못할 정도의 약한 인물을 왕으로 내세우려 했다. 폴란드가 근대 이후 점차 힘을 잃고 결국 강대국들에 의해 공중분해된 것은 이처럼 국왕이 아무것도 할 수 없도록 만들어놓은 제도에 원인이 있다. 미약한 국왕 후보로는 외국인 왕자만 한 게 없다. 국내 사정에 밝지 않고 의사 소통이 자유롭지 못한 인물을 앉혀놓으면 귀족들이 편하게 일을 처리할 수 있다. 프랑스 왕실의 인물 정도면 안성맞춤이다. 같은 가톨릭 국가 출신인 데다 혈통으로 보면 A++ 최고등급이 아닌가. 앙주 공 앙리로서도 당장 프랑스 왕위를 차지할 수 없는 마당에 일단 왕이라는 타이틀을 보고 이 자리를 받아들였다. 그리하여 1573년 그는 멀리 크라코프로 떠났다. 프랑스 왕실에서는 권력투쟁의 요소 하나를 멀리 치웠다며 일단 한숨 돌렸을 것이다. 과연 그럴까?

앙리 3세의 즉위, 흔들리는 왕권

폴란드로 간 이후에도 앙리의 안테나는 프랑스를 향해 있었다. 언젠가 프랑스 왕위가 자신에게 오기를 목 빠지게 기다렸을 것이다. 기회는 생각보다 일찍 찾아왔다. 병약했던 샤를 9세가 1574년 결핵으로 사망한 것이다. 23세의 한창 나이에 죽은 왕의 마지막 말 역시 "오, 어머니"였다고 한다. 죽기 전에 그는 어머니 카트린을 섭정으로 임명했다. 폴란드에서 행복하지 않았던 앙리는 샤를 9세의 사망 소식을 듣자 득달같이 프랑스로 달려왔다. 폴란드 왕 대관식을 거행한 지 겨우 3개월이 지난 때였다. 그는 앙리 3세라는 이름으로 프랑스 국왕이 되었다.

　카트린은 내심 이 아들을 가장 사랑했던 것 같다. 앙리 역시 한편으로는 어머니에게 의지하고 다른 한편으로는 자신의 총신들과 논의하며 통치했다. 그러나 앙리 역시 결점이 많았다. 종교적 신심이 지나친 나머지 국사를 팽개치고 숨어서 기도하는가 하면 심지어 편달 고행자flagellant(자기 몸을 채찍으로 때리며 순회하고 기도하고 참회하는 사람들)와 동행하기도 했다. 이뿐만 아니라 그는 지나치게 감수성이 풍부했다. '미뇽Mignon', 우리 말로 하면 '사랑스러운 이들'이라 불리는 친구 집단과 어울렸는데, 여성 스러운 옷을 입고 작은 강아지를 데리고 다니는가 하면 아이들처럼 빌보 케(손잡이에 공받이와 공이 매달린 장난감)를 가지고 놀았다. 앙리는 게이라 는 의심을 받았는데, 이는 그를 반대하는 귀족들의 비방이었다.

카트린은 정략적으로 외국 공주와 결혼하라고 설득했지만 앙리는 이 를 물리치고 1575년 2월 루이즈Louise de Lorraine-Vaudémont(1553~1601)라는 여성과 결혼했다. 항간에는 국왕은 아이를 생산할 힘이 없고 오래 못 살 거라는 소문이 자자했다. 실제 두 사람 사이에서 아이가 생기지 않자, 막 내 동생 알랑송 공 프랑수아가 다음 후계자로 떠올랐다. 과연 네 번째로 카트린의 아들이 왕위를 이어받는단 말인가?

안팎으로 되는 일이 하나도 없었던 카트린

알랑송 공은 그 나름 후계자를 자처하며 정치판에 뛰어들었다. 카트린이 그를 비판하고 말렸지만, 그는 섣부르게 신교 측과 결탁하여 왕위를 찬 탈하려는 모습까지 보였다. 실제로 그의 압력이 작용했는지 모르겠지만, 카트린은 1576년 신교도에게 예배의 자유와 관직에 취업할 권리를 보장 하는 볼리외 칙령을 공포했다. 더 나아가 1578~1579년에 프랑스 남부를 직접 돌아다니며 위그노(신교도) 지도자들을 만나 평화 정책을 유도했다. 환갑의 나이에 이렇게 정력적으로 노력을 기울인 데에 많은 사람이 찬탄 했다. 그러나 아무리 그런들 위기를 피할 수는 없었다.

15세에 즉위한 프랑수아 2세. 몸이 허약한
소년 왕은 고작 1년 남짓 왕위에 있다가
사망했다. 프랑수아 클루에, 1560.

프랑수아 2세의 뒤를 이어 왕위에 오른 샤를 9세.
9세에 즉위한 어린 왕을 대신해 카트린이
실권을 쥐게 된다. 프랑수아 클루에, 16세기.

앙리 3세(앙주 공 앙리). 형 프랑수아 2세가
결핵으로 사망하자, 폴란드 왕이 된 지
3개월 만에 프랑스로 돌아와 왕위를 잇는다.
프랑수아 케넬, 1580~1586년경.

알랑송 공작 프랑수아는 신교와 결탁해 왕위를
찬탈하려고 했으나, 병으로 사망한다.
프랑수아 클루에, 1572.

이런 상황에서 딸마저 말썽을 부렸다. 1582년 마르그리트는 나바르에서 도주하다시피 파리로 돌아와서는 계속 연인들을 사귀며 돌아다녔다. 카트린이 야단쳐서 나바르로 돌려보냈지만 다시 아장Agen 지방으로 도망갔다. 그러고는 어머니에게 돈을 요구하니, 카트린은 '밥 먹을 정도의 돈만' 보내주었다. 마르그리트는 밥만 먹고 사는 데 만족할 여자가 아니었다. 곧 새로운 연인을 사귀어 즐겁게 지냈다. 급기야 오빠 앙리(앙리 3세)와 남편 앙리(나바르의 앙리)가 나서서 마르그리트를 잡아 오베르뉴의 위송Usson성에 유폐시키고 그녀의 새 연인은 참수했다(1586). 카트린은 이왕 할 거면 마르그리트가 보는 앞에서 참수하라고 했지만 차마 그렇게 하지는 않았다. 모녀 관계는 이것으로 끝이었다. 이들은 죽을 때까지 더는 만나지 않았다. 마르그리트는 이혼 당한 후 위송성에 갇혀 지내며 왕실에 대한 비망록을 썼다. 그녀가 죽고 나서 출판된 이 비망록은 세상을 발칵 뒤집어놓았다.

"어머니, 용서하세요. 기즈를 죽였습니다"

신교에 유리한 볼리외 칙령이 발표된 이후 가톨릭 측은 신교도들에 관대한 카트린의 행보에 대해 불안해했다. 1584년 최악의 위기 상황이 벌어졌다. 알랑송 공작 프랑수아가 사망한 것이다. 앙리 3세에게 후사가 없으니 순위로 보면 그가 왕위를 이어받아야 했지만 예상치 못한 그의 사망으로 인해 다음 왕위 후계자는 살리카 법에 따라 촌수를 따져 결정해야 했다. 계승자는 다름 아닌 나바르의 앙리였다! 가톨릭 측에서는 경악했다. 다음 왕이 신교도라니……. 그게 다가 아니라 그의 결혼식 때 하객 수천 명을 죽인 기억이 아직 선명하지 않은가. 복수심에 불타는 신교도 국왕이 어떤 잔혹한 조치를 취할지 불안하기 짝이 없었을 것이다.

가톨릭 측에서는 세상없어도 그가 왕이 되는 것만은 막아야 했다. 기즈 가문이 나서서 나바르의 앙리 대신 가톨릭 인사인 부르봉 가문의 샤를 추기경을 천거했다. 그리고 가톨릭 귀족들의 지지 서명을 받아내고, 에스파냐 세력을 끌어들였다. 이제 가톨릭은 스스로를 지키겠다며 가톨릭 동맹을 맺었다. 이들의 입장에서 보면 국왕 앙리 3세도 미덥지 못한 인물로서 배척 대상이었다. 이제 가톨릭 동맹의 지배하에 들어간 파리 시민들은 오로지 기즈 공의 명령만 따르겠다고 선언했다.

1588년 결국 앙리 3세가 도주했다. 그는 루아르 지역의 블루아Blois성으로 왕실을 옮겼고, 이곳을 근거지로 하여 가톨릭 동맹과 전쟁에 들어갔다. 파리에는 바리케이드가 쳐졌다. 이후 파리는 역사의 중요한 고비마다 바리케이드를 쳐서 항거하는 전통이 이어졌다.

프랑스만이 아니다. 종교 갈등의 불길이 세상을 뒤덮었다. 네덜란드 봉기에 뒤이어 잉글랜드에서는 엘리자베스 여왕이 스코틀랜드 여왕 메리를 처형했고, 이에 분노한 에스파냐의 펠리페 2세가 소위 무적함대를 보내 잉글랜드를 공격하려다 실패했다. 이런 상황에서 프랑스에서는 가톨릭 동맹이 북부 지방을 장악했고, 파리에서 쫓겨난 앙리 3세가 복권을 노리고 전투 태세에 들어갔다.

1588년 12월, 크리스마스가 다가왔다. 폐병으로 허약해진 카트린은 블루아성의 한 방에 누워 있었다. 어느 날 앙리 3세가 찾아와 어머니에게 '국가의 어머니'라는 칭호를 쓰며 그동안 한 일에 대해 감사하게 생각

나바르의 앙리가 국왕이 되는 것을 막기 위한 가톨릭 측의 거센 저항을 피해 블루아성으로 피
신해 있던 앙리 3세는 기즈 공과 기즈 가문 인사들을 성에 초대해 모두 살해한다. 기즈 공을
죽인 앙리는 어머니 카트린에게 용서를 구한다. "어머니, 용서하세요. 기즈를 죽였습니다."
⟨1588년 블루아성에서의 기즈 공 암살⟩, 폴 들라로슈, 1834.

한다고 말했다. 그가 이런 말을 할 때에는 진짜 감사해서 하는 게 아니라 뭔가 꿍꿍이가 있는 게 틀림없다. 사실 그는 비장의 계획을 세우고 있었다. 12월 23일 국왕은 기즈 공을 블루아성으로 초빙했다. 기즈 가문 인사들은 국가의 비상사태에 대해 직접 담판을 하자는 것으로 판단했다. 기즈 공이 국왕의 방에 들어서자마자 국왕 근위대가 달려들어 살해했다. 일설에 따르면 방에 누워 있던 카트린은 윗층에서 기즈 공을 살해하는 소리를 다 듣고 있었다고도 한다. 그 직후 앙리 3세는 어머니의 방으로 가서 그 사실을 알렸다. "어머니, 용서하세요. 기즈를 죽였습니다. 기즈가 나에게 하려던 일을 제가 그에게 한 것입니다." 로렌 추기경을 비롯한 다른 기즈 가문 인사들도 다음 날 성의 지하 감옥에서 살해되었다. 당시에는 이처럼 야만의 극치를 달렸다. 그로부터 얼마 후인 1589년 1월 5일, 카트린은 69세의 나이로 사망했다.

'빛과 평정을 가져오리라'

기즈 가문 인사들을 살해한 앙리 3세는 사악한 왕으로 지목되었다. 그는 곧 교황으로부터 '파문의 단도'를 받았다. 로렌 추기경을 살해함으로써 '교회의 내장'에 '부친 살해의 장검'을 꽂았기 때문이라는 설명이다. 파리 시내는 기즈 공의 죽음을 애도하는 행렬이 이어졌다. 종교적 열정과 정치적 복수심이 하늘을 찔렀다. 예수의 수난에 동참하는 의미의 참회 행렬이 이어졌는데, 사람들은 1월 추위에도 간단한 옷 하나만 두른 채 맨발로 시내를 걸었다. 클레망이라는 재속 수도사도 대열에 끼었다. 그는 환상 속에서 천사를 보았는데, 천사는 칼을 보여주며 '네가 면류관을 쓰고 희생하여 사악한 왕을 죽여라'라는 신의 메시지를 전했다. 클레망은 스스로를 '신의 팔'이라 자처하며 이단인 나바르의 앙리와 통하려고 하는 간악한 왕을 처치하겠다고 결심했다.

카트린이 죽은 지 8개월 후 그는 신의 뜻을 그대로 실천했다. 당시는 앙리 3세와 나바르의 앙리가 연합하여 파리를 포위 공격하던 중이었다. 클레망은 신부로 변장하고 앙리 3세를 찾아가 비밀리에 전달할 편지가 있다고 속여 호위 병사들을 물리게 했다. 그러고는 왕에게 귓속말을 하는 척하며 숨겨온 단도로 국왕을 찔렀다. 암살범은 현장에서 죽었고, 국왕은 다음 날 아침 사망했다. 앙리 3세의 암살로 발루아 왕조는 끝나고 나바르의 앙리가 앙리 4세로 등극하며 부르봉 왕조가 시작되었다.

이후의 일을 요약하면—요약하는 것이 불가능할 것 같긴 하지만—이렇다. 나바르의 앙리는 법률상으로는 국왕이 되었지만 국민 대다수가 그를 완강히 거부한 탓에 파리 입성을 호시탐탐 노리며 근교를 배회했다. 국가 전체는 무정부 상태이고, 파리에서는 일종의 혁명 정부가 공포정치를 시행하고 있었다. 16인위원회라는 일종의 혁명위원회가 '단도로 찌르고 목매달고 내쫓을 후보' 명단을 만들고 있었다. 앙리 4세는 그 자신의 표현대로 왕관 없는 왕, 돈 없는 장군, 아내 없는 남편에 불과했다. 그가 선택한 최후의 결정타는 자신의 개종이었다. 국민 대다수가 가톨릭 신도인 데 반해 신교도 왕이라는 게 힘들다고 판단했을 것이다. 그는 1593년 생 드니 성당에서 신교를 부인했다. 그러자 파리 사제들은 야유하고 조롱하며 심지어 국왕 살해를 정당화했다. 그러나 국왕은 1594년 2월 27일 샤르트르 성당에서 축성식을 치르고, 마침내 3월 22일 파리에 입성했다. 이로써 국왕이 승리를 거두고 일단 평화를 되찾았다.

이제 신교도들은 어찌 될 것인가? 이 문제를 수습한 것이 1598년 반포된 낭트 칙령이다. 이 칙령은 프랑스는 가톨릭 국가이되 신교도들은 예배의 자유를 누리며, 그들의 신변을 보장하기 위해 왕국 내 일부 신교 도시들을 안전지대로 인정한다는 내용을 담고 있다. 사실 신·구교 모두 이 칙령에 대해 불만이 컸지만, 그렇다고 서로 죽고 죽이는 싸움을 더는 하고 싶지 않았다. 사실 앙리 4세는 카트린의 정책을 구현한 것이라 할 수 있다. 그렇지만 국왕이 된 후 선정을 펼쳐 프랑스사에서 가장 존경받는 국왕이 된 앙리 4세도 결국 가톨릭 광신도에게 암살당했다.

카트린의 정치가 실패한 이유는 시대의 한계 때문이라고 할 수 있다. 여자이기 때문에 늘 남자의 힘에 의탁해야 했던 것이다. 국왕이 아들이라 해도 자신의 뜻을 부과할 수단이 없었다. 시간이 지나면서 결국 카트린에 대한 이미지도 나빠졌다. 당대 작가 브랑톰Seigneur de Brantôme은 카트린을 위엄 있고 상냥한 여인으로 묘사했다. 그런데 생 바르텔레미 학살 사건 이후 비난이 쏟아지면서 그녀를 악마화하기 시작했다. 태어나자마자 부모가 죽은 걸 보니 나쁜 운세를 가지고 태어났다는 둥, 가는 곳마다 죽음을 뿌린다는 둥, 검은 권력을 행사한다는 둥 말이 많았다. 이미지가 점점 나빠지더니 마침내 뒤마Alexandre Dumas(1802~1870)에 의해 마녀이미지로 굳어졌다.

카트린이 종교전쟁과 대학살의 책임을 져야 하는지는 의문이다. 오히려 그녀가 평화 정책을 추구함으로써 그나마 더 나쁜 결과를 피했는지도 모른다. 남성 정치가보다는 여성 정치가가 더 평화적인 정책을 추구한다고 보는 사람이 많다. 르네상스 시대 저술가인 카스틸리오네부터 오늘날

앙리 4세는 즉위 후 신민을 위한 정책을 펴 존경받는 국왕이 되지만, 그 역시
가톨릭 광신도 라바야크에게 암살당했다. 암살자 라바야크의 심리는 한마디로
'사랑과 정의의 이름으로 너를 용서할 수 없다!' 수준이었다.
〈1610년 5월 14일, 앙리 4세의 암살자 라바야크의 체포〉, 샤를 귀스타브 우제, 1860.

유명한 심리학자 스티븐 핑커까지 그런 주장을 편다. 그것이 보편적으로
맞는지는 누가 알랴. 어쨌든 카트린은 평화 정책을 추구하고자 했다. 비
록 '검은 왕비', '폭력의 전도사'라는 이미지를 가지고 있지만, 원래 카트
린의 모토는 '빛과 평정을 가져오리라'였다.

2장

침묵공 빌렘,
네덜란드 독립의 영웅

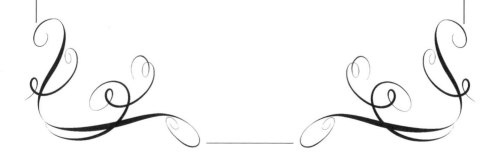

혼인 관계 ————
친자 관계 ————

하인리히 3세
Heinrich III
von Nassau-Breda
1483~1538

클라우디아
Claudia de Châlon-Orange
1498~1521

르네
René de Châlon
1519~1544

사촌(가문 계승)

친구

가톨릭

후원

오라녀 공 빌렘(침묵공)
Willem van Oranje
1533~1584, 네덜란드 연방공화국
총독 재임 1579~1584

카를 5세
Karl V 1500~1558,
재위 1519~1556

파르마의 마르가레트
Margarethe von Parma
1522~1586, 에스파냐령 네덜란드
총독 재임 1559~1567

대립

총독 임명

라모랄 에흐몬트
Lamoraal Egmont
(에흐몬트 백작)
1522~1568

동료
(알바
공에 의해
처형됨)

펠리페 2세
Felipe II 1527~1598,
재위 1556~1598

고문
임명

앙투안 페리노 드 그랑벨
Antoine Perrenot de
Granvelle 1517~1586

암살

총독
임명

알바 공 Duke of Alba
1507~1582

필리프 드 몽모랑시
Philippe de Montmorency
(호른 백작) 1524~1568

발타자르 제라르
Balthazar Gérard
1557~1584

돈 파드리케 Don Fadrique
1537~1583

총독
임명

총독
임명

루이스 데 레쿠에센스 이 주니가
Luis de Requeséns y Zúñiga
1528~1576

총독
임명

알레산드로 파르네세
Alessandro Farnese
1545~1592

오렌지 향기를 머금은 '개구리 나라'

오늘날 네덜란드 스포츠팀과 응원단의 로고 색은 왜 오렌지색일까? 네덜란드 왕실인 오라녜-나사우Oranje-Nassau 가문은 오렌지와 어떤 관련이 있을까?

네덜란드는 원래 합스부르크 가문의 지배를 받는 17개 주provinces에 불과했을 뿐 독립 국가가 아니었다. 그 가운데 북부 7개 주가 에스파냐 국왕 펠리페 2세의 종교적·정치적 탄압에 저항하여 독립을 선언하고 80년에 걸친 독립전쟁을 거친 후 1648년 베스트팔렌 조약Peace of Westfalen을 통해 국제적으로 독립을 공인받았다. 17세기에 가서야 독립 국가가 되었으니 네덜란드는 뒤늦게 역사의 무대에 오른 후발 국가인 셈이다.

네덜란드는 튤립과 풍차의 나라, 평화롭고 자유로운 소국小國으로 알려져 있지만, '대륙의 유럽'과 '해양의 유럽'이 만나고 충돌하는 유럽 역사의 급소에 해당한다. 오라녀 공 빌렘은 폭풍우 치는 유럽 근대사의 한복판에서 네덜란드를 독립국가로 일으켜 세운 건국의 영웅이며 국부다.

네덜란드의 국부로 칭송받는 빌렘은 원래 오렌지는 물론이고 네덜란드와도 거리가 먼 독일 출신이었다. 그는 1533년 서부 독일 헤센 지방의 소도시 딜렌부르크Dillenburg에서 태어났다. 그의 아버지는 나사우 공국에서 작은 영토를 소유한 백작이었다. 백작이라고 하면 위세를 자랑하는 대귀족을 떠올릴지 모르지만, 사실은 소박한 시골 귀족이었다. 그는 첫 번째 결혼에서 딸 둘을 얻은 후 아내가 죽자 재혼하여 열두 명의 아이를 낳았는데, 그중 첫째 아들이 빌렘이었다. 빌렘 자신도 네 번의 결혼으로 17명의 아이를 얻어 다산의 가풍을 이어갔다. 별다른 일이 없었다면 빌렘은 '침묵공'이라는 별칭을 얻지 않더라도 평생 시골 귀족으로 자녀들과 조용히 지냈을 것이다. 그런데 그의 삶을 송두리째 바꾸어놓은 별다른 일이 생겼다. 뜻하지 않게 친척의 거대한 유산을 상속받게 된 것이다.

그대는 아는가, 오렌지꽃 피는 남쪽 나라를

이야기는 1515년 나사우-브레다 가문의 하인리히 3세와 샬롱-오랑주 가문의 클라우디아의 결혼으로 거슬러 올라간다. 간단히 정리하면 땅부자·알부자인 두 가문의 남녀가 결혼하여 막대한 재산과 작위를 소유하고 있었는데, 이들 사이에서 태어난 외아들 르네가 전투에 나갔다가 자손을 남기지 못한 채 일찍 죽었다. 그 결과 부계 쪽에 속한 네덜란드 지방의 많은 영토에다 모계 쪽 유산인 오랑주 공작령까지 모두 르네의 사촌동생인 빌렘에게 넘어갔고 빌렘은 '오라녀' 가문의 시조가 되었다. 프랑스어 오랑주orange, 네덜란드어 오라녀oranje는 영어 오렌지orange에 해당하며, 오랑주 공작령은 오늘날 프로방스 지방의 도시 오랑주에 이름을 남겼다. 그리하여 바다 안개에 젖은 '개구리 나라kik'kerland(네덜란드의 별칭)'가 뜻하지 않게 프랑스 남부의 은은한 오렌지 향기를 머금게 되었다.

빌렘은 열한 살에 갑자기 유럽에서 손꼽히는 부자 귀족으로 격상되었다. 재산만 물려받은 게 아니다. 죽은 르네는 신성로마제국 황제 카를 5세의 친한 친구였다. 친구의 사망 소식을 들은 황제는 그의 작위를 물려받은 어린 소년을 브뤼셀에 있는 궁정으로 불러들였다. 시골뜨기 소년은 유럽의 가장 세련된 궁정에서 고상한 교육을 받게 되었다. 어린 빌렘은 고향 언어인 독일어 대신 브뤼셀 궁정에서 통용되던 프랑스어와 네덜란드어, 에스파냐어를 배웠다. 외국어는 한 살이라도 어릴 때 익히면 쉽게 배우는 법. 그는 큰 무리 없이 여러 언어를 익혔다. 소금을 예로 들면, 솔트salt(영어), 잘츠Salz(독일어), 셀sel(프랑스어), 자우트zout(네덜란드어), 살sal(에스파냐어)을 다 구사할 수 있게 되었다.

빌렘이 직면한 상황도 이와 비슷했다. 독일 출신이지만 프랑스에서 유래한 성姓을 물려받았고, 에스파냐 군주에게 충성을 바치는 신하이지만 프랑스 문화의 세례를 받았다. 그러나 그는 네덜란드에 정착해 살면서 현지 주민들과 접촉하는 가운데 점차 '네덜란드 귀족'으로 변모해갔다. 그만큼 빌렘의 정체성은 가소성可塑性이 크다.

펠리페 2세와 빌렘의 만남

빌렘을 궁정으로 불러들인 카를 5세의 의도는 무엇이었을까? 단순히 친구의 때 이른 죽음을 안쓰럽게 여겨 그 후계자를 보살피려는 따뜻한 우정 때문만은 아니었다. 황제라면 매사를 제국 경영이라는 큰 안목에서 보게 마련이다. 가장 중요한 건 모든 지역에 자신의 뜻을 관철시켜줄 심복을 심는 것이다. 당연히 네덜란드에서도 합스부르크 가문에 충성을 바칠 현지의 명망가 귀족을 키워야 한다. 그런 점에서 보면 머리가 다 큰 청년보다는 아직 뇌가 말랑말랑한 어린 소년을 데려다가 처음부터 확실하게 교육시키는 게 낫다. 카를 5세는 빌렘을 궁정에 데려와 우선 영혼의 세탁부터 해주었다. 빌렘의 집안은 일찍이 루터교를 받아들였으나, 브뤼셀 궁정에 들어온 이후 빌렘은 가톨릭 교육을 받아 성실한 가톨릭 신자로 거듭났다.

빌렘은 총명하고 씩씩해서 카를 5세의 사랑을 듬뿍 받았다. 그는 궁정의 화려한 문화도 사랑했지만, 활동적인 성향이 강해서 사냥과 군사 훈련을 더 좋아했다. 스무 살이 되자 그는 신성로마제국 군대의 사령관으로 복무하게 되었다. 빌렘은 확실하게 합스부르크 가문에 충성을 바칠 각오가 되어 있는 가톨릭교도 고위 귀족이 된 것이다. 카를 5세는 빌렘이 제국을 떠받치는 든든한 기둥이 되리라 여기고 그를 애지중지했다. 이는 유명한 카를 5세의 황제 양위식 날 모습에서도 확인할 수 있다.

1555년 10월 25일, 카를 5세는 브뤼셀 궁정에서 양위식을 했다. 요즘에는 만 55세면 조기 축구회나 배드민턴 동호회에서 펄펄 날아다닐 수도 있는 나이인데, 카를은 자신이 늙어서 정무를 볼 수 없으니 제위를 내려놓겠다고 선언했다. 동생 페르디난트 1세에게는 황제 직위와 독일-오스트리아 지역을, 아들 펠리페 2세에게는 에스파냐 왕위와 함께 유럽 내 에스파냐령 영토와 아메리카 식민지를 물려주었다. 펠리페 입장에서 보

1555년 카를 5세가 퇴위할 즈음의 빌렘. 사촌형 르네의 유산을 물려받은 빌렘은 르네와 친구였던 카를 5세의 눈에 띄어 브뤼셀 궁정에서 어린 시절을 보냈다. 총명한 그는 신성로마제국의 군사령관이 되었으며, 카를 5세의 사랑과 신뢰를 듬뿍 받았다. 안토니스 모르, 1555.

면 황제 자리는 작은아버지에게 양보했지만 대신 훨씬 값나가는 지역들을 물려받았다. 그중에서도 특히 네덜란드 17개 주는 노른자 땅으로, 경제적으로 부유하고 문화적으로 세련된 곳이었다(오늘날의 네덜란드와 벨기에, 프랑스 북부 일부 지방까지 포함한 지역이다). 모든 귀족이 운집한 가운데 황제가 양위식을 치르기 위해 브뤼셀궁으로 들어올 때 황제를 부축한 인물이 바로 빌렘이었다. 빌렘은 말하자면 황제의 양아들이나 마찬가지였다. 뒤따라 들어온 실제 아들 펠리페와 그가 조만간 철천지원수가 되리라고는 당시에 누구도 생각지 못했을 것이다.

펠리페보다 더 엄숙하고 진지하고 신심 깊은 왕이 세상에 또 있을까? 에스파냐 국왕으로 등극한 펠리페 2세는 에스파냐가 가톨릭 세계를 지키는 마지막 보루라고 생각했다. 오스만 제국의 팽창을 저지하겠다며 레판토 해전을 치렀고(1571), 신교 국가로 크게 성장하는 잉글랜드를 누르려고 무적함대라 일컫는 대군을 파견했는가 하면(1588), 국내적으로는 루터파와 칼뱅파, 특히 극단적인 색채를 띠던 재세례파 등 신교도들을 발본색원하고자 했다. 그는 발루아의 엘리자베트(프랑스 국왕 앙리 2세의 딸로, 펠리페 2세의 세 번째 부인)와 함께 24명의 이단자 화형식에 참석해 마치 투우 경기를 구경하듯 사람이 죽는 것을 감상하기도 했다!

그의 종교적 성향을 잘 말해주는 또 하나가 엘 에스코리알궁이다. 펠리페 2세는 생 캉탱 전투(1557)에서 프랑스군에게 승리를 거두자 하느님에 대한 감사의 마음으로 충만했다. 마침 승전일이 로렌소 성인San Lorenzo의 날이었으므로 이 성인을 기념하는 교회를 웅장하게 짓기로 했다. 그러나 곧 계획을 수정해서 신축 건물은 왕궁 및 수도원인 동시에 사후에 그가 묻힐 묘소도 겸하게 되었다. 엘 에스코리알궁은 국왕이 기도와 명상, 사냥 후 휴식, 독서와 동시에 행정과 통치를 하는 공간이 되었다. 로렌소 성인은 산 채로 석쇠 위에서 불고기가 되는 순교를 당했다(유럽 성당의 외벽에 있는 여러 성인 조각 가운데 불고기판을 손에 들고 있는 사람이 로렌소 성인이다). 그래서 엘 에스코리알궁의 구조도 석쇠 모양이다. 펠리페 2세에게 정치와 종교가 어느 정도로 융합되어 있었는지 잘 보여주는 대목이다.

'침묵공'이라 불리게 된 사연

펠리페 2세는 1556년 국왕으로 즉위한 후 몇 년 동안 아버지 카를 5세와 마찬가지로 브뤼셀궁에서 지냈다. 카를 5세가 수행했던 프랑스와의 전쟁을 물려받아 앞서 이야기한 대로 생 캉탱 전투에서 크게 이겼으나, 엄청난 전쟁 비용을 대지 못해 정부 파산을 선고했다. 당시 에스파냐는 고질적인 재정 악화로 이후에도 여러 차례 파산 선고를 해야 했다. 재정 문제를 해결하기 위해서는 가장 잘사는 네덜란드에 세금을 더 내라고 재촉할 수밖에 없었다. 사실 액수 자체는 큰 문제가 되지 않았다. 그보다는 국왕이 멋대로 세금을 더 내라고 강요함으로써 이 지역이 대대로 누려온 자유와 자치의 원칙을 침해한 것이 더 큰 문제였다.

그 밖에도 국왕은 이 지역의 종교와 관련하여 시비를 걸었다. 원래 네덜란드는 다른 어느 곳보다도 사상과 종교의 자유를 누리던 곳이다. 그러나 펠리페 2세는 이 지역에 루터파와 칼뱅파 신자들이 늘고 있다는 사실을 용납하려 하지 않았다. 그는 군과 종교재판소를 동원해 이단들을 뿌리 뽑겠다는 생각을 했다. 그러나 전통적으로 '돈과 자유'의 가치를 소중히 여기는 이 지역에서 그와 같은 무모한 방식이 통할 리가 없었다.

국왕은 오라녀 가문의 빌렘 같은 현지의 명망 있는 귀족에게 의존하지 않을 수 없었다. 빌렘 역시 지역의 미래를 위해서는 국왕과 싸우기보다는 협조하는 게 낫다고 귀족들을 설득하고 다녔다. 적어도 이 시기에는 그랬다. 펠리페로서는 그의 충성심을 적극적으로 이용하여 적절한 타협책을 찾아야 했다.

펠리페는 네덜란드 지역 문제뿐 아니라 중요한 외교 업무에도 빌렘을 활용했다. 1559년 프랑스와의 전쟁을 끝내려는 분위기가 무르익었다. 빌렘은 평화조약(카토 캉브레지 조약) 협상을 위한 대표단에 끼어 파리로 갔다. 파리는 완전히 축제 분위기여서 곳곳에서 마상 창 시합과 성대한 연회가 벌어지고 있었다. 프랑스 국왕 앙리 2세는 사냥을 좋아해서 고위인사들과 함께 주요 정책들을 논의할 때 사냥 시합을 하곤 했다(요즘 같으면 골프를 쳤을 것이다). 프랑스와 에스파냐는 모두 가톨릭 국가인데 서로 싸우며 힘을 소진하지 말고 협력하자는 쪽으로 대화가 진행되었다.

그러던 중 뱅센 숲속 한가운데에서 앙리 2세와 빌렘 둘만 남아 대화를 하는 상황이 벌어졌다. 이때 빌렘은 기가 막힌 비밀을 알게 되었다. 앙리 2세는 빌렘도 당연히 알고 있다고 생각하고 펠리페 2세와 상의한 내용을 거침없이 말했다. 최근 '저주받을 해충들', 즉 신교도가 너무 늘어 그냥 놔두면 나라가 결딴나게 생겼으니 어떻게 해서든 뿌리 뽑아야 한다면서, 펠리페 2세와 그의 신하 알바 공작 간에 오간 네덜란드 신교도 탄압 계획을 줄줄 늘어놨다. 신교도들을 잡아 고문하고 참수하면 흥미진진한 구경거리가 될 거라며 앙리 2세가 열심히 떠드는 동안 빌렘은 속으로 경악했지만 겉으로는 이미 알고 있다는 듯 처신했다. 이때의 뛰어난 연기력을 인정받아 '침묵공de Zwijger'이라는 별명을 얻었다는 것이 정설이다. 네덜란드 주민들에 대한 잔혹한 탄압 계획을 들은 것이 그에게 큰 영향을 미쳤으리라는 것은 분명하다.

펠리페 2세는 조만간 자신의 속내를 드러냈다. 강Gand(헨트Gent)에서 열린 국무회의에서 이제 자신은 에스파냐로 가겠다고 선언했다. 에스파냐 국왕이 언제까지 브뤼셀에 머무를 수는 없으므로 에스파냐로 가는 것은 예상했던 일이다. 그런데 국왕은 자신이 떠나는 대신 프랑스와의 전

펠리페 2세는 군사 주둔에 반발한 네덜란드 주 대표들의 배후에 빌렘이 있다고 생각했다.
에스파냐로 떠나던 날 펠리페는 빌렘의 배신에 분노하며 손목을 잡고 이렇게 외쳤다.
"배신한 건 너, 너, 너야!" 〈1559년 네덜란드를 떠나기 전 빌렘을 비난하는 펠리페 2세〉,
코르넬리스 크뤼세만, 1832.

쟁 때문에 파견했던 병사 3,000명을 철수하지 않고 네덜란드에 그대로 주둔시키겠다고 밝혔다. 이건 힘으로 내리찍겠다는 의도가 아닌가. 네덜란드 주 대표들은 강하게 반발하며 만일 군을 철수하지 않으면 약속했던 조세 인상을 보류하겠다고 전했다. 이런 무엄한 태도에 펠리페는 분노했지만, 얼마 전 오스만 제국에 선단을 파견했다가 대패하여 전함 수십 척을 잃고 병사 1만 명이 전사했으니, 새로 군을 재조직하려면 돈이 필요했다. 아무리 화가 나도 돈을 받으려면 어쩔 수 없이 군을 철수하는 수밖에 없었다.

이때 국왕이 더욱 분노한 것은 문서에 서명한 자들 중 빌렘의 이름이 있었기 때문이다. 부친인 카를 5세가 그토록 귀여워하며 키워준 빌렘이 배신했으니 국왕은 분노로 자글자글 끓었을 것이다. '이렇게 나를 정면으로 들이받다니……' 분기탱천 그리고 뒤끝 작렬! 얼마 후 펠리페는 에스파냐행 배를 타기 위해 플리싱언Vlissingen으로 갔다. 네덜란드 주 대표들이 국왕에게 하직 인사를 하기 위해 모였을 때 국왕과 빌렘 사이에 격한 말이 오갔다. 펠리페는 의회가 그런 결정을 하기까지는 분명 고위 인사가 배후에 있었을 거라고 주장했다. 빌렘이 배후에서 조종했으리라는 뜻이다. 빌렘은 각 주에서 결정했을 뿐 자신은 관련이 없다고 둘러댔다. 펠리페는 큰소리로 외쳤다. "날 배신한 건 네덜란드 주 정부가 아니라 바로 너, 너, 너라고!" 그렇게 떠난 펠리페는 두 번 다시 네덜란드로 돌아오지 않았다.

2

'철의 공작' 알바 공과의 한판 승부

 펠리페 2세는 에스파냐로 떠나면서 이복누이인 파르마의 마르가레트를 네덜란드 총독으로 임명했다(1559). 마르가레트는 카를 5세가 네덜란드의 양탄자 제조업자의 딸과 나눈 애틋한 사랑의 열매였다. 그녀는 18세에 이탈리아 귀족인 파르마 공작과 결혼했는데, 이 남편도 그녀처럼 출생의 비밀이 있었다. 다름 아닌 교황 바오로 3세의 사생아의 아들, 다시 말해 교황의 손자(!)였다.

네덜란드 총독 마르가레트와 '거지 기사단'

마르가레트는 영민하고 정치적 감각이 있었다. 게다가 네덜란드 관습도 잘 알고 있으면서 에스파냐 정치 사정에도 밝았다. 그러나 펠리페는 그녀가 미덥지 않는지, 그랑벨을 고문으로 임명하여 그녀를 보좌하도록

네덜란드 총독 파르마의 마르가레트(안토니스 모르, 1559년경)와 펠리페 2세가 파견한
고문 그랑벨(안토니스 모르, 1555~1560년경). 마르가레트는 국정위원회의 압력으로
사실상 모든 정책을 좌지우지하려 했던 그랑벨을 사퇴시켰다.

했는데, 그는 보좌 역할에 그치지 않고 사실상 모든 정책을 좌지우지하려 했다. 특히 에스파냐식 종교재판소의 도입과 같은 신교 탄압 정책을 주도했다. 급기야 오라녀 공, 에흐몬트 백작, 호른 백작 등 명망 있는 귀족들은 그랑벨이 물러나지 않으면 국정위원회에서 사퇴하겠다고 압박했다. 그러자 마르가레트는 펠리페에게 이야기해서 1564년 그랑벨을 사퇴시켰다.

1566년 4월 5일, 그 후에도 지속된 종교 탄압 정책에 항의하기 위해 가톨릭교도와 신교도 구분 없이 하급 귀족 약 200명이 브뤼셀궁에 모여 마르가레트 총독에게 탄원서를 제출했다. 이날을 잡은 것은 우연이 아니었다. 이날은 종려주일(부활절 바로 전 일요일)을 앞둔 금요일로 예수가 예루살렘에 입성한 날이니, 자신들이 평화를 갈구한다는 상징적 의미가 있었다. 이들은 매우 공손한 태도로 자신들은 펠리페 국왕에게 충성을 다하는 신하라고 아뢰었다. 다소 비굴할 정도로 굽실거리는 모습을 보고 총독의 한 고문관이 "이 사람들 거지떼 같네ce n'est qu'en tas de gueux"라고 말했다(당시 궁정 인사들은 프랑스어로 말했다).

귀족 대표들은 정말 거지처럼 빌기만 했을까? 탄원서 낭독을 마친 후 이들은 갑자기 이상한 포즈를 취했다. 모두들 몸을 약간 사선으로 돌린 것이다. 그 많은 사람이 일시에 이상한 동작을 취하는 것을 보고 놀란 마르가레트 총독은 여기에는 분명 숨은 의미가 있으리라고 생각했지만 그게 무엇인지는 몰랐다. 사실 그 포즈는 마상馬上의 병사들이 일제 사격을 하는 준비 동작이었다. 겉으로는 공손하되 만일 자신들의 의사를 존중하지 않는다면 봉기할 수도 있다는 경고였던 것이다. 결국 마르가레트는 그들의 의견에 동의했고, 화형을 비롯한 종교재판관들의 활동을 금지했다.

그날 밤 귀족들은 파티를 벌이며 축배를 들 때 자신들이 들었던 '거지'라는 말을 되새겼다. 이 모욕적인 표현이 오히려 그들의 흥미를 자아내서 스스로를 '거지 기사단'으로 명명했다. 한동안 젊은이들 사이에 회색 망토를 두르고 구걸용 그릇을 허리띠에 매는 거지 패션이 유행했다. 더 나아가 '거지'는 네덜란드 독립운동의 상징이 되었다. '거지'는 프랑스어로는 괴gueux, 네덜란드어로는 회젠geuzen, 영어로는 베거beggar인데, 한국에서는 웬일인지 독일어 고이젠geusen으로 표기한다.

전국적인 인물로 부상하다

신교도에 대한 탄압을 완화하고 자유로운 예배를 허용한다는 약속을 받아냈으니 일단은 성공을 거둔 듯했다. 그러나 길게 보면 이것이 오히려 위험을 가중시켰다. 불안을 느낀 에스파냐 측이 군대를 소집하기 시작한 것이다.

이 상황에서 사태를 갑자기 격화시킨 것은 성상파괴운동이었다. 대개 가톨릭 성당에는 많은 성상(그림, 조각, 유물)이 있게 마련인데, 칼뱅주의자들은 이것을 일종의 우상으로 규정했고, 급기야 급진파들이 조직적으로 성당을 공격하여 성상들을 때려 부쉈다. 이 같은 움직임은 다른 나라에서 이미 광범위하게 퍼지고 있었으며(비텐베르크 1522년, 취리히 1523년, 뮌스터 1534년, 프랑스 1566년 등) 네덜란드에는 오히려 늦은 편이었다. 1566년 8월 10일부터 3주 동안 400개 이상의 성당이 공격당했다. 마리아와 천사, 성인 들의 조각상이 부서지고 성화가 찢기고 스테인드글라스가 깨졌다. 남쪽에서 시작된 이 운동은 곧 북쪽으로까지 번졌다.

이 사건은 변화의 중요한 계기가 되었다. 지금까지 네덜란드 내 지도자들은 에스파냐 왕실에 적극 저항하자는 부류와 국왕에게 충성하며 자비로운 정책을 기다리자는 부류로 분열되어 있었다. 그런데 극렬한 성상파괴운동을 겪은 후 저항 쪽에 기울어 있던 지도자들 중 일부가 동요했다. 이를 간파한 마르가레트는 이들을 회유하여 왕실 지지자로 만들었다. 그녀는 매우 온건한 태도를 취하여 사면을 약속함으로써 사태를 진정시켰다.

이때 빌렘은 모호한 태도를 취하고 있었다. 그는 에스파냐와 전면적

1566년 귀족 연합이 탄원서를 제출해 신교도에 대한 탄압 완화와 예배의 자유를 얻은 지
얼마 지나지 않아, 같은 해 8월 약 한 달 동안 급진파와 칼뱅주의자들에 의해 성상파괴운동이
일어났다. 〈1566년 8월 20일 칼뱅주의자들의 성상 파괴〉, 프란스 호겐베르크 1566.

투쟁을 벌여야 한다는 쪽과 국왕에게 충성을 지속해야 한다는 쪽 사이에
서 아무런 결정을 내리지 못하고 있었다. 그로서는 자신이 속한 궁정 세
계를 단번에 버리는 것이 결코 쉬운 일이 아니었을 테고, 그래서 양측을
달래가며 어떻게든 현 상태를 유지하고자 했다. 그러면서도 그는 두 가
지 가능성 모두에 대비하고 있었다. 국왕이 신교 예배를 허락할 경우 네
덜란드 반란 세력을 다독여 국왕에게 충성하도록 중재하는 반면, 국왕이
신교도들을 공격할 경우 방어에 필요한 전쟁 자금을 모았다.

　정치적인 면에서 네덜란드는 아직 중세적 관념을 가지고 있었다. 자기

도시를 방어하기 위한 노력은 얼마든지 찬성하지만 나라 전체를 방어하기 위해 협력한다는 개념은 없었다. 자기가 속한 공동체를 넘어 전국 단위로 사고하는 단계에는 이르지 못한 것이다. 바야흐로 근대국가로 발전해 나아가려던 이 시기에 진정 필요한 것은 모두가 알고 있고 지지하는 '전국적인' 인물이었다. 그런 인물이 바로 빌렘이었다. 그가 말을 타고 마을에 나타나면 사람들이 몰려들어 환호했다. 왕국의 전통이 없는 이 지역에서 조만간 오라녀 가문은 유사 왕실 역할을 하게 될 터였다.

이 시기까지도 그가 설파한 것은 국왕에 대한 저항이 아니라 평화였다. 즉, '가톨릭' 강요에 저항해 '신교'를 주장하는 게 아니라, 가톨릭만 강요하는 '편협성'에 저항해 '관용'을 주장한 것이다. 그는 마르가레트와 서신을 주고받으며 평화안을 제안하면서, 만일 평화안을 받아들이지 않으면 엄청난 사태가 일어날 거라고 경고했다. 불행하게도 상황은 안 좋은 방향으로 흘러가고 있었다. 펠리페 2세에게는 빌렘과 같은 사고의 유연성이 없었다. 신교에 대한 용인은 비겁한 짓이며, 이단은 확실하게 제거해야 한다는 것이 그의 지론이었다.

'철의 공작' 알바 공

성상파괴운동은 에스파냐 측에 극도의 공포감을 주기에 충분했다. 펠리페 2세는 여름 내내 대응책을 논의하다가 결국 '이단'을 무력으로 뿌리 뽑기로 결심하고, 알바 공의 지휘하에 1만 명의 에스파냐군을 파견했다. 알바 공은 프랑스, 이탈리아, 아프리카, 헝가리 등지에서 참전했던 당대

'철의 공작'이라 불린 알바 공은 별명만큼이나 잔혹한 방식으로 네덜란드를 통치했다. 〈알바 공의 초상〉, 안토니스 모르, 1549.

최고의 군 지휘관 중 한 사람이었다. 이런 사람을 파견한다는 것은 네덜란드에 대한 에스파냐의 태도가 철권통치로 방향을 잡았음을 말해준다.

'철의 공작Iron Duke'이라는 별칭을 가진 알바 공은 평생 전쟁터를 누빈 맹장이었다. 군사적으로는 임전무퇴의 원칙을 지키고, 종교적으로는 엄격한 가톨릭 신자이며, 성정은 잔혹했다. 그가 견지한 방식은 이런 식이다. 전투 중에 상대에게 항복하면 목숨을 살려주겠다고 제안했는데 상대는 계속 싸우다가 중간에 가망이 없자 그때 가서야 항복했다. 그러자 알바는 지금 살려주면 자신이 맨 처음에 한 제안이 의미가 없어진다며 한 명도 남김없이 포로들의 목을 베었다. 그는 어쩌면 일부러 이런 식의 잔

인한 평판을 퍼뜨렸는지 모른다. 공포를 조장하여 적의 사기를 떨어뜨리는 전략이다. 네덜란드에서도 이런 방식이 통할 것인가?

최근 역사학자들은 펠리페 2세와 알바 공이 주고받은 서한들을 통해 당시의 사정을 더 내밀하게 이해하게 되었다. 원래 에스파냐 왕실에서 정한 계획에 따르면, 진압군은 당시 에스파냐령이었던 밀라노에 집결한 후 육로를 통해 네덜란드로 향하고, 그동안 왕이 배를 타고 브뤼셀로 가서 현지에서 직접 지휘하는 것이었다. 그런데 폭설로 길이 막히자 알바는 이듬해인 1567년 6월에야 출발했고 그사이에 빌렘을 비롯한 주요 인사들이 도주했다.

알바의 군대는 8월 7일 네덜란드에 도착했다. 이때 펠리페는 에스파냐를 떠나지 않기로 마음을 바꾸고, 대신 알바에게 어떻게 일을 처리할지 지시하는 장문의 서한을 보냈다. 워낙 꼼꼼한 탓에 펠리페는 몇 시간 동안 책상에 앉아 스스로 암호 코드로 전환한 비밀 서한을 작성했다. 그러면 알바 역시 스스로 암호 책을 참조하여 국왕의 편지를 해독해야 하는데, 그는 책상에 붙어 앉아 한 글자씩 암호를 해독하는 쪼잔한 일을 할 위인이 아니었다. 그래서 암호 전문가에게 해독을 지시했고, 암호 전문가는 해독한 내용의 보고서 사본을 여러 개 만들었다. 그 결과 국왕과 알바 외에는 아무도 알아서는 안 되는 비밀 서한이 후대의 역사가들에게 알려지게 되었다.

서한의 내용은 이러하다. "현재 바다 여건이 위험해서 1567년 가을까지 네덜란드에 갈 수 없다. 1568년에나 갈 테니 그동안 알바 공이 적절한 대책을 세워 실행하라. 반란자들을 처벌하되 이번 겨울까지는 기다려라. 그러면 빌렘은 위험하지 않다고 판단하여 안심하고 귀국할 테니 그

때 그자를 처벌할 수 있을 것이다. 그렇지 않고 다른 자들을 먼저 처벌하면 그는 피해갈 것이다." 펠리페의 판단은 아주 정확했다. 그런데 그 뒷부분에 앞서 지시한 내용을 수정하는 다른 내용을 덧붙였다. 알바 공이 현지 상황을 훨씬 잘 파악하고 있을 테니, 국왕의 생각과 달리 더 빨리 혹은 더 늦게 움직이는 게 낫다고 판단한다면 그렇게 하도록 하라는 것이다. 결국 알바는 자기 생각대로 움직일 여지가 생겼다.

그다음 문제는 통치권자에 관한 내용이다. 알바에게 군사에 관한 전권을 주었지만, 민간 문제는 어떻게 할 것인가? 국왕은 마르가레트와 알바에게 공동으로 처리하라고 지시했지만, 마르가레트는 우선 알바의 진군에 대해 강력히 반대했고, 그게 먹히지 않자 왕에게 자신은 10월에 네덜란드를 떠나겠다고 밝혔다. 결국 국왕은 그녀가 떠나도록 조치했다. 그러면 이제 누가 총독직을 맡을 것인가? 사실 마땅한 인물이 없었다. 거의 유일한 대안은 국왕의 배다른 형제인 오스트리아의 돈 주앙Don Juan de Austria이어서, 그를 알바에게 보내 섭정으로 삼겠다고 전했다. 이때 국왕은 돈 주앙에게 일반사면 권한을 주어 보내면 어떻겠냐고 알바에게 물었다. 이런 걸 보면 국왕은 한편으로 유화 정책도 생각하고 있었던 것 같다.

그런데 알바는 국왕의 의견에 반대했다. 알바는 돈 주앙이든 누구든 다른 사람과 함께 일하는 것에 거부감을 표시하면서, 자기가 알아서 하겠다고 주장했다. 일반사면 역시 반대했다. 자신은 '발톱을 숨기고' 비밀 법정을 세워서 이단 혐의자들을 체포할 준비를 마쳤다는 것이다. 약간이라도 유화적인 태도를 보이면 이곳 사람들은 수천 배 더 오만한 태도를 드러낼 테니, 이들은 엄혹하게 다스려야 한다는 내용의 답신을 국왕에게 보냈다. 결국 돈 주앙을 섭정으로 삼고 일반사면을 통해 사태를 진정시켜보려는 국왕의 구상은 물거품이 되었다.

그럼에도 극단적 파국을 피할 가능성은 남아 있었다. 마르가레트나 빌렘은 사태를 평화적으로 풀어나가고 싶어 했고, 펠리페도 자신이 직접 네덜란드로 가서 사태를 무마할 생각을 했다. 당시 교황 비오 5세Pius V (재위 1566~1572)도 펠리페에게 네덜란드에 직접 갈 것을 촉구했다. 그곳에서 '이단(신교)' 문제를 잘 처리하면 독일과 프랑스에서도 위험이 사그라들지 않을까 기대했던 것 같다. 만일 국왕이 직접 네덜란드로 가서 빌렘을 개인적으로 불렀다면 그는 국왕의 부름을 거절하지 못하고 사태를 진정시킬 방안을 찾고자 했을 것이다. 물론 이 모든 것은 추측에 불과하다. 실제 일어난 일은 극단적 폭력의 분출이었다. 그 중심에는 알바 공이 있었다. 그는 초강경 자세로 일관하여 많은 사람의 피를 흘리게 했다.

괴테와 베토벤의 작품으로 남은 에흐몬트

알바가 온다는 소식에 수많은 사람이 국외로 도주했다. 빌렘 역시 몸을 피했다. 빌렘은 알바에 대해 익히 알고 있던 터라 그에게 대적하는 건 불가능하다고 판단했다. 그는 친구 에흐몬트와 만나 상황이 불리하니 일단 피하자고 말했다. 그런데 에흐몬트는 세상 물정 모르는 사람처럼 순진하고 답답한 소리만 해댔다. 군주의 정책에 대해서는 반대할 수 있지만 군주에게 저항하거나 그를 피해 도주하는 것은 군주를 모시는 사람으로서의 도리가 아니라고 했다. 알바는 결코 온정을 베풀지 않을 사람이라고 하자, 예를 갖춰 맞이하면 알바도 분명 점잖게 나올 것이라고 답했다.

에흐몬트는 네덜란드에서 부유하고 강력한 가문 출신이었다. 그는 어릴 때 에스파냐에서 군사 교육을 받았으며, 생 캉탱 전투를 비롯해 여러 전투에 참여하여 용맹을 떨친 군인이었다. 그리고 플랑드르와 아르투아를 대표하는 국무위원으로서 국왕을 보좌했으며, 독실한 가톨릭 신자로서 성상파괴운동에 비판적이었다. 이런 인물이니 빌렘이 도주를 권했을 때 떠날 수 없다고 한 것도 일견 이해가 된다. 사실 열한 명이나 되는 자녀를 데리고 떠나는 게 쉽지 않았으리라는 현실적인 문제도 있었다. 에흐몬트와 그의 동료 호른 백작은 자신들과 같은 고위 귀족을 설마 어떻게 하겠냐는 순진한 생각을 했을지도 모른다. 그렇지만 이건 펠리페와 알바를 잘못 본 것이다.

1567년 8월 알바가 브뤼셀 궁정에 나타났다. 마르가레트는 곧 총독직에서 물러나 네덜란드를 떠났다. 전권을 잡은 알바는 이단 세력을 척결하기 시작했다. 알바의 철권통치 기구인 비상위원회는 '피의 위원회 Council of Blood'라는 별명을 얻게 되었다. 이 위원회는 약 170명을 동원해 기존의 법과 관습을 무시하고 적법한 재판 절차 없이 무자비한 체포와 처형을 감행했다. 알바는 곧장 에흐몬트와 호른을 이단 혐의로 체포했다. 그때 가서야 에흐몬트의 부인과 아이들이 수도원으로 도주했다. 유럽 각지의 귀족들이 에흐몬트와 호른의 석방을 탄원했지만, 위원회는 1568년 6월 4일 사형선고를 내리더니 바로 그 다음 날 브뤼셀의 중앙 광장에서 두 사람을 참수했다.

알바는 국왕에게 이렇게 보고했다. "그들에게 합당한 벌을 내려 속이 후련합니다." 알바가 후련하게 죽인 사람은 1만~2만 명으로 추정된다. 그와 동시에 알바 세력에 저항하는 도시들을 쑥밭으로 만들었다. 하지

알바 공은 이단 척결이라는 미명하에 사람들을 채포하고 처형했다. 이 그림은 네덜란드에서 알바 공의 폭정을 묘사한 것으로, 알바가 그려진 왼쪽 부분은 사라졌다. 중앙에 17개 주 대표들이 사슬에 묶인 채 무릎을 꿇고 있으며, 왼쪽과 오른쪽은 각각 비상위원회, 네덜란드 국정위원회 구성원들의 모습이다. 배경에는 에흐몬트와 호른의 참수 장면이 그려져 있다. 작자 미상, 1630년경.

만 철퇴로 내려친다고 해서 순순히 에스파냐에 충성을 바칠 네덜란드 주민들이 아니었다. 오히려 자유를 향한 투쟁이 더욱 격화되었을 뿐이다. 에흐몬트와 호른의 처형은 네덜란드 독립운동을 폭발시키는 계기가 되었다.

에흐몬트의 희생을 기리는 작품 중 유명한 것으로 괴테의 극작품《에흐몬트》와 이것을 기반으로 만든 베토벤의 작품 〈에흐몬트 서곡〉이 있다. 괴테는 역사적 사실에 충실하기보다는 자유로운 해석을 시도했다.

열한 명의 자녀를 둔 아버지가 이 작품에서는 총각으로 등장하여 클레르헨이라는 처녀와 숭고한 사랑을 나눈다. 클레르헨은 에흐몬트가 죽음을 피할 수 없음을 알고 독을 마셔 스스로 목숨을 끊고, 감옥에 갇힌 에흐몬트의 꿈속에 자유의 여신으로 나타난다. 그리하여 두 사람의 영원한 사랑과 희생이 네덜란드 민중의 궐기로 이어지는 것으로 그렸다. 이 작품을 읽고 감동한 베토벤은 두려움과 공포 그리고 그것을 이겨내고 애국적 환희로 치솟는 열정을 '베토벤답게' 그려냈다.

사실 이 사건에 대한 괴테와 베토벤의 해석이 다르듯이, 다음 일화에서도 두 사람의 성격 차이를 잘 보여준다. 어느 날 괴테와 베토벤이 만나 함께 길을 가다가 고위 귀족이 앞에서 오는 것을 보고 괴테는 공손히 비키며 인사를 하는데, 베토벤은 '귀족이면 다야? 당신이 비키슈' 하는 태도로 그냥 걸어갔다는 이야기다. 이 이야기는 밀란 쿤데라의 소설《불멸》에 흥미롭게 소개되어 있다.

건국의 초석을 놓은 네덜란드의 국부

알바가 브뤼셀 궁정에 입성한다는 소식을 들은 빌렘은 자신의 고향 딜렌부르크로 도주했다. 이곳은 앞으로 몇 년 동안 네덜란드 독립운동의 국외 본부가 되었다. 그는 독립운동의 핵심 인물로 떠올랐으며, 지금까지의 중립적인 태도를 버리고 확실히 왕실에 저항하는 쪽으로 돌아섰다. 독립운동에서 종교가 핵심 요소임을 파악한 빌렘은 칼뱅파로 개종했다. 그동안 수만 명의 칼뱅파가 국외로 도주했는데, 이들을 규합하기 위한 정략적인 개종의 측면도 다분했다. 그는 사방에 비밀 요원들을 보내 군사와 자금을 모았다. 선원 겸 해적 행위를 하고 있던 이들을 모아 해군도 급조해냈다. 이들이 이름도 거창한 '바다의 거지들Watergeuzen'이다. 그러나 초반에 그의 군사 작전은 뜻대로 되지 않았다. 남쪽과 북쪽에서 동시에 펼친 군사 작전은 모두 실패했고, 고용한 독일 용병들에게 월급을 주느라 재정도 바닥났다. 네덜란드에 있는 그의 재산은 이미 압류된 상태라 개인적으로도 자금이 부족했다. 이를 간파한 알바 공은 시간 끌기에 들어갔다.

사실 빌렘을 도와준 것은 알바 자신이었다. 알바가 군사비용을 충당하기 위해 10분의 1세라는 증세 정책을 선포하자, 주민들이 더욱 거세게 저항했다. 이를 진압하기 위해 알바의 군대는 마을들을 공격해 잔혹한 살상과 약탈을 저질렀고, 이것은 다시 주민들의 봉기를 재촉하는 결과를 불러왔다. 암스테르담 근처의 나르덴이라는 소도시를 포위했을 때의 일이다. 이때 지휘관은 알바의 아들 돈 파드리케였다. 주민들은 버티고 버티다가 뒤늦게 항복하며 목숨을 살려달라고 애원했다. 그러나 시내로 들어간 알바의 군대는 주민 전체를 몰살하고 이곳을 불태워버렸다. 그다음에 일어난 하를렘 공성전은 한겨울에 벌어졌는데, 포위된 시민들도 고통스러웠지만 포위한 에스파냐군도 얼어 죽는 사태가 발생했다. 지휘관이었던 돈 파드리케가 군사를 철수하자고 하자, 아버지 알바는 만일 철수하면 돈 파드리케를 호적에서 파버리겠다고 으름장을 놓았다. 마침내 항복을 받아낸 돈 파드리케 역시 살아남은 주민들을 몰살했다. 잔혹함도 부전자전이었다. 하여튼 이런 무도한 행위가 좋은 결과를 가져올 리 없었다.

빌렘은 에스파냐군의 잔혹성을 비난하는 선전작전을 펼쳤다. 자유롭던 나라에 이방인이 들어와 종교와 재산을 침해하고 성스러운 자유를 짓밟는다는 내용의 팸플릿을 수천 장씩 찍어서 돌렸다. 독립운동을 독려하는 노래도 유행했다. 그 가운데 필립스 판 마르닉스Filips van Marnix가 만들었다고 알려진 〈빌헬뮈스Wilhelmus〉는 빌렘이 돌아와 해방시켜줄 그날까지 꿋꿋하게 버티라는 내용으로, 오늘날 네덜란드의 국가가 되었다.

"배가 고프면 내 팔을 먹어라!"

전황이 바뀐 것은 1572년이었다. 잉글랜드 여왕 엘리자베스 1세는 '바다의 거지들', 즉 에스파냐 선박을 공격하는 해적선들을 잉글랜드 항구에 정박하도록 허락해주었다. 그러나 남의 나라 봉기에 연루되는 걸 부담스러워한 엘리자베스 1세는 곧 이들을 항구에서 내쫓았다. 그런데 일이 기묘하게 맞아 떨어졌다. 잉글랜드 항구에서 쫓겨난 이 선박들이 내친 김에 해협을 건너 그대로 홀란트 지방의 항구 도시인 덴 브릴을 공격해서 단번에 점령해버린 것이다. 이들이 차례로 네덜란드 해안을 해방시켜나가는 동안 육상에서도 게릴라들이 반격을 가했다. 동시에 빌렘의 외교적 노력으로 독일과 프랑스가 동시에 에스파냐군에 대한 공격을 개시했다. 이에 맞서 알바 역시 홀란트와 제일란트 지역을 강하게 압박했고 여러 도시에서 에스파냐군에 의한 대량학살이 벌어졌다.

그 결과 지금까지 태도를 확실히 정하지 못했던 도시들도 완전히 에스파냐에 등을 돌리고 빌렘 측과 손을 잡았다. 암스테르담만이 더 오랫동안 주저하다가 1578년에 최종적으로 빌렘 쪽으로 방향을 전환했는데, 알테라치altera'tie(대전환)라 부르는 이 사건은 네덜란드 독립전쟁에서 대단히 중요한 의미를 가진다. 결국 네덜란드를 힘으로 누르고 반란을 종식시키겠다는 알바의 계획은 실패로 끝났다. 알바는 1573년에 에스파냐 본국으로 소환되었다. 후임은 루이스 데 레쿠에센스 이 주니가였다.

1574년 빌렘의 동생 로더베이크Lodewijk와 헨드릭Hendrik이 이끄는 네덜란드군이 패배하고 두 사람은 살해당했다. 레쿠에센스는 더욱 압박을 가하여 레이던시를 포위했다. 이것이 네덜란드 독립전쟁(일명 80년전쟁)

의 중요한 분기점 중 하나다. 만일 레이던을 빼앗기면 에스파냐군이 북쪽으로 밀고 올라올 것이고, 그러면 홀란트와 제일란트 전체가 위험에 빠지게 된다. 따라서 빌렘으로서는 어떻게든 레이던을 지켜내야만 했다. 어떤 작전을 구사할 것인가? 빌렘이 생각해낸 것은 도시에 바닷물이 유입되는 것을 막기 위해 설치한 상류의 제방을 무너뜨려서 수공水攻을 하는 것이었다. 그러나 이렇게 되면 레이던 일대가 파괴되어 시민들이 엄청난 피해를 입을 수밖에 없다. 빌렘은 비밀 요원들과 메신저 비둘기들을 이용해 미리 시민들과 협상하여 차후에 보상을 해주기로 약속하고, 1574년 8월부터 상류의 제방을 무너뜨려 바닷물이 레이던시 쪽으로 흘러넘치도록 했다.

레이던시는 오랫동안 포위되어 있던 터라 식량이 떨어져 주민들이 굶고 있었다. 그런 와중에 빌렘의 공격이 늦어지자 시민들 중에는 항복하자는 사람들도 나왔다. 레이던 시장 판 데어 베르프van der Werff는 시민들에게 "그렇게 배가 고프면 내 팔을 먹어라" 하며 저항을 독려했다. 10월에 접어들어 바람과 조류의 영향으로 물이 차오르자 드디어 해군이 보트를 타고 '물밀듯이' 쳐들어갔고 육군과 시민들도 함께 공격에 나섰다. 에스파냐군은 육상전투에는 능숙했지만 이런 식의 기묘한 진흙탕 싸움에는 대비가 되어 있지 않았다. 10월 2일 밤, 에스파냐군은 레이던시를 버리고 퇴각했다.

10월 3일 아침, 시 당국과 군은 그동안 굶주렸던 시민들에게 청어와 흰 빵을 나누어주었다. 에스파냐군이 떠난 뒤 성벽 가까운 곳에서 횟스폿hutspot(감자와 양파를 넣고 끓인 요리)이 가득 담긴 큰 솥을 찾아냈다. 시민들은 저녁에 이것을 먹으며 승리를 자축했다. 이후 레이던 시민들은

1574년 10월 3일, 레이던시 포위를 끝낸 직후 시 당국과 군은 그동안 희생하며
굶주린 시민들에게 구호품과 음식을 나누어주었다. 오토 판 벤, 1574~1629.

이 사건을 기념하여 매년 '레이던 온젯Leidens onzet'이라는 축제를 열어 사
람들에게 횟스폿과 흰 빵과 청어를 나누어준다. 한편, 레이던 시민들의
희생정신에 대한 보상으로 빌렘 공은 시민들에게 소원을 하나 들어주겠
다고 했다. 시민들은 대학을 세워달라고 했다. 이것이 네덜란드 최초의
대학인 레이던 대학이다.

이후 에스파냐군의 사정은 악화일로였다. 지휘관 레쿠에센스가 1576
년 갑자기 사망하자 에스파냐군은 혼란에 빠졌다. 무엇보다도 군대가 물
자 보급과 봉급을 받지 못한 것이 큰 문제였다. 보급이 끊어진 군대만큼
무서운 것이 또 있겠는가. 허기진 배를 움켜잡고 무기를 손에 쥔 장정들

몇 천 명이 모여 있다고 생각해보라. 가까운 도시나 마을을 약탈하리라
는 것은 불 보듯 뻔하다. 사태가 이 지경에 이른 것은 에스파냐가 오스만
제국과도 전쟁을 벌이고 있었기 때문이다. 1571년 레판토 해전이 일어
났는데, 펠리페 2세로서는 전력을 분산할 수밖에 없었으니, 이것이 네덜
란드에 결정적으로 유리하게 작용한 셈이다.

제때 보급을 받지 못한 에스파냐군이 당시 유럽 최대의 경제·금융 중
심 도시였던 안트베르펜Antwerpen을 약탈하는 사건이 일어났다. '에스파
냐의 광기Spanish Fury'라 부르는 이 사건으로 7,000명 정도가 사망하고, 안
트베르펜은 회복 불가능한 상처를 입었다. 이 충격으로 수많은 상인, 지
식인, 예술가 들이 암스테르담을 비롯한 북부 지역으로 이주했는데, 이
것이 17세기에 네덜란드가 황금시대를 맞게 된 중요한 요인이었다.

네덜란드판 남북 분단

전쟁이 지속되자 평화에 대한 갈망이 커졌다. 빌렘은 평화안을 준비했
다. 칼뱅주의에 경도된 북부와 가톨릭을 고수하는 남부 각 지역의 대표
들이 강(헨트)에 모여 평화안에 서명했다. 이때 사태가 자신들에게 유리
하게 전개되는 것을 본 북부 지역 대표들 중에는 네덜란드에서 가톨릭교
도들을 완전히 제거하고 남부에서도 칼뱅주의를 받아들이도록 강제해야
한다는 극단적인 주장을 펴는 사람들도 있었다. 빌렘은 그런 주장을 받
아들이지 않았다. 가톨릭을 강요하는 데 대한 치유책은 신교를 강요하는
게 아니라 관용이어야 하지 않겠는가. 빌렘은 체포된 사람들을 석방하고

재산도 되돌려준다고 선언한 다음 종교 문제에 대해서는 "전국의회에서 추후에 다시 논의한다"는 모호한 입장을 내놓았다. 때로는 확실한 것보다 모호한 것이 좋을 수 있다. 빌렘은 일부러 그런 식으로 모호하게 표현하여 실질적으로 종교 관용을 선언한 것이다.

이즈음 빌렘을 비롯한 독립운동 지도 세력의 생각은 이랬다. 에스파냐가 군대를 완전히 철수하고, 네덜란드 현지인 중심으로 공직자를 임명할 것을 약속한다면 에스파냐에서 보내는 총독을 인정하겠다. 이 말은 아직 에스파냐 국왕에 대한 마지막 지지를 철회하지 않았다는 뜻이다. 그러나 펠리페 2세에게 종교와 정치의 자유를 인정하는 선한 국왕이 되어달라는 바람은 실현 가능성이 없었다. 게다가 네덜란드 내부에서도 신교와 구교 사이에 분열 조짐이 보였다. 종교적 갈등과 맞물린 정치 문제는 결코 합리적으로 해결하기 쉽지 않은 일이다. 이때 에스파냐가 보낸 새 총독 알레산드로 파르네세(전 총독이었던 마르가레트의 아들)는 이 상황을 이용하여 네덜란드 남부만이라도 확실하게 에스파냐에 충성하는 가톨릭 지역으로 만들고자 했다. 이 정책은 실제로 효과를 거두었다.

1579년 1월 6일, 아르투아와 헤노주 그리고 두에시가 주축이 되어 아라스 동맹을 맺었다. 이들은 강 평화안을 지지하되 가톨릭을 유지하고 에스파냐 국왕에게 충성한다는 입장을 천명했다. 그러자 이에 맞서 1월 23일 북부 7개 주(홀란트, 제일란트, 위트레흐트, 헬더란트, 오버레이설, 흐로닝언, 프리슬란트)가 위트레흐트 동맹을 맺었다. 이들은 완전한 종교 자유와 독립을 요구했다. 네덜란드판 남북 분단이 일어났다. 이로써 네덜란드 독립운동은 새로운 국면을 맞게 되었다. 북부 주들은 선한 국왕이 자신들의 자유와 자치를 인정해주리라는 소박한 기대를 버리고, 따로 독립하겠다는 의사를 분명히 밝혔다. 남부와 북부, 신교와 구교가 공존하며 서로 협력하기를 바란 빌렘의 희망은 무위로 끝났다.

그렇다고 북부 7개 주가 당장 독립 국가로 확고히 선 것도 아니었다. 군사적 동맹의 성격이 강한 '연합체'에 불과했다. 모든 중요한 결정은 각 주가 자체적으로 결정하는데, 그 중심은 그 지역의 귀족 대표들과 도시 대표들이 모이는 주 의회였다. 게다가 각 주마다 스타드하우더stadhouder 라는 직위가 있어서 행정권과 군사 지휘권을 행사했다. 7개 주 전체를 통괄하는 유일한 기관은 전국의회였다. 그러나 전국의회에서 할 수 있는 일은 많지 않았다. 각 주를 대표해 참석한 사람들은 자기 주의 이해만을 대변하는 경향이 강해, 마치 외교관들이 모여 협상하는 것 같았다. 중요한 결정은 7개 주 모두 찬성해야 하는 만장일치제이기 때문에 사실상 중요한 결정을 내리기가 쉽지 않았다. 네덜란드를 다른 이름으로 '연합주United-Provinces'라고 불렀지만, 실제로는 '분열주Disunited-Provinces'에 가깝다는 말이 있을 정도였다.

네덜란드 독립의 기틀을 마련하다

이런 상황에서 네덜란드의 독립운동을 이끌고 건국을 이루는 데 오라녀 가문이 결정적 역할을 했다. 오라녀 가문은 전통적으로 이 지역에서 큰 명망을 누리던 가문인 데다가 그동안 빌렘이 쌓아온 업적으로 인해 지위가 더욱 확고해졌다. 이후 네덜란드 역사의 주요 고비마다 결정적인 순간에 민중 세력이 오라녀 가문을 열렬히 찾는 현상이 반복되었다. 오라녀 가문은 국왕이 없는 이 나라에서 일종의 왕실 역할을 했다. 후일 나폴레옹 전쟁을 거치고 혼란기를 겪다가 오라녀-나사우 가문이 왕실로 격상되었으니, 공화정으로 출발했다가 혁명적으로 왕정이 된 특이한 역사 궤적을 보여주었다.

1581년 전국의회는 철회령Act of Abjuration을 공표했다. 그 내용은 각 주의 위원회가 주권을 가지며 주의 통치자는 주에서 부여한 권한만을 행사한다는 것이었다. 그리고 펠리페 2세에 대한 충성 서약을 철회하고 그것을 네덜란드 연맹United Netherlands에 대한 충성 서약으로 대체한다고 선언했다. 신민이 자기들끼리 협의하여 국왕에게 '이제부터 당신은 우리의 지배자가 아니니 우리의 충성을 철회하노라'고 선언한다는 것은 역사상 특기할 만한 일이다. 이 문건의 주요 내용들은 나중에 미국 독립선언의 본보기가 되었다. 미국이 독립할 때도 네덜란드의 상황과 유사했다. 각 주와 중앙정부의 관계, 지배국가(영국)와의 관계에 대해 어떤 태도를 취할지 결정할 때 중요한 선례가 바로 네덜란드 독립운동이었기 때문이다.

이런 상황에서 에스파냐는 오라녀 공 빌렘을 배신자로 규정하고 그를 처치하기로 결정했다. 펠리페 2세는 빌렘의 머리에 금화 2만 5,000길더를 현상금으로 걸었다. 1584년에 발타자르 제라르라는 프랑슈-콩테 출신의 가톨릭 광신도가 빌렘을 암살했다. 빌렘은 세계 최초로 총으로 암살된 정치인이 되었으니, 말하자면 암살도 점차 근대화되고 있었다.

암살범은 체포되어 상상할 수 있는 온갖 고문을 받았다. 총을 쏜 그의 오른손을 와플 굽는 틀에 넣어 굽기, 양쪽 엄지발가락에 150킬로그램의 추 달기, 발보다 작은 크기의 개가죽 신발을 신긴 다음 불을 쬐어 신발이 쪼그라들게 하기, 채찍질을 한 다음 상처에 꿀을 발라 염소가 핥게 하기(그러나 염소가 핥는 것을 거부해서 이것은 실패로 끝났다. 염소가 더 인간적이다). 그 후 온몸을 난도질해 내장과 심장을 꺼내는 잔인한 방식으로 처형했다. 합리적이고 온건한 성향의 이 나라 사람들도 내면 한구석에 광기를 숨기고 있었던 모양이다. 그러는 동안 현상금은 제라르의 친척이 대신 수령했다. 암살범을 성인으로 추대하려는 움직임까지 있었으나 현명하게도 교황이 이를 묵살했다.

빌렘이 네덜란드 독립의 기틀을 마련한 것은 분명하나 실제로 네덜란드가 독립을 이룬 것은 그 후로도 수십 년이 더 지난 1648년이다. 펠리페 2세는 1598년 파란만장한 생을 마쳤다. 가톨릭 세계를 수호하겠다는 그의 염원은 결국 네덜란드가 떨어져나감으로써 실패로 끝났다. 이후로도 에스파냐와 네덜란드의 전쟁은 중단과 재개를 반복했다. 전쟁에 지친 나머지 1609년에 12년간의 휴전에 합의했다가 1621년에 전쟁을 재개했는데, 이때 네덜란드는 거의 오늘날의 영토를 차지했다. 그 후로도 전쟁은 23년간 지속되었으나 대세는 이미 결정된 뒤였다. 이 후반부의 전쟁은 17세기 판 세계대전이라 일컫는 30년전쟁(1618~1648)의 한 축으로 편입되었다. 이 전쟁이 끝나고 전후 질서를 새로 구축하는 베스트팔렌 조약을 체결할 때 네덜란드는 하나의 국가로서 공식 인정을 받아 국제무대의 정식 일원이 되었다. 근대 국가들이 제 모양을 갖춰가면서 유럽 세계는 또 다른 차원으로 진화해갔다.

빌렘은 건국의 초석을 놓은 네덜란드의 국부일 뿐 아니라 큰 시각으로 보면 근대 유럽 세계 형성에 중요한 역할을 한 인물이다.

3장

갈릴레오 갈릴레이,
우주의 실체를 파고든 불굴의 과학자

빈첸초 갈릴레이
Vincenzo Galilei
1520?~1591

줄리아 암만나티
Giulia Ammannati
1538~1620?

혼인 관계 ———
친자 관계 ———

메디치 가문

로렌의 크리스티나
Christine de Lorraine
1565~1637

페르디난도 1세
Ferdinando I de' Medici,
Grand Duke of Tuscany
1549~1609,
재위 1587~1609

후원 →

갈릴레오 갈릴레이
Galileo Galilei
1564~1642

마리나 감바
Marina Gamba
1570?~1612

버지니아 갈릴레이
Virginia Galilei,
sister Maria Celeste
1600~1634

리비아 갈릴레이
Livia Galilei,
sister Arcangela
1601~1659

빈첸초 갈릴레이
Vincenzo Galilei
1606~1649

코시모 2세
Cosimo II de' Medici,
Grand Duke of Tuscany
1590~1621, 재위 1609~1621

오스틸리오 리치
Ostilio Ricci
1540~1603

수학자로
이끔

비난

크리스토퍼 클라비우스
Christopher Clavius
1538~1612

페르디난도 2세
Ferdinando II de' Medici,
Grand Duke of Tuscany
1610~1670, 재위 1621~1670

요하네스 케플러
Johannes Kepler
1571~1630

동료

비난

루도비코 델레 콜럼베
Lodovico delle Colombe
1565~1616

베네데토 카스텔리
Benedetto Castelli
1578~1643

동료

여호수아 관련
인식 비판

토마소 카치니
Tommaso Caccini 1574~1648

페데리코 체시
Federico Angelo Cesi 1585~1630

연구 및
출판 도움

이단으로 고발

니콜로 로리니
Niccolò Lorini 1544~?

로베르토 벨라르미노
Roberto Bellarmino 추기경,
1542~1621

가설로서
지동설
주장 허용

논쟁

오라시오 그라시
Orazio Grassi 1583~1654

아스카니오 피콜로미니
Ascanio Piccolomini
1590~1671

재판 후
거처 제공

이단 판결

우르바노 8세Urban Ⅷ
(마페오 바르베리니 Maffeo
Barberini) 1568~1644,
재위 1623~1644

빈첸초 비비아니
Vincenzo Viviani
1622~1703

제자

1

독실한 신앙인인가,
근대 과학의 투사인가

 1633년 6월 22일 수요일, 로마에 있는 도미니크 교단의 산
타마리아 소프라 미네르바 교회에서 갈릴레오 갈릴레이는
흰옷을 입은 참회자의 차림으로 7명의 재판관들 앞에서 무
릎을 꿇고 참회문을 읽어나갔다. 지구가 태양 둘레를 돈다는 주장을 한
죄로 종교재판소에서 이단 판정을 받은 것이다. 자신의 주장을 공개적으
로 철회하고 난 후 재판정을 나오며 갈릴레오는 이렇게 중얼거렸다.

그래도 지구는 돈다E pur si muove.

널리 회자되는 이 이야기는 허구일 가능성이 높다. 종교재판소에서 유
죄 판결을 받은 자가 그런 무엄한 말을 했다가는 자칫 목숨을 잃을 수 있
기 때문이다. 이 이야기가 기록에 처음 나온 것은 갈릴레오가 죽고 100
년도 더 지난 1757년의 일이다. 그런데 1911년 이 일화와 관련된 흥미로

감옥에 갇혀 벽을 응시하는 갈릴레
오. 그가 감옥에 갇힌 적은 없으니
상상으로 그린 것이다. 갈릴레오가
정말 이 말을 했는지 정확하지 않지
만, 그림 한쪽에 "그래도 지구는 돈
다"라고 적혀 있는 것이 발견되었
다. 바르톨로메 에스테반 무리요,
1643~1645년경.

운 그림이 발견되었다. 벨기에의 한 예술품 수집가가 에스파냐 화가(무
리요Bartolomé Esteban Murillo일 것으로 추정하지만 확실치 않다)가 그린 그림을 구
했는데, 여기에 'E pur si muove(에 푸르 시 무오베)'라는 글귀가 쓰인 것을
발견했다. 1643~1645년 무렵에 그려진 것으로, 갈릴레오가 사망하고 얼
마 안 된 때이다. 그러니 사실이든 아니든 "그래도 지구는 돈다"라는 말
은 당대에 널리 퍼져 있었던 듯하다.

갈릴레오는 과학적 진리를 옹호하다가 억울하게 희생된 인물인가? 우
리는 갈릴레오 하면 과학 탐구를 하다가 성경의 내용이 틀렸다는 것을
깨닫고 교회에 저항하다가 고초를 겪은 근대 과학의 투사 이미지를 떠올
린다. 오늘날 진화생물학자인 리처드 도킨스는 신은 불필요한 존재이며

종교는 갈등만 불러일으키는 암 덩어리 같다고 주장한다. 과연 갈릴레오는 16~17세기판 도킨스인가?

그렇지는 않다. 갈릴레오는 독실한 신앙인이었으며, 과학과 종교는 상보적인 진리의 두 측면이라고 보았다. 역사에서 신앙과 이성은 꽤 복잡한 관계를 맺으며 공존해왔다.

아리스토텔레스와 싸우다가 수학에 눈뜨다

아버지 빈첸초 갈릴레이는 피렌체에서 활동하는 류트lute 연주자였는데, 단순한 악기 연주자라기보다 인문주의적 교양을 갖춘 음악학자에 가까웠다. 실제로 그의 저서는 바로크 음악의 발전에 상당한 영향을 미쳤다. 빈첸초는 문학과 예술, 특히 음악 연구를 활발히 하는 카메라타Camerata라는 비공식 아카데미에서 활동했다. 그가 피사에 머물던 1562년, 42세라는 늦은 나이에 24세의 줄리아 암만나티를 만나 결혼했고, 2년 후인 1564년 2월 15일에 장남 갈릴레오가 태어났다.

피사는 피렌체에서 약 80킬로미터 정도 떨어진 항구도시다. 갈릴레오가 열 살 되던 무렵, 그의 가족은 피사에서 피렌체로 이사했다. 갈릴레오는 이곳에서 약간의 학교 교육을 받은 후 피렌체에서 남동쪽으로 약 35킬로미터 떨어진 발롬브로사의 수도원에서 라틴어로 된 고전들을 공부했다. 그는 수도원 생활이 아주 맘에 들었던 모양이다. 조용하고 평화로운 가운데 수도사들이 열심히 공부하는 모습이 너무나 좋아 보여서 그는 아예 수도원에 남을까도 생각한 적이 있다. 그러나 아버지의 생각은 달랐다. 아들이 의사가 되길 바랐던 그는 갈릴레오가 18세 되던 해에 피사 대학에 등록시켰다.

대학에 들어가 처음 배운 기초 과정은 아리스토텔레스 철학이었다. 이는 당시 대학에서 가장 중요한 과목이었다. 아리스토텔레스는 중세 초에 잊혔다가 1,000년이 지나서 재발견되었고, 토마스 아퀴나스에 의해 기독교 신앙을 구축하는 핵심 논리로 사용되었다. 중세에 '철학자' 하면 아리스토텔레스를 의미했고, 무릇 공부를 하려면 일단 의무적으로 아리스토텔레스 철학을 배워야 했다.

아리스토텔레스 철학은 왜 세상만사가 현재 우리가 보는 상태로 있는지를 체계적으로 설명한다. 그것을 알려면 사물의 '원인'을 찾아야 하고, 자연계의 모든 사건의 이면에 있는 종국적인 '목적'을 알아야 한다. 그는 4대 원소인 흙, 공기, 물, 불과 그것들의 성질인 열기, 냉기, 습기, 건기로 모든 것을 설명한다. 예컨대 이런 식이다. 손에 쥐고 있던 돌을 놓으면 왜 떨어지는가? 흙 성분으로 구성된 돌은 흙 원소의 본래 장소인 지구 중심을 향해 가려 하기 때문이다. 이 철학 체계에서는 당연히 지구가 우주의 중심이고, 그 위로 여러 겹의 하늘이 완벽한 구球를 이루며 돌고 있다. 지구와 달 사이의 공간은 4원소로 이루어져 있어 변화가 일어나지만 그 너머 우주는 에테르라는 특수 물질로 꽉 차 있어서 아무런 변화가 일어나지 않는다. 이 같은 고대적 사상 체계로 실제 세계의 구성과 움직임을 설명하려다 보니 무리가 따를 수밖에 없다. 사실 갈릴레오가 평생 부딪치며 싸운 것은 기독교가 아니라 아리스토텔레스 철학 체계였다.

갈릴레오는 곧 아리스토텔레스 철학보다 훨씬 흥미로운 분야를 발견했는데, 그것은 바로 수학의 세계였다. 유클리드와 아르키메데스의 책들을 보고 매료되었다. 그러다 보니 의학은 관심 밖이고 매일 수학책만 들여다보았다. 급기야 이 사실이 아버지의 귀에 들어갔다. 의사가 되라고 기껏 대학에 보내놓았더니 아무짝에도 소용없는 수학책만 본다는 사실에 어찌나 화가 났던지 빈첸초는 곧장 피렌체에서 피사로 달려왔다. 노발대발하는 빈첸초를 설득한 건 '토스카나 대공의 수학자' 직함을 가진 오스틸리오 리치였다. 사실 그동안 갈릴레오에게 수학책들을 빌려준 사람이 바로 그였다. '아드님이 수학에 비범한 재능이 있다'고 설득하니, 아버지도 아들이 의사가 되면 좋겠다는 꿈을 접고 수학 공부를 계속하도록 허락해주었다.

피사의 사탑에서 공을 떨어뜨리다

당시에는 요즘과 달리 석사·박사 학위를 받는 것보다 고전적인 문제를 해결하는 데 얼마나 공헌했는지를 가지고 학계에 데뷔하는 것이 관행이었다. 갈릴레오는 자신이 개량한 법칙들을 다른 수학자들에게 보내 인정을 받았다. 예컨대 어떤 물체의 무게중심을 알아내는 개선된 방법을 발견하여 명성을 얻었다. 이 덕분에 로마 대학의 주임 수학자가 추천서를 써주어서 1589년 피사 대학의 강사가 되었다. 문제는 월급이었다. 다른 교수들이 600플로린을 받을 때 그의 월급은 고작 60플로린이었다. 시간강사의 어려움은 예나 지금이나 별반 다를 게 없어 보인다.

　당시 그의 연구는 《동학動學, de Motu》(갈릴레오 사후 1687년 출간)이라는 자료를 통해 짐작할 수 있다. 그가 먼저 관심을 둔 문제는 낙하 운동이었다. 10킬로그램짜리 공과 1킬로그램짜리 공을 떨어뜨리면 어느 것이 먼저 떨어지는가? 아리스토텔레스에 따르면 물체가 떨어지는 데는 크기(무게)가 작용하므로, 10킬로그램짜리 공은 1킬로그램짜리 공에 비해 열 배 더 빨리 떨어져야 한다. 과연 그럴까? 실제로 해보면 전혀 그렇지 않다. 피사의 사탑에서 두 공을 떨어뜨리면 둘 다 같은 속도로 떨어진다(피사의 사탑에서 무게가 다른 포탄을 떨어뜨린 실험 이야기는 갈릴레오의 제자 빈첸초 비비아니가 쓴 전기에 나오는 내용인데, 실제 있었던 일인지는 불분명하다).

납덩어리와 깃털도 사실은 같은 속도로 떨어진다. 다만 깃털은 공기 부력을 받기 때문에 늦게 떨어질 뿐이다. 공기 저항이 없는 진공 상태에서라면 둘은 동시에 땅에 도착할 것이다. 1971년 8월 2일, 아폴로 15호의 우주인 데이비드 스콧David Scott이 달에서 직접 실험을 했다. 그는 망치와 깃털이 똑같은 속도로 떨어지는 것을 보여주며 "갈릴레오가 맞았다"라고 말했다. 그런데 사실은 그보다 훨씬 전인 1650년경에 진공펌프가 발명되어 똑같은 실험을 한 적이 있다.

갈릴레오가 철학자들과 다른 점이 이것이다. 철학자들은 무거운 물건을 들고 끙끙거리며 사탑에 올라가서 실제 실험을 하는 대신 추론을 통해 보편적인 체계를 구상한다. 반면 갈릴레오는 실제 관찰을 통해 법칙을 만들어갔다. 그런데 낙하 현상은 너무 순식간에 일어나서 제대로 볼 수가 없다. 그래서 경사면에 홈을 파서 공이 그 홈을 따라 굴러 떨어지게 만든 다음 시간과 길이를 정확하게 쟀다. 시간이 지날수록 물체가 더 빨리 낙하하는 것은 분명한데, 과연 어느 정도 빨라지는가? '겁나게 빨라진다'고 이야기해서는 안 되고 "낙하하는 물체의 거리는 시간의 제곱에 비례한다"는 수학적 언어로 표현해야 한다. 이런 식으로 법칙을 하나하나

정립해나가는 동안 아리스토텔레스 체계에 수정이 필요하다는 결론에 이르게 되었다.

천문학과 점성술이 공존하던 시대

1591년 아버지 빈첸초가 사망하자 장남인 갈릴레오에게는 가족들을 부양해야 할 부담이 지워졌다. 우선 여동생들의 결혼 지참금을 마련해야 했는데, 이는 시간강사 월급 몇 년 치를 모아야 하는 금액이었다. 그 자신도 연인을 만났다. 베네치아에 갔다가 마리나 감바라는 여인과 사랑에 빠진 것이다. 두 사람은 결혼식을 올리지 않고 동거하면서 1남 2녀를 낳았다. 그는 수학을 배우려는 귀족들에게 가정교사 일을 하며 수입을 보충했다.

그러던 중 드디어 1592년 12월 파도바 대학의 수학 교수 자리를 얻으면서 경제 사정이 조금 나아진 데다 무엇보다 연구 여건도 좋아졌다. 파도바는 베네치아의 지배하에 있었는데, 베네치아는 교황청과 갈등상태에 있다 보니 교황청의 영향력에서 상당히 벗어나 있어서 비교적 자유롭게 연구할 수 있었다. 그렇지만 대학 교수직을 얻은 것만으로는 안정적인 생활과 연구가 힘들었기 때문에 유력 귀족의 지원이 필요했다. 갈릴레오는 메디치 가의 토스카나 대공 페르디난도 1세의 지원을 받았고 그의 아들 코시모 2세를 가르쳤다.

당시 과학과 철학, 문학과 종교는 상당 정도 혼용되어 있었다. 예컨대 과학자들은 단테가 그린 지옥의 구조에 대해 논쟁하곤 했다. 과학혁명

갈릴레오를 후원한 메디치 가 사람들.

1 2대 토스카나의 대공 페르디난도 1세. 시피오네 풀조네, 1590.

2 페르디난도 1세의 부인 크리스티나. 시피오네 풀조네, 1590.

3 3대 토스카나의 대공 코시모 2세. 어릴 적 갈릴레오에게 교육을 받았다.
  크리스토파노 알로리, 1608~1618년경.

4 4대 토스카나의 대공 페르디난도 2세. 작자 미상, 17세기.

의 시대라고는 하지만 천문학과 점성술, 화학과 연금술이 뒤섞여 있었다. 천문학을 공부하는 이유 중 하나는 의사들에게 도움을 주기 위해서였다. 별자리로 점을 쳐서 환자의 운명을 파악해야 치료에 도움이 되는데, 그러려면 그 사람이 태어났을 때 행성들의 위치를 알아야 했기 때문이다.

사실 이런 비학祕學 요소가 뚜렷한 사례는 오히려 갈릴레오보다 후대 인물이며 근대 과학의 최고봉이라 할 수 있는 뉴턴이었다. 흔히 뉴턴 하면 이성적이고 합리적인 과학자 이미지를 떠올리는데, 사실 그의 정신 세계를 크게 지배했던 것은 연금술과 마법 같은 신비주의 학문들occult sciences이었다. 예컨대 뉴턴은 성경에 나오는 수치들을 이용해 말세가 언제 찾아올지 계산하는 연구에 몰두했다(뉴턴의 연구에 따르면 2060년에 종말이 올 것이다!). 이와 연관된 뉴턴의 문서들을 발굴하고 연구한 중요한 학자 중 한 명이 경제학자 케인스였는데, 그는 "뉴턴은 이성 시대의 최초의 인물이 아니라 마지막 마술사였다"고 주장했다.

그런데 마술이나 점성술에서는 갈릴레오의 실력이 그리 출중하지 않았던 게 분명하다. 1609년 토스카나 대공 페르디난도 1세의 부인 크리스티나가 갈릴레오에게 병약한 남편의 운명에 대해 물어보았다. 갈릴레오는 대공이 장수할 거라고 답했는데 그로부터 딱 22일 후에 사망했다. 갈릴레오로서는 조금 뻘쭘했겠으나, 어쨌든 그의 제자 코시모 2세가 아버지의 뒤를 이어 대공이 되었으므로 계속 후원을 받는 데에는 문제가 없었다.

이즈음 갈릴레오에게는 밀물과 썰물이 왜 일어나는지가 주요 관심사였다. 이에 대한 고찰에서 비롯되어 그는 점차 코페르니쿠스 이론을 수용하게 되었다. 코페르니쿠스Nicolaus Copernicus(1473~1543)는 1543년 천동설을 설명하는《천체의 회전에 대하여De revolutionibus orbium coelestium》를 펴냈다. 기존 프톨레마이오스Klaudios Ptolemaios(100?~170?)의 천동설은 지구가 우주의 중심이고 그 위로 달과 해와 다섯 개의 행성이 원을 그리며 돈다고 설명했지만, 코페르니쿠스는 태양이 중심이고 그 둘레를 지구가 돌며, 지구는 금성과 화성 사이에 위치해 있고, 지구의 둘레를 도는 것은 달밖에 없다고 주장했다.

이 책의 내용은 실로 혁명적이고 전복적이었지만, 교황청 금서목록에는 오르지 않았다. 사실 이 책은 교황 바오로 3세에게 헌정되었고, 우주를 설명하는 '가설'로서 유용성을 인정받았다. 실제로 교황청이 이 책을 이용해 달력을 개정한 것이 바로 1586년의 그레고리우스력이다. 당시로서는 행성들의 위치를 파악하는 데 천동설이나 지동설이나 비슷한 수준이었다. 물론 누가 보더라도 태양이 도는 것 같지 지구가 도는 것 같지 않으므로 상식에 더 부합해 보이는 것은 프톨레마이오스의 천동설이다. 갈릴레오는 코페르니쿠스의 이론을 일찍부터 알고 있었지만 수용하지 않았다가 점차 그의 체계로 기울어갔다.

1604년 10월 15일, 밤하늘에 새로운 별이 나타났다. 현대의 용어로 말하면 초신성supernova이 발견된 것인데, 이것이 학계와 종교계를 크게 뒤흔들었다. 사실 그보다 수십 년 전인 1572년에도 덴마크의 천문학자 티코 브라헤Tycho Brahe(1546~1601)가 같은 현상을 확인했었다. 이 현상은 고전적인 우주 모델에서는 있을 수 없는 일이다. 천체는 변하지 않는 완벽한 물질로 채워져 있기 때문에 어떤 변화도 있어서는 안 된다. 따라서 당대 학자들은 새로운 별이 나타난 것처럼 보이는 사건이 사실은 4원소의 변화가 가능한 달 아래의 세계에서 일어난 기상 현상이라고 얼버무렸다.

갈릴레오는 여러 도시의 학자들과 서신을 교환하며 공동 연구를 했다. 새로운 천체는 어디서 보더라도 시차視差, parallax(관측 위치에 따른 물체의 위치나 방향의 차이)가 없었다. 이 말은 곧 그 현상이 달과 같은 가까운 곳이 아니라 머나먼 우주에서 일어났다는 의미이며, 결국 아리스토텔레스와 프톨레마이오스의 체제가 틀렸다는 이야기가 된다.

공의 낙하운동만이 아니라 우주의 현상에 대해서도 막연한 추론이 아닌 실제 관찰이 필요하다. 그렇지만 광활하고 먼 우주 공간을 맨눈으로 본들 얼마나 관찰하겠는가. 바로 이때 등장한 결정적 도구가 망원경이다. 갈릴레오는 망원경을 이용해 처음으로 우주의 속살을 들여다본 인간이 되었다.

망원경으로 우주의 속살을 들여다보다

1609년 갈릴레오가 베네치아를 방문했을 때 처음으로 망원경에 관한 이야기를 들었다. 네덜란드에서 안경 제작자들이 멀리 있는 물체를 서너 배 확대해서 볼 수 있는 도구를 만들었다는 것이다. 그 전 해인 1608년 네덜란드에서 특허 등록이 된 이 도구는 약 30센티미터 길이의 튜브인데 한쪽 끝에는 볼록렌즈를 달고, 눈을 대는 다른 한쪽에는 오목렌즈를 붙여 멀리 있는 물체를 확대해서 보았다.

갈릴레오는 초점거리가 다른 렌즈들을 이용해 배율이 더 좋은 망원경을 만들었다. 두세 배 배율의 망원경은 장난감에 불과할 수도 있지만, 배율이 아홉 배만 되어도 놀라운 물건이 되었다. 그는 이것을 베네치아의 상원의원들에게 보여주었다. 높은 종탑 위에서 망원경으로 보니 맨눈으로는 보이지 않았던 먼 바다의 배들이 시야에 들어왔다. 배가 항구에 도착하기도 전에 벌써 알 수 있으므로 군사용으로 상당히 유용해 보였다.

종탑에 올라 갈릴레오가 선사한 망원경으로 먼 바다의 선박들을
관찰하는 베네치아 도제(Doge, 최고지도자). 주세페 베르티니, 1858.

베네치아에 이런 선물을 한 까닭은 그곳에서 갈릴레오에게 보수가 더
많은 종신 교수직을 제안했기 때문이다. 그런데 막상 조건을 따져보니
재직 중이던 파도바 대학과의 계약 문제로 베네치아의 제안을 받아들일
수 없었다. 갈릴레오는 할 수 없이 전략을 수정했다. 더 높은 배율의 망
원경을 만들어 피렌체의 코시모 2세에게 선물하고, 자신도 이를 이용한
연구를 내놓아 재직 중인 대학에서 더 나은 조건을 얻고자 했다. 아무리

우수한 학자라 하더라도 우선 먹고살아야 연구도 하지 않겠는가.

갈릴레오는 20배율의 망원경을 만들었다. 이것으로 천체를 관찰하니 놀라운 일 투성이였다. 그가 들여다본 첫 번째 천체는 달이었다. 20배율 망원경을 사용하자 달 표면이 뚜렷하게 보였다. 달에는 산, 계곡, 구덩이들이 있으며, 매끄럽고 완벽한 구가 아니었다. 또 그는 달의 밝은 부분과 어두운 부분 사이의 경계를 관찰했다. 밝은 부분 안쪽에는 작고 어두운 점들이, 반대로 어두운 부분 안쪽에는 작고 밝은 점들이 있었다. 이 어두운 점들은 시간이 지나면서 점차 밝아졌다.

이 현상은 무엇을 의미할까? 갈릴레오는 지구에서 보는 것과 같은 현상이라고 추론했다. 여러 산이 연이어 있다고 생각해보자. 해가 뜨면 큰 산의 왼쪽에 위치한 산의 동쪽 사면은 그림자가 져서 어두워 보이다가 해가 더 높이 뜨면 밝아진다. 그러니 달에도 산과 계곡이 있다는 의미다. 그는 기하학을 이용해 산의 높이를 계산했는데, 어떤 것은 높이가 6~7킬로미터라는 것까지 알아냈다. 나중에 그는 달의 지구 반사광 문제도 해결했다. 그믐 직전이나 직후 달을 보면 미세한 회색 부분이 보인다. 이 현상은 오래전부터 알려져 있었지만 그에 대한 원인은 설명하지 못했다. 그런데 갈릴레오는 지구에 반사된 햇빛이 달을 비추고 그것이 다시 우리 눈에 보이는 현상임을 알아냈다.

다른 천체들 역시 망원경으로 관찰한 결과 맨눈으로는 보이지 않는 것들이 보였다. 우주에는 생각한 것보다 훨씬 더 많은 별이 있었다. 오리온자리의 경우 맨눈으로 보면 별이 몇 개 안 되는데 망원경으로 보니 80여 개의 별이 더 있었다. 망원경을 들이대는 곳마다 엄청나게 많은 별이 있지 않은가. 은하수란 수없이 많은 별의 무리라는 사실도 밝혀냈다.

우주의 중심은 하나가 아니다!

갈릴레오가 들여다본 천체 중 가장 놀라운 성과를 얻은 것은 목성이었다. 1610년 1월 7일 밤, 목성의 동쪽에 두 개, 서쪽에 한 개의 작은 별이 보였다. 몹시 의아해하며 며칠 동안 관찰했다. 만약 목성과 관련이 없는 별들이라면 목성이 움직이고 난 후 그 별들만 따로 보여야 할 텐데, 그 작은 별들은 목성과 함께 움직이는 게 분명했다. 그리고 목성의 동쪽에 있는 별의 수와 서쪽에 있는 별의 수가 달라졌다. 그러더니 1월 13일에는 별의 수가 네 개가 되었다. 그동안 목성 뒤에 숨어 있다가 나타난 것이다. 결론은 명백했다. 그 네 개의 작은 별은 목성의 위성이었다. 그는 자신을 후원하는 코시모 2세와 메디치 가문의 호의를 얻기 위해 이 네 개의 목성 위성을 '메디치 위성'이라고 불렀다.

갈릴레오는 이런 관측 자료를 정리하여 60쪽의 책으로 펴냈다. 라틴어로 쓴 이 책의 제목은 쓸데없는 분란을 피하기 위해 일부러 모호하게 '별들의 메신저Siderus Nuncius'라 붙였다. 그러나 이 책은 엄청난 논쟁을 불러일으키며 코페르니쿠스의 지동설을 지지하는 증거가 될 수 있었다. 목성은 행성이고, 달을 가지고 있다. 지구도 달을 가지고 있다. 그렇다면 지구도 목성과 마찬가지로 태양 주위를 도는 행성이 아닐까? 천동설에 따르면 모든 천체가 지구를 중심으로 돌아야 하는데, 목성을 중심으로 도는 천체가 있다는 것은 적어도 기존 체계에 심각한 위험이 될 수 있었다.

사실 천동설이냐 지동설이냐가 핵심은 아니었다. 갈릴레오의 발견에 담긴 함의는 다른 데 있었다. 지금까지 하늘 세계는 완벽하고 영원한 것

1609년 갈릴레오가 베네치아 도제에게 보낸 편지의 초안으로, 망원경 발명에 관한 내용이 적혀 있다. 편지 아래에 1610년 1월 목성의 위성들을 관찰하면서 적은 메모가 있다. 갈릴레오는 자신을 후원하는 코시모 2세에게 호의를 보여주고자 목성의 위성을 '메디치 위성'으로 명명했다.

이다. 그런데 망원경으로 보니 천체는 완벽하게 매끄러운 구 모양이 아니라 울퉁불퉁하다. 지구가 빛을 발하여 달을 비춘다는 것은 천체가 땅 수준으로 격하되고 땅이 천체 수준으로 격상된다는 것을 의미한다. 목성은 그 자체가 또 하나의 중심이 되니, 우주에 중심이 여러 개가 있는 셈이다. 지금까지 알려진 달, 태양, 수성, 금성, 화성, 목성, 토성 등 일곱 개의 천체는 우리 몸의 7개 구멍orifices이나 7대죄七大罪 등 전통적인 7요소와 상응하는 것으로 해석되었다. 그런데 하늘에 네 개의 천체가 더 있으면 11이라는 의미 없는 수가 된다. 이처럼 갈릴레오는 불완전성을 키우고 세계의 조화를 깨트렸다. 이는 기존 신앙과 철학에 심각한 위협이 될 수 있었다.

지동설의 강력한 증거들

당대 종교인들과 학자들은 이런 사실들을 쉽게 용인하지 못했다. 목성에 달이 여러 개 있고, 달에 산과 계곡이 있다고? 이들 역시 망원경으로 천체 현상을 관찰하고 나서는 눈에 보이는 것까지 부정할 수는 없었지만, 그래도 자신들의 사고 체계를 하루아침에 바꾸는 것은 쉽지 않았다. 클라비우스 신부는 갈릴레오가 본 것은 우주 현상이 아니라 렌즈에 낀 이물질이라고 주장했다. 다른 사람들은 골치 아파서 망원경을 못 본다는 핑계를 대며 더 강고하게 기존 철학 체계에 집착했다. 천체는 완벽하게 매끄러워야 마땅하며, 달 표면이 울퉁불퉁하다는 건 말이 안 된다는 것이다. 루도비코 델레 콜롬베라는 인물이 대표적이다. 완고한 아리스토텔레스주의자로서 그는 달의 일부 표면은 울퉁불퉁할 수 있으나 그 전체는 매끄럽고 투명한 수정 같은 물질로 덮여 있다고 주장했다. '우리 눈에 보이지 않는' 투명한 구가 달을 덮고 있다고 하니 이는 반박이 불가능한 억지였다. 그러나 요하네스 케플러 같은 훌륭한 학자들의 태도는 역시 달랐다. 그는 망원경을 하나 얻어 자신이 직접 관찰한 후 갈릴레오가 맞았다고 선언했다.

이제 토성과 금성의 차례다. 망원경 배율이 더 컸다면 토성의 고리를 보았을 텐데 그러지 못하고 토성에는 귀가 있다는 식으로 그렸다. 그보다 더 중요한 관찰 대상은 금성이었다. 오랜 기간 금성을 관찰하니 처음에는 공 모양이었다가 차차 이지러지면서 반달 모양이 되고 다시 그믐달 모양으로 변했다. 이는 달의 모습과 기본적으로 같지 않은가. 더구나 그믐달처럼 되었을 때 지름이 더 커지는데, 이는 금성이 지구와 더 가까워진다는 것을 의미하며, 금성이 태양 주위를 돌면서 지구와 가까워졌다가 더 멀어졌다가 한다는 해석이 가능해졌음을 의미했다. 이 역시 지동설의 강력한 방증이 될 것이다.

동시에 갈릴레오는 목성의 위성들을 끈기 있게 관찰해갔다. 이 위성들은 어떤 주기로 목성을 도는 걸까? 케플러는 그 작은 천체의 움직임을 구분하여 주기를 밝혀내는 것이 쉽지 않은 문제라고 했지만, 갈릴레오는 성공적으로 이를 밝혀냈다. 어느 날 밤, 모든 위성이 목성 반대편에 모여 있어서 전혀 볼 수 없었다. 그는 이때를 기준 시점으로 잡은 후, 위성들이 나타나면 차례로 그것들의 속력, 위치 등을 기록해나갔다. 수년에 걸친 노력 끝에 그는 네 개 위성의 공전 주기를 정확히 계산해냈다. 이 결과는 현대에 계산한 값과 거의 차이가 없을 정도로 정확하다.

이런 가상한 노력 덕분에 1610년 5월부터 갈릴레오는 피사 대학의 수학 주임 교수가 되었고, 토스카나 대공의 철학자이자 제1 수학자라는 칭호도 얻었다. 그렇다고 경제적 문제가 완전히 해결된 것은 아니었다. 두 딸의 결혼 지참금을 마련하기도 힘들었다. 게다가 갈릴레오가 정식 결혼을 한 게 아니어서 딸들이 법적으로는 사생아였기 때문에 배우자를 고르는 것도 어려웠다. 그래서 두 딸을 수녀원에 보내려고 했지만 16세가 안 되어 수녀원에서도 받아주지 않았다. 갈릴레오는 추기경에게 부탁해 두 딸을 수녀원에 들여보내 일하도록 했고(그 대가로 갈릴레오가 약간의 돈을 지불했다), 두 딸은 16세에 정식 수녀가 되었다. 근대 물리학의 아버지, 현대 과학 정신의 탄생을 알린 대학자가 이런 수준의 삶을 살았다는 건 가슴 아픈 일이다.

과학과 종교의 충돌이 임박하다

갈릴레오는 뜻하지 않은 곳에서 도움을 받았다. 로마의 젊고 부유한 귀족 페데리코 체시가 만든 린체이 학회Lincei dei Accademia가 그것이다. '스라소니의 눈을 한 학회'라는 뜻으로, 눈이 밝은 동물 스라소니처럼 날카롭게 지식을 배워나가자는 취지를 담고 있었다. 회원들은 갈릴레오와 서신을 교환하고 그의 책 출판도 도왔다. '망원경telescope('tele(멀리)'와 'scopein(보다)'을 합친 말이다)'이라는 명칭도 이 학회가 1611년 갈릴레오를 초대했을 때 만들어졌다. 이 학회는 1630년 체시가 사망할 때까지 갈릴레오에게 큰 힘이 되었다.

이즈음 제기된 중요한 문제는 태양 흑점이었다. 독일 예수회 신부이자 천문학자인 크리스토퍼 샤이너Christoph Scheiner(1575~1650)가 망원경으로 태양을 관찰해보니 태양 앞에 흑점들이 있더라는 내용의 책을 썼다. 린체이 학회 회원인 벨저Mark Welser가 이 책을 가명으로 출판해 갈릴레오에게 보내면서 의견을 구했다. 아리스토텔레스주의자들도 완벽한 천체라 생각하던 태양에서 이런 이상한 현상이 발견되어 곤혹스러워하던 터였다. 샤이너는 그 점들이 태양 앞에 떠 있는 작은 별들의 무리라고 주장했다. 갈릴레오는 친구 베네데토 카스텔리가 고안한 방법을 사용해 태양을 자세히 관찰했다. 망원경의 접안렌즈에서 1미터 되는 거리에 틀을 짜고 거기에 종이를 묶어놓은 다음 망원경을 태양을 향해 놓아 태양의 모습이 종이 위에 비치도록 한 것이다(태양투영법).

관찰 결과는 매우 흥미로웠다. 첫째, 흑점들이 태양 표면을 가로질러 움직이는데 그 길이가 날마다 조금씩 바뀌며, 태양의 가장자리에 있을 때 길이가 짧아진다. 둘째, 한 흑점을 추적해보니 서쪽 끝에서 사라졌다가 2주 후에 다시 등장했다. 태양은 스스로의 축을 중심으로 약 한 달 주기로 돌고 있었던 것이다. 그는 이 관찰 결과를 정리해 린체이 학회에 보냈고, 학회는 이를《태양 흑점과 그 현상들에 대한 역사와 증명》이라는 책으로 출판했다. 갈릴레오는 그간의 연구를 통해 천동설보다는 지동설로 기울었다. 금성이 달처럼 차고 이울어지면서 태양 주위를 돌고, 목성에는 네 개의 위성이 있으며, 지구가 태양 빛을 달에 비춘다. 이런 증거들로 보면 코페르니쿠스 체계에 부합하는 것으로 보였다.

갈릴레오의 주장은 많은 사람의 주목을 받으면서 그의 명성도 높아졌다. 로마를 방문했을 때에는 저명인사들이 그를 초대했고, 교황 바오로

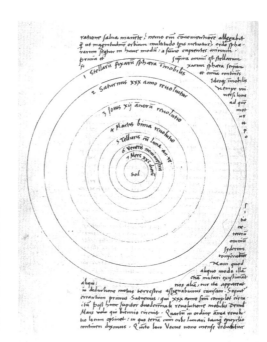

코페르니쿠스의 《천체의 회전에 대하여》에 실려 있는 지동설 체계. 코페르니쿠스는 지구를 중심으로 태양이 돈다는 천동설을 부정하고, 태양을 중심으로 지구와 다른 행성이 공전하는 지동설을 주장했다. 갈릴레오도 끊임없는 관찰을 통해 얻은 증거들을 가지고 지동설을 지지하게 된다.

5세도 알현하여 격려를 받았다. 이때까지만 해도 지동설을 수용하는 게 치명적인 잘못은 아니고, 단지 우주를 이해하기 위한 하나의 가설로 사용하는 정도면 크게 문제되지 않았던 것이다. 그러나 그 내용이 성경과 반대되는 게 명백한 이상 과학과 종교의 충돌은 예정되어 있었다. 갈릴레오의 명성이 높아질수록 그에 대한 비판도 거세졌다. 천동설을 고집하는 학자들은 갈릴레오를 윽박질렀다. 지구가 움직인다고? 증거 있어? 증거를 대 봐!

사실 지구가 태양 주위를 돌고 또 자전한다는 명백한 증거를 대는 것은 쉬운 일이 아니었다. 그것은 19세기에 가서야 가능해졌다. 정밀한 측정 도구가 등장해서 아주 멀리 떨어진 별을 기준으로 시차parallax를 확인함으로써 지구의 공전을 증명했고, 파리의 팡테옹 천장에 푸코의 진자Foucault Pendulum를 설치하여 지구의 자전을 증명했다. 길이 67미터의 진자가 왕복운동을 하는데 진동면 자체가 시계방향으로 움직이므로 그 반대 방향으로 지구가 움직인다는 것을 보인 것이다. 그러나 '실증'은 훗날의 일이라 하더라도 그 이전에 뉴턴의 만유인력 이론이 나왔을 때 사실상 이 문제는 논리적으로 해결된 셈이다.

과학과 종교의 공존을 모색한 근대인

 기존 아리스토텔레스 및 프톨레마이오스 체계를 고집하는
교회 인사들의 반격이 갈수록 거세졌다. 1616년 3월 교회
가 코페르니쿠스의 《천체의 회전에 대하여》를 금서로 지
정했다. 갈릴레오가 당사자는 아니지만 결과적으로는 그에게 불똥이 튀
었다. 자신의 신앙과 과학 연구가 모순되는 게 아니며, 다만 과학적 설명
과 성경의 내용은 같은 진리를 다르게 해석하는 방식이라고 생각했지만,
그것은 그의 생각일 뿐 교회는 다르게 받아들였다.

투쟁이 시작되다

이야기는 몇 년 전으로 거슬러 올라간다. 1613년 어느 날, 코시모 2세가
베푼 만찬 자리에서 한 플라톤주의 철학자가 대공의 어머니인 크리스티

나에게 갈릴레오의 주장이 성경에 배치된다고 비판했다. 만찬 후 크리스티나는 갈릴레오의 친구인 카스텔리를 따로 불러 이 문제에 대한 의견을 물었다. 특히 성경의 여호수아에 관한 내용이 문제였다. 여호수아가 전투할 때 적들을 마저 다 쳐부수기 위해 해가 더 길었으면 하고 바랐다. 그래서 하느님께 해가 하늘을 가로지르는 것을 잠시 멈추게 해달라고 기도했고 하느님이 허락했다(여호수아 10:13). 갈릴레오라면 이 내용을 어떻게 설명할 것인가? 카스텔리는 이 사실을 갈릴레오에게 전했고, 갈릴레오는 자신의 견해를 정리하여 카스텔리에게 보냈다.

성경과 자연 모두 신이 쓴 위대한 책이다. 다만 성경은 보통 사람들이 이해하기 쉽게 조정된 언어로 쓰였다. 성경에 해가 움직인다고 한 것은 보통 사람들에게는 그렇게 보이기 때문이다. 그러나 자연은 그런 조정이 필요치 않으므로, 우리가 관찰했을 때 지구가 움직이면 그렇게 생각하는 게 옳다. 명백한 자연 현상에 대해 성경을 가지고 비판하는 것은 옳지 않다.
사람들이 여호수아를 예로 드는데 사실 그 문제만 해도 그렇다. 이전의 우주론을 따른다면, 태양만 따로 움직이는 게 아니라 모든 천체가 함께 움직이므로 태양만 따로 멈추게 해달라고 빌어서는 안 되고 모든 천체를 멈추게 해달라고 빌었어야 한다. 천동설 체계를 인정한다 하더라도 태양만 멈춘다는 것은 모순이 아닌가.
이런 것으로 보면 성경은 천문학에 대해 들어본 적 없는 사람들을 위해 약간 표현을 조정해 설명한 것이다. 사실 말이지 그 성경 내용은 지동설로 더 잘 설명할 수 있다. 우주의 중심에 있는 태양이 회전을 멈추면 지구도 멈출 테고 그래야 낮이 길어질 수 있지 않겠는가.

카스텔리는 이 편지를 여러 편 필사하여 사람들에게 돌렸다. 그중 하나가 반대편의 수중에 들어갔다. 세상일이 그렇다. 논리적으로 맞다 해도 그것이 꼭 상대방을 설득할 수 있는 것은 아니다. 오히려 더 부아를 돋을 수 있다.

도미니크 신부 토마소 카치니는 의도적으로 여호수아에 관한 구절을 인용해 설교를 한 후 이를 부정하는 학자들은 진실한 신앙의 적이라고 비판했다. 그러자 카치니의 동료인 니콜로 로리니 신부는 갈릴레오의 편지 필사본 중 하나를 로마의 종교재판소로 보내 이단 판정을 해달라고 요청했다. 종교재판소는 이 편지를 신학 고문단에 보내 감정을 의뢰했는데, 고문단은 내용이 이단적이지 않다고 판단했다. 1615년 카치니는 직접 종교재판소로 찾아가 갈릴레오를 고발했다. 그러나 종교재판소는 여전히 갈릴레오가 이단이 아니라는 의견을 내놓았다.

"가설이라면 지동설을 주장해도 좋다"

일단 최악의 상황은 피했다 해도 갈릴레오로서는 불안할 수밖에 없었다. 이럴 땐 몸을 낮추는 게 상책이다. 그런데 1615년 3월 나폴리의 파올로 포스카리니Paolo Antonio Foscarini(1565?~1616?) 신부가 코페르니쿠스의 지동설 체계가 성경에 어긋나지 않는다고 주장하는 책을 썼다. 더구나 이 책을 본 로베르토 벨라르미노 추기경은 포스카리니에게 지구의 운동을 가설로만 다룬다면 문제 삼지 않겠다는 내용의 편지를 보냈고, 이 편지의 필사본을 갈릴레오에게도 보내주었다. 추기경의 견해는 진짜로 지구가 움직일 수는 없지만 다만 설명 방식의 하나로 지동설을 주장한다면 그것은 용인될 수 있다는 것이다.

그런데 이런 고무적인 일들이 오히려 독이 되었다. 자신을 얻은 갈릴레오는 과학적 연구와 신앙은 분리해서 생각해야 하며, 성경은 신앙과 도덕의 문제에만 국한해 적용해야 한다고 강조했다. 그와 함께 지구가 움직인다는 주장도 빠뜨리지 않았다. 특히 그는 밀물과 썰물 현상이 지구의 움직임과 관련이 있다고 주장했으며, 배가 항구에서 멀어질 때 배의 갑판에 서 있는 사람에게는 배가 아니라 항구가 멀어져가는 것처럼 보인다는 논리도 제시했다. 이것은 교회 인사들의 심기를 건드렸다. 종교재판소에서 심의가 이루어지고 있는 마당에 왜 그렇게 떠들고 다니느냐는 것이었다.

1616년 종교재판소에서 태양이 우주의 중심이고 지구가 공전과 자전을 한다는 견해는 이단이라는 판결이 나왔다. 이 판단을 근거로 포스카리니의 책은 금서가 되었고, 코페르니쿠스의 책은 교회의 지침에 따라 개정하지 않으면 현재 상태로서는 금서라는 결정이 났다. 교회는 또 벨라르미노 추기경을 불러 갈릴레오에게 코페르니쿠스 이론을 버리게 하라고 지시했다. 추기경은 갈릴레오에게 교황의 지시 사항을 전달했다. 이때 일어난 일이 훗날 갈릴레오의 재판에 큰 영향을 미쳤지만, 자료가 부족하여(특히 나폴레옹 전쟁 때 많은 문서가 사라졌다) 정확한 실상은 알기 어렵다. 도대체 무슨 일이 일어났던 걸까?

추측해보건대 우선 추기경은 교회재판소의 결정 사항을 전했고 갈릴레오 역시 그것을 받아들이지 않을 수 없었다. 그러나 추기경은 곧 다시 자신을 찾아오라 말했고, 실제로 두 사람이 만났을 때는 지나친 결정을 내린 종교재판소를 비판하면서 지시사항만 잘 지키면 아무 문제가 없고, 또 교황이 갈릴레오를 괴롭힐 의도가 없다고 다정하게 위로했다. 아닌 게 아니라 조만간 갈릴레오는 교황을 알현하여 아무 걱정 말라는 위로를 받았다.

그런데 이 시기에 피사와 베네치아에서 갈릴레오가 처벌받았다는 소문이 돌자, 갈릴레오는 다시 추기경을 만나 이 문제를 상의했다. 갈릴레오로서는 자기 고용주들을 안심시켜야 할 필요가 있었다. 추기경은 코페르니쿠스의 이론이 성경에 어긋나며, 따라서 이를 믿거나 변호해서는 안 된다는 사실을 갈릴레오에게 전달했을 뿐 그는 교회로부터 어떠한 처벌도 받지 않았다는 내용의 진술서를 써주었다. 훗날 이 문서는 매우 중요한 역할을 한다. 어쨌든 로마에서 위로와 격려를 받고 돌아왔으니, 갈릴레오는 상당한 자신감을 가졌을 것이다.

밀물과 썰물에 관한 대화

1618년 세 개의 혜성이 잇따라 나타났다. 사람들은 갈릴레오에게 편지를 보내 의견을 물었다. 당시 건강이 좋지 않았던 그는 일일이 답변을 하지 못하다가 몸을 추스르고 나서 자신의 견해를 정리해 예수회 인사인 그라시와 논쟁하는 책을 냈다. 논쟁은 망원경으로 혜성의 위치를 알 수 있느냐에서 시작되었지만 양측은 갈수록 서로 냉소적인 비판을 주고받았다. 사실 그라시는 과학 수준으로는 갈릴레오의 적수가 되지 못했다. 그는 자기주장을 펴기 위해 수학보다는 다른 전거를 댔다. 예컨대 바빌

론 병사들이 투석용 노끈에 달걀을 넣고 어찌나 힘차게 빨리 돌렸는지 달걀이 익었다는 식의 고사를 인용하는 수준이었다. 갈릴레오는 그를 비판하는 책《시금저울Il Saggiatore》(1623)을 썼다. 날카롭고도 냉소적인 문장으로 대응하여 읽는 사람들은 아주 재미있어 했지만, 이런 식으로 예수회와 같은 권위 있는 집단의 미움을 사는 것은 위험한 일이었다.

조만간 갈릴레오에게 중요한 일들이 일어났다. 그의 후원자 코시모 2세가 사망하고 열한 살 아들 페르디난도 2세Ferdinando II가 즉위했는데, 이전 대공만큼 그를 잘 보호해줄지는 의문이었다. 이어서 1623년 8월 새 교황이 즉위했다. 마페오 바르베리니 추기경이 우르바노 8세로 취임한 것이다. 원래 새 교황은 여러 면에서 갈릴레오에게 우호적이었다. 무엇보다 린체이 학회 회원 몇 명이 그의 밑에서 일하다가 교황청으로 들어가 일하게 되었고, 이들은 새 교황에게 아리스토텔레스 이론 대신 새로운 과학 이론을 지지해달라고 부탁했다. 갈릴레오도 로마로 찾아가 새 교황을 수차례 만나 코페르니쿠스의 지동설에 대한 금지를 해제해달라고 부탁했다. 교황은 지금에 와서 자신이 금지 정책을 바꿀 수는 없지만, 코페르니쿠스의 지동설과 프톨레마이오스의 천동설을 비교하는 방식으로 책을 써도 좋다고 허락했다. 다만 코페르니쿠스의 지동설이 사실인 것처럼 써서는 안 된다고 분명히 말했다.

이런 정도로 갈릴레오와 친했던 교황이 왜 갈릴레오를 파멸로 몰아넣었을까? 교황이 나이가 들며 보수화되어 지동설에 반감을 가졌을 수도 있다. 혹은 상대적으로 덜 무거운 혐의를 씌워 그보다 더 위험한 혐의(예컨대 당시 제기되었던 원자론은 화체설化體說과 같은 중요한 기독교 교리를 흔드는 것이라서 크게 문제가 되었다)로부터 그를 보호하려 했다는 주장도 제기되

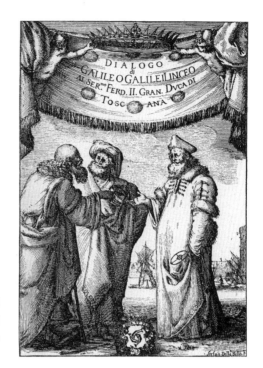

1632년 출간된 《대화》의 표지. 이 책은 예수회의 거센 비판과 함께 갈릴레오가 이단 판정을 받는 결정적 이유로 작용했다.

었다. 그러나 여전히 풀리지 않는 문제로 남아 있다.

하여튼 이 시기에 자신감을 되찾은 갈릴레오는 피렌체로 돌아와 대작 집필에 착수했다. 그것이 1625~1630년에 걸쳐 쓴 《밀물과 썰물에 관한 대화Dialogo sopra i due massimi sistemi del mondo》이다. 여기에는 세 명의 주인공이 등장한다. 코페르니쿠스를 지지하는 살비아티Salviati(갈릴레오의 친구로, 1614년에 사망했다), 아리스토텔레스 편에 선 심플리치오Simplicio(이름을 고대 철학자 심플리치우스에서 따왔다지만 생각이 단순한 바보의 뉘앙스가 강하다. '얼간이'를 뜻하는 영어 simpleton을 연상시킨다), 그리고 건전한 상식을 지닌 지성인 사그레도Sagredo(갈릴레오의 친구), 이 세 사람이 매일 만나 대화를 나눈다. 대화가 진행되면서 갈릴레오가 발견한 성과들이 소개되고 결국 코페르니쿠스 체계가 프톨레마이오스 체계만큼이나 그럴듯하다고 말한 뒤, 마지막 날 대화에서 지구가 자전과 공전을 하면 그 힘이 어우러져 밀물과 썰물이 일어난다고 설명한다. 지구가 완전히 정지해 있다면 바닷물이 그토록 크게 움직일 수는 없다는 것이다.

그는 원고를 들고 로마로 찾아가 교회 당국자들의 심사를 받았다. 검열관들은 밀물과 썰물 이야기를 빼고 출판하라고 지시했다. 그래서 내용과 체제를 수정하고 책 제목도 간단히 '대화'로 바꾸었다. 그런데 밀물과 썰물 이야기가 빠지고 나니 오히려 코페르니쿠스 체계에 대한 비판을 반격하는 성격이 더 강해졌다. 그래서 책의 뒷부분에 인간의 초라한 지성으로 신의 전지전능에 한계를 확정할 수 없다는 교황의 말씀도 집어넣어 분위기를 살짝 완화시켰다. 그런데 린체이 학회 회장인 체시가 사망하는 바람에 출판 비용을 마련하기 어려운 데다 흑사병이 창궐하여 원고를 피렌체에서 로마로 보내는 것조차 힘들었다. 이 때문에 이 책은 피렌체에서 검열을 받고 출간되었다. 1632년 2월 책이 출간되자 그의 친구들은 호평했지만 그의 논적들은 충격에 휩싸였다.

브루노와 정반대의 길을 선택하다

예수회는 본격적으로 갈릴레오를 공격했다. 일부 인사들은 갈릴레오의 이론이 신교와 통한다고 주장했고, 심플리치오의 입을 통해 교황을 모욕했다고도 했다. 교황은 특별위원회를 두어 《대화》의 금서 지정 여부를 판단하도록 했다. 위원회가 조사 중에 지구가 움직인다는 사실을 다시는 언급하지 말라고 갈릴레오에게 명령한 문서를 발견했다. 위원회는 이런 지시를 받고도 어긴 것은 중대한 사안이라 보고, 갈릴레오를 직접 종교 재판소로 소환해서 조사해야 한다고 결정했다. 종교재판소는 갈릴레오 에게 로마로 출두할 것을 명령했다.

갈릴레오는 일흔에 가까운 고령에다가 병 때문에 가기 힘들다고 했지 만, 재판장인 교황은 제 발로 오지 않으면 쇠사슬로 묶어 압송하겠다고 압박했다. 결국 갈릴레이는 1633년 2월 13일 로마에 도착했다. 그를 감 옥에 가두지는 않고 토스카나 대사관에 머물며 조사를 받도록 조치한 것 이 그나마 다행이었다.

과학과 종교 간에 세기의 재판이 열린 것인가? 그렇긴 하지만 실제 재 판에서 다룬 그 문제 자체는 조금 쪼잔해 보인다. 종교재판소에서 문제 삼는 것은 갈릴레오가 지동설을 옹호하지 말라는 교황청의 지시를 지켰 느냐 어겼느냐 하는 것이다. 교황청의 지시를 어겼다면 이단이 분명하다 는 다소 이상한 논리인데, 그 점을 증명하는 문건이 명백하게 있으나 갈 릴레오에게 절대적으로 불리해 보였다.

그는 《대화》는 코페르니쿠스의 이론을 지지한 것이 아니라고 우겼으 나, 세 명의 신학자들이 검토한 끝에 이 책은 지동설을 주장하고 있다는 결론을 내렸다. 이때 갈릴레오가 내놓은 비장의 카드는 1616년 추기경 으로부터 받은 보증서였다. 자신은 추기경이 써준 보증서에 따라 행동했 다고 하니 재판관들로서도 당황하지 않을 수 없었다. 그런 문서가 있을 줄 누구도 몰랐던 것이다. 또 그는 피렌체에서 검열관의 검토를 거쳐 책을 출판했다고 이야기했는데 이 역시 틀린 말이 아니지 않은가.

갈릴레오는 교황청이 금지한 논의를 했으나 추기경의 허락을 받고 주장을 펼쳤으므로 절반 정도 유죄이고, 금서 목록에 드는 책을 펴냈지만 그 원고는 검열관이 출판을 허락한 것이므로 이 또한 절반 정도 유죄인 셈이다. 현대의 법리로는 둘 다 기각되어야 할 듯하지만, 당시 재판소의 판단은 달랐다. 유도 경기의 규칙과 비슷하다고나 할까? '절반' 두 번을 합쳐 '한판'이라는 판결을 내린 것이다. 이단 판정을 받은 그는 일곱 명의 재판관들 앞에 무릎을 꿇고 지동설이라는 이단의 주장을 편 것을 철회한다는 참회의 말을 했다. 그러지 않았다면 자신의 고유한 철학과 과학 사상을 고집하다가 1600년 브루노처럼 처형당했을지도 모른다. 권력 앞에 빌면서라도 목숨을 구하는 것이 옳은 일일까? 갈릴레오의 경우를 보면 그렇다는 생각도 든다. 일단 목숨을 구해 다시 훌륭한 저서를 쓰는 것이 후대 사람들에게도 좋은 일이 아닌가.

갈릴레오는 종신형 판결을 받았으나 감옥 대신 그의 친구이자 시에나 대주교인 아스카니오 피콜로미니의 집에서 머물도록 허락해주었다. 대주교는 그에게 호의적이었으며, 가끔 과학에 관심 있는 사람과의 만남을 주선해주었다. 1633년 12월 종교재판소는 갈릴레오에게 집으로 돌아가도 된다고 판시했다. 말하자면 가택연금으로 최종 결정 난 것이다. 대신 앞으로 그가 쓸 어떤 원고도 책으로 출판하지 못한다는 단서가 덧붙여졌다.

치욕을 견디고 대작을 남기다

갈릴레오가 집에 돌아왔을 때 그의 상태는 말이 아니었다. 그에게 늘 힘이 되어주었던 딸 버지니아가 이듬해인 1634년 사망했다. 설상가상으로 그의 한쪽 눈은 실명했고 다른 한쪽 눈도 점차 어두워져갔다. 이런 상태에서도 그는 마지막 대작을 집필했다.

2년 동안《새로운 두 과학Two New Sciences》을 쓰는 데 심혈을 기울였다. 이 책은 과학과 관련된 그의 유언장이라 할 수 있다. 운동에 관한 이론들을 정리한 이 책은 근대 물리학의 출발점이 되었다. 그런데 이단 판정을 받은 사람의 책을 출판한다는 게 쉬운 일이 아니었다. 집에는 종교재판소에서 파견 나온 감시원이 항시 붙어 있었다. 그렇지만 매일 함께 지내다 보니 서로 친해졌고, 어느 날 느슨해진 감시원의 눈을 피해 외국으로 원고를 빼돌릴 수 있었다. 이 원고는 1638년 네덜란드에서 출판되었다. 이 책이 나왔을 때 갈릴레오는 완전히 실명했다. 그때 가서야 교황청은 그가 자신의 아들과 살면서 의사를 만날 수 있도록 허락했지만, 다른 사람과 대화해서는 안 된다는 조건은 변함없었다.

그에게 큰 힘이 된 것은 제자 빈첸초 비비아니였다. 두 사람의 돈독한 관계는 1639년에 시작되었다. 갈릴레오가 앞을 볼 수 없게 되자 조수가 필요했던 것이다. 17세였던 비비아니의 역할은 편지를 대필하고 읽어주는 정도에 그친 게 아니다. 비비아니는 상당한 수학 실력을 갖추었고 또 열심히 정진하여 훗날 대공의 수학자라는 칭호를 얻을 정도였으니, 단순한 비서가 아니라 갈릴레오의 제자, 더 나아가 아들 같은 존재가 되었다. 비비아니는 1654년에 스승의 전기도 썼다. 이 두 사람은 역사상 가장 아

눈이 먼 갈릴레오는 조수로 비비아니를 고용했는데, 훗날 세상에서 가장 아름다운 사제
관계라고 소문이 날 정도로 둘은 서로에게 없어서는 안 될 존재였다. 비비아니는 훗날
스승의 전기를 썼고, 사후 그의 유언에 따라 스승 곁에 안치되었다. 티토 레시, 1892.

름다운 사제 관계로 추앙받는다.

갈릴레오는 마지막 여생 동안 진자시계를 만들고 책도 한 권 더 쓰고
자 했지만, 심장과 신장에 이상이 생겨 더는 일을 할 수 없었다. 그런 상
황에서도 포도주를 마시지 못하는 것을 아쉬워했으니 그 역시 이탈리아

인인 것은 분명하다. 그는 1642년 1월 8일 밤 세상을 떠났다.

토스카나 대공 페르디난도 2세는 교황 우르바노 8세에게 장례식을 치르고 대리석 비석을 세울 수 있게 허락해달라고 요청했으나 교황은 갈릴레오가 이단이라는 이유로 거절했다. 그래서 제대로 된 장례식도 못 치르고 피렌체의 산타크로체 성당의 예배당 납골당에 그의 시신이 안치되었다. 1737년이 되어서야 종교재판소는 유골을 본당으로 옮겨도 된다고 허락했고, 이때 비비아니의 유산에서 돈을 염출하여 구리와 대리석으로 된 무덤에 앉혔다. 비비아니도 유언에 따라 스승 곁에 안치되었다.

갈릴레오는 생의 마지막 시기에도 계속되는 아리스토텔레스주의자들의 공격에 서한으로 논쟁했다. 그런데 그는 자신이 어느 누구보다도 독실한 신자라고 주장했다. 그건 빈말이 아니었다. 과학과 종교는 표면적으로 모순되어 보이나 사실은 같은 진리의 두 측면이라는 게 그가 줄곧 견지한 태도였다.

결국 세월이 흐르며 교회의 태도가 변해갔다. 《대화》가 출판 금지된 지 111년 만인 1744년 다시 출판이 허락되었지만, 이때에도 지구가 움직인다는 것은 가설로 다루어야 했다. 지구가 돈다는 것을 사실로 인정한 책을 수용한 것은 1820년대의 일이다. 1835년 드디어 코페르니쿠스, 케플러, 갈릴레오의 책이 금서에서 해제되었다. 교황 요한바오로 2세(재위 1978~2005)는 갈릴레오 사건을 재조사하여 명백하게 매듭짓기로 결심했다. 1992년 교황청은 17세기에 교회가 내린 판결은 오류였다고 솔직히 인정하고 갈릴레오에게 내린 선고를 수정한다고 밝혔다. 겸손하면서도 굳은 용기를 가진 갈릴레오가 이긴 셈이다.

4장

독일의 악마들,
마녀사냥 이야기

트리어

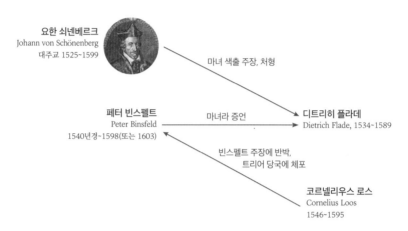

요한 쇠넨베르크
Johann von Schönenberg
대주교 1525~1599

마녀 색출 주장, 처형

페터 빈스펠트
Peter Binsfeld
1540년경~1598(또는 1603)

마녀라 증언

디트리히 플라데
Dietrich Flade, 1534~1589

빈스펠트 주장에 반박,
트리어 당국에 체포

코르넬리우스 로스
Cornelius Loos
1546~1595

밤베르크

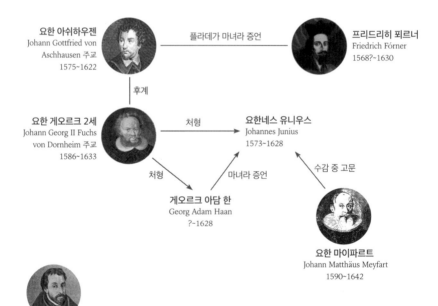

요한 아쉬하우젠
Johann Gottfried von
Aschhausen 주교
1575~1622

플라데가 마녀라 증언

프리드리히 푀르너
Friedrich Förner
1568?~1630

후계

요한 게오르크 2세
Johann Georg II Fuchs
von Dornheim 주교
1586~1633

처형

요한네스 유니우스
Johannes Junius
1573~1628

처형

마녀라 증언

수감 중 고문

게오르크 아담 한
Georg Adam Haan
?~1628

요한 마이파르트
Johann Matthäus Meyfart
1590~1642

프리드리히 슈페, 마녀사냥의 불합리성을 폭로·비판
Friedrich Spee von Langenfeld 1591~1635

1

근대 유럽 문명은 왜 마녀를 필요로 했나[*]

 마녀사냥은 이성적·상식적으로 이해하기 힘든 현상이다. 알고 보니 이웃집 아주머니가 오랫동안 악마와 성관계를 맺었고, 그렇게 하여 얻은 마법의 힘으로 사방에 병을 퍼뜨리고 폭풍우를 일으킨 마녀였다면? 이 마녀가 검은 염소로 변신하여 밤중에 산으로 날아가 마녀들 모임에서 어린아이를 잡아먹었다는 혐의로 화형당했다면?

잔혹한 동화 소재로나 등장할 법한 이런 일이 유럽에서 실제로 벌어져서 적어도 수만 명, 특히 여성들이 끔찍한 고문으로 목숨을 잃었다. 최근 연구 결과에 따르면, 1400~1775년 사이에 유럽과 아메리카 식민지에서 약 10만 명이 기소되었고, 그중 5만 명가량이 처형되었다. 사료를 통

● 마녀사냥에 대해 좀 더 자세히 알고 싶다면 《마녀—서구 문명은 왜 마녀를 필요로 했는가》(주경철 지음, 생각의힘, 2016)를 참고하라.

해 확인할 수 있는 게 이 정도이니 실제 희생자는 그 두 배에 이를 거라는 주장도 있다. 이성의 빛으로 세상을 발전시킨다고 자부하던 근대 유럽 문명에서 벌어진 이 끔찍한 사태를 어떻게 이해할 수 있을까?

마녀임을 자백하게 하는 방법

1462년 4월 29일, 프랑스 샤모니 지방에서 열린 마녀재판에서 페로네트Perronette라는 여인에게 다음과 같은 판결이 내려졌다.

페로네트는 자신의 몸을 여러 차례 지옥의 악마에게 바치고, 몇 명의 남자들과 자연에 반하는 가증스러운 죄를 저질렀으며, 시나고그(유대교 교당)에서 아이들을 먹은 일 외에도 언급하지 않는 게 차라리 나을 여러 범죄행위를 저질렀으므로, 이에 합당한 벌을 받도록 다음과 같이 선언하고 명령한다. 그녀를 정의의 나무기둥에 단단히 묶은 후 빨갛게 달군 쇠 위에 3분 동안 앉아 있도록 하고, 그러고 나서 쌓아올린 나뭇단에 불을 붙여서 페로네트의 육신이 완전히 불에 타서 영혼이 육체와 분리되도록 할 것이며, 뼈를 재로 만들 것이다. 재산은 몰수하여 재판 담당자들에게 넘긴다.

1629년 독일의 프로스네크Prossneck 지방에서 마녀 혐의로 체포된 여인이 첫날 당한 고문은 다음과 같다.

1 손을 묶고 머리를 민다. 사다리에 묶은 다음 머리에 알코올을 붓고 불을

붙여 머리카락 뿌리까지 태운다.

2 팔 아래와 등에 유황 조각들을 뿌리고 불을 붙인다.

3 팔을 뒤로 하여 묶은 다음 천장까지 들어올린다.

4 간수가 밥 먹으러 나간 사이 그런 상태로 서너 시간 묶어둔다.

5 간수가 돌아와 그녀 등에 알코올을 뿌리고 불을 붙인다.

6 무거운 추를 발에 매달고 천장까지 들어올린다. 다시 그녀를 사다리에
  묶고 뾰족한 물건들이 잔뜩 달린 판자를 그녀 몸에 문지른다. 그리고 다
  시 그녀 몸을 들어올린다.

7 엄지손가락, 엄지발가락을 죈다. 그리고 막대기를 이용해 팔을 묶어 15
  분 정도 들어 올려 여러 번 졸도하게 한다.

8 정강이와 다리를 죄며 심문한다.

9 가죽 채찍으로 때려 피가 몸을 적시게 한다.

10 다시 엄지손가락, 엄지발가락을 죈 다음 이런 자세로 오전 10시부터
   오후 1시까지 둔다. 그동안 간수와 재판관은 점심식사를 하러 나간다.

다음 날 똑같은 고문을 반복했는데, 다만 더 천천히 진행했다!

그들은 왜 마녀가 필요했나

이런 흉악한 일들이 벌어지는 이 세상은 어떤 곳일까? 한번 찬찬히 짚어
보자. 악마와 성관계를 맺고 아이를 잡아먹었다는 죄로 페로네트를 빨갛
게 달군 쇠 위에 앉게 한 다음 화형에 처한 것은 15세기 후반 프랑스에

〈마녀들(Witches)〉, 한스 발둥, 1508. 발둥이 그린 마녀는 염소를 거꾸로 타고
날아다니며 사악한 물질을 이용해 병을 퍼뜨리는 전통적인 마녀 이미지에 부합한다.

서 일어난 일이다. 무고한 여인에게 인간이라면 차마 하지 못할 악랄한 고문을 가한 것은 17세기 독일에서 일어난 일이다. 한마디로 '근대 유럽 세계'에서 벌어진 일들이다. 흔히 마녀사냥은 '중세적 현상'이라고 말하지만 사실은 근대 초 정점에 이르렀다. 르네상스와 과학혁명, 계몽주의로 이어지는 시대가 바로 마녀사냥의 전성기였던 것이다.

마녀사냥은 주변적이거나 예외적인 사건이 아니다. 어떤 의미에서 유럽 문명은 마녀를 필요로 했다. 선과 악, 정의와 불의, 신성성과 마성 등은 함께 규정되었다. 최고의 선을 확립하고 지키기 위해 최악의 존재를 만들어야 했다. 사실 어느 사회에서든지 점쟁이나 무당 혹은 약초나 기도로 병을 고치는 치료사 같은 사람들은 늘 있게 마련이다. 그리고 대개는 세상에는 알 수 없는 어떤 신비한 힘이 존재할 수 있다는 정도로 용인하고 넘어간다. 그런데 유독 유럽에서는 그런 부류의 사람들을 악마의 하수인으로 규정했다. 이런 식의 마녀·마법사 개념은 다른 문명권에서는 찾기 힘든 유럽 문명만의 특이한 요소다.

15세기 말 알프스 주변 지역에서 모습을 드러낸 마녀사냥은 조만간 산 아래로 내려가 사방으로 확산되었고, 16세기 후반부터 17세기 전반에 걸쳐 독일 지역을 중심으로 폭발했다. 이후 폭력성이 심해지면서 잔인한 고문과 화형이 잇따랐다. 그 가운데 트리어와 밤베르크에서 벌어진 마녀재판의 주요 인물들을 살펴보자.

이 두 지역은 마녀사냥이 대규모로 벌어진 곳이다. 1587~1593년까지 트리어 대주교구의 22개 마을에서 희생된 처형자 수만 해도 368명이었고, 1623~1633년 사이 밤베르크에서는 요한 게오르크 2세가 600명을 처형했다. '마녀 광기witch craze, Hexenwahn'라 해도 지나치지 않다. 과연 이런 일들이 '광기'에 의해 일어났을까? 그야말로 유럽 문명이 '미쳐서' 무고한 사람들을 악마의 하수인으로 몰아 죽인 걸까? 마녀재판을 주도한 사람들은 지극히 논리적인 신학자, 체계적인 사법 절차를 지키려는 정치·행정가 들이었다. 이들에 대한 소규모 집단전기prosopography를 만들어 보면 마녀사냥을 이해하는 데 도움이 될 것이다.

디트리히 플라데, 재판관에서 피의자로

트리어 지역에서는 1580~1590년대에 역사상 최대 규모의 마녀재판이 열렸다. 초기에 마녀재판을 주도한 인물 중 한 명이 우리가 여기에서 주목해보려는 디트리히 플라데다. 그는 이 지역 출신의 귀족 법률가로, 뢰벤Löwen과 오를레앙Orléans에서 수학한 후 슈파이어Speyer의 제국의회에서 박사 자격으로 일했다. 고향에 돌아와서는 주요 관직을 거쳐 1578년 트리어 대학 교수로 임용되었고 1586년에는 학장이 되었다. 그 무렵 트리어 대주교구에서 마녀사냥이 본격적으로 터져 나왔는데, 플라데는 초기에 그 흐름을 주도했던 인물 중 한 명이었다.

그는 재판관으로 일하며 몇 차례 사형선고를 내리기도 했다. 그런데 재판이 진행되는 동안 사태가 기이하게 흘러가면서 통제 불능의 상황으로 치닫고 있다고 판단했던 것 같다. 정상적인 사고를 하는 사람이라면 고문을 통해 자백을 받아내는 게 분명 무리라는 것을 모를 리 없다. 플라데는 고문을 비판했고, 피고들을 온건하게 대우했다. 바로 이것이 그가 몰락한 이유다. 시대의 큰 흐름을 역행하려다가 역풍을 맞은 것이다. 결

트리어에서 벌어진 마녀사냥, 작자 미상, 1594. 계속된 흉작으로 민심이 흉흉하던 때 마녀사냥 신호가 떨어지자 마을 공동체에서 온갖 갈등이 터져나오기 시작했다.

국 그 자신이 체포와 고문을 피할 수 없었다.

이 지역에서 마녀를 색출하여 없애자는 주장을 처음 편 인물은 쇠넨 베르크 대주교였다. 1581년 트리어 대주교로 임명된 후 그는 예수회 학교를 지으면서 차제에 자신의 신념을 설파했다. 이 세상에 도저히 함께 할 수 없는 세 부류가 신교도, 유대인, 마녀라는 것이다. 이 같은 주장에 동조한 플라데 같은 인물들이 주도하여 의심스러운 사람들을 체포하고 재판에 회부했다. 이 단계의 희생자들은 노인, 특히 자식이 없고 부유한 과부처럼 증언해줄 수 있는 사람이 없는 이들이었다.

그런데 일단 위로부터 마녀사냥의 신호가 떨어지자 마을 공동체 내에서 온갖 갈등이 불거졌다. 마침 이 무렵은 흉작이 잇따르면서 식량 사정이 매우 나빴다. "수년간 지속된 흉작이 악마가 불러온 위해의 결과라 믿고 주민들이 모두 마녀를 없애겠다고 분연히 일어났다"고 당대 기록은 전한다. 일부 사람들이 '긴급위원회'를 조직했다. 이들은 마을의 사악한 세력을 제거하겠다며 길길이 날뛰었다. 탁자 위에 철퇴나 칼을 올려놓고 서약하는 모습에서 알 수 있듯이, 이들은 테러리스트에 가까웠다. 마을 내 불화는 가공할 살인으로 비화되었다. 시 행정관 등 공직을 맡은 엘리트라든지 부농의 부인 들이 마녀사냥으로 희생되었다. 주변부 여성들에서 상층으로 그 대상이 옮겨가기 시작한 것이다. 위원회 조직원들은 희생자들의 재산을 강탈해 자신들의 활동비나 연회 비용으로 사용했다.

한편, 이들에게 정보를 제공하는 인물은 지방의 변호사들이나 공증인처럼 문서를 다루는 사람들이었다. 막시민 수도원의 한 고위인사는 혐의를 받을 만한 1,400명의 목록을 가지고 있었는데, 이런 종류의 명부에 이름이 여러 번 오른 사람은 목숨이 위태로웠다.

마녀사냥이 극심했을 때에는 흔히 어린아이를 증인으로 세웠다. 1630년 자우어란트Sauerland에서 있었던 재판이 그 예다. 아홉 살 소녀 슈티네 타이펠은 자신이 주인공인 공상 이야기를 지어냈다. 주변에서 들은 마녀 이야기의 요소들을 집어넣어 자기가 어딘가로 날아가서 춤추고 맛있는 거 먹고 누군가를 혼내주고 하는 이야기를 했다. 문제는 그 이야기 중에 이웃집 어떤 아주머니, 어떤 아저씨를 보았다고 진술했다는 점이

리파스 레비가 쓴 《고급 마술의 교리와 도
그마》(1854)에 실린 삽화로, 마녀 집회를
주재하는 염소 얼굴을 한 악마 바포메트
(Baphomet)다. 마녀사냥이 극심해졌을 때
에는 상상력이 풍부한 아이들을 마녀재판의
증인으로 세웠다.

다. 이 아이가 이름을 대느냐 아니냐에 따라 마을 사람들의 생사가 갈렸
다. 그런 식으로 이 아이는 1년 반이나 지껄여댔고, 수많은 사람이 희생
되었다.

트리어 지역에서도 유사한 사건이 발생했다. 1585년 트리어의 예수회
학교의 연례 보고서에는 여덟 살 소년이 마녀 집회(사바트, sabbath)에 갔
다고 증언한다. 마녀들은 이 아이를 집회에 데리고 가서 자신들이 춤추
는 동안 북을 치게 했고, 다른 사람들에게 악마적인 해코지를 하는 데에
도 데리고 갔다고 주장했다. 사제들이 아이의 목에 밀랍으로 만든 성물
聖物을 걸어주었는데, 밤에 악마가 찾아와 아이를 심하게 질책하면서 그

물건을 집어던지라고 해서 그 말대로 하자 곧 아이가 순간이동을 했고 그곳에 검은 염소가 있어서 이 동물을 타고 어디론가 갔다고 대답했다. 이듬해 기록에 등장하는 열다섯 살 소년은 마녀들이 건네주는 고양이 뇌를 먹고 자기 머리가 아둔해져서 삼부코Sambuco(악마마다 이름이 있다)라 부르는 악마가 시키는 대로 사악한 일을 행했으며, 대주교에게 죽을병을 일으켰다고 자백했다. 사제들은 이 아이들의 말이 틀림없는 사실이라고 기록했다.

이런 꼴을 보고 플라데가 제동을 걸려 했음이 틀림없다. 그러자 곧 반격이 가해졌다. 마녀 집회에서 플라데를 보았다는 증인이 나타났다. 마티아스Matthias라는 소년이 마녀 집회에서 본 사람들 중에 아주 옷을 잘 입은 상층 사람들도 있다고 말했는데, 재판관들은 인상착의로 보아 그 인물이 플라데 박사가 틀림없다고 결론을 내렸다. 곧이어 플라데가 마녀 집회에 있는 걸 봤다는 증인이 무려 23명에 이르렀다. 더 나아가서 그가 단순 참가자가 아니라 마법사를 도왔다는 진술도 등장했다. 이런 식으로 몰아가면 도저히 헤어날 길이 없다. 겁에 질린 플라데는 시외로 도주했지만 곧 붙잡혔다. 그는 자신의 죄를 모두 인정하며 참회한다는 탄원서를 제출했고, 전 재산을 교회에 맡기고 자신은 수도원에 들어가겠다고 이야기했다. 하지만 플라데의 바람대로 온건하게 넘어갈 분위기가 아니었다.

1589년 4월 22일, 플라데는 고문 끝에 자신이 악마의 하수인임을 자백했고 더는 죽음을 피할 수 없게 되었다. 9월 14일, 그는 안토니우스 교회 묘지에 명예롭게 묻히고 싶다는 내용의 유언장을 제출했다. 죽은 후 지옥에 떨어지는 것만은 피하기 위해서였을 것이다. 9월 18일 그에게 화형 선고가 내려졌다. 처형은 선고 당일 집행되었다. 산채로 불태우지 않고 먼저 교수형을 집행한 다음 시신을 태우는 방식으로 감형된 것이 그나마 다행이라면 다행이었다. 선고문에는 "그 자신이 몇 년 동안 제약하려 했던 법정의 엄혹함을 직접 느꼈을 것"이라는 표현이 나온다. 플라데가 마녀재판에 의문을 제기한 걸 보니 그 자신이 악마의 사주를 받은 게 틀림없다고 몰아세운 것이다.

돈벌이 수단이 된 마녀재판

신학대학 학장이자 재판관이었던 플라데가 마녀로 몰려 사형을 당하는데 결정적 역할을 한 사람은 페터 빈스펠트였다. 빈스펠트는 트리어의마녀재판이 하느님의 정의를 구현하는 것이라는 내용의 책을 출판했고,이 책에서 플라데 재판도 거론했다. 그런데 마침 트리어에 와 있던 네덜란드 출신 신학자 코르넬리우스 로스가 빈스펠트의 주장을 반박하는 책을 써서 쾰른에서 출판하려 했다. 그러자 트리어 당국은 이 책의 출판을금지하고 원고를 압수한 후 로스를 체포하여 막시민 수도원에 감금했다.로스는 자신의 주장을 철회해야 했다. 린덴Linden이라는 제3의 인물이 이사건의 전후 사정을 기록한 덕분에 우리는 이 사건에 대해 비교적 소상히 알 수 있다.

그의 증언에 따르면 이 지역에서는 일단 마녀 혐의로 기소되면 무사한 사람이 거의 없었으며, "판사, 시장 두 명, 참사회Magistrat 위원 여러 명, 보조 판사, 고위 사제들, 시골 성당 사제들이 모두 이때 제거되었다." 분노한 민중과 궁정 인사들이 광기 속에 날뛰었고, 그러는 동안 "공증인, 대서사代書士 등은 부자가 되었다." "처형 집행인은 피에 물든 말을 타더니 급기야 금과 은으로 옷을 해 입었고, 그들의 아내들도 귀부인처럼 부를 자랑했다. 반면 피해자의 아이들은 피신해야 했다. …… 이 마녀재판보다 더한 불행은 없었다. 유죄라는 의심의 이유는 많았다. 처형은 수년간 지속되었다. 사법 행정을 맡았던 사람들은 화형대에 불을 피움으로써 영광을 누렸고, 그 불꽃마다 한 사람씩 내던졌다."

이런 비판 후 로스 문제에 대한 자세한 설명이 뒤따른다. 그는 로스가 감금 상태에서 철회한 내용 16개 항을 옮겨 적었다. 그 중요한 내용은 다음과 같다.

마녀들의 육체적인 변신이나 비행飛行 등은 공상 혹은 허황한 미신의 소산이다. 잔혹한 고문을 가해 자백을 강요했고, 살육에 의해 무고한 피를 흘리게 했으며, 인간의 피를 가지고 새로운 연금술로 금은을 만들었다. 하느님을 부인하고 악마를 숭배하며 악마의 도움으로 폭풍우를 일으키는 등의 일을 하는 마녀라는 것은 없으며, 이런 것들은 꿈같은 일이다. 인간과 악마 사이에 계약이 있을 수 없다. 악마는 육체를 가질 수 없고, 또 악마와 인간 사이에는 성행위가 불가능하다. 악마나 마녀가 폭풍우, 우박 같은 것을 일으킬 수는 없다. 교황청에서 마녀사냥의 권한을 준 적이 없다.

우리의 관점에서 보면 로스가 철회한 주장은 하나같이 옳다. 반대로 생각하면, 여성 피고가 짐승으로 변해 날아다녔고 악마와 성관계를 맺었으며 폭풍우를 일으켰다는 등의 허황된 내용들이 재판에 회부된 주요 혐의 내용이었으며, 고문을 통해 자백을 받아 무고한 사람들을 사형에 처하는 대가로 일부 인사들은 돈을 벌고 있음을 확인할 수 있다. 사람들 대부분은 악마의 힘을 빌려 이 세상에 위해를 가하는 마녀들이 주변에 득실거린다고 확신했으며, 이런 사실을 의심하면 자칫 악마의 동조자로 몰려 죽음으로 내몰릴 수도 있었다. 로스처럼 합리적인 인물이 침묵을 강요당했던 것을 보면 마녀사냥의 흐름에 반대하는 것이 지극히 힘들고 위험한 일이었음을 알 수 있다. 트리어에서는 수십 년 동안 참혹한 마녀사냥으로 인해 수많은 사람이 희생된 뒤, 17세기 중엽에 이르러서야 새로 부임한 주교가 마녀재판을 금지했다.

"사실이든 아니든 제발 아무거나 자백하세요"

 마녀사냥이 가장 극심했던 또 다른 곳으로 바이에른 지방의 밤베르크시를 들 수 있다. 이곳에서는 트리어보다 더 끔찍한 지옥 장면이 연출되었다. 마녀사냥의 여파가 상층에게까지 미치면서 시장을 역임했던 요한네스 유니우스라는 인물도 처참한 최후를 맞았다.

밤베르크 시장 유니우스의 비극

1628년 재판소에 끌려온 유니우스는 자신은 하느님을 부인한 적이 단한 번도 없으며, 자신이 마녀 집회에 간 것을 본 사람이 있으면 데려와보라고 항변했다. 그런데 이게 웬일? 그 앞에 증인이 줄줄이 나타났다. 동료인 게오르크 아담 한 박사는 1년 반 전에 시 청사 대회의실에서 열린 마녀 집회에서 유니우스를 보았으며, 이는 자기 목숨을 걸고 확실하다고 장담하지 않는가. 게다가 유니우스의 하녀를 비롯해 다섯 명의 증인 역시 그를 마녀 집회에서 보았다고 증언했다. 이들 역시 마녀재판에 끌려와서 고문에 못 이겨 자신이 마녀들 모임에 갔다고 자백한 후, 이제 유니우스 시장도 그들과 한패라는 증언을 강요당하고 있었던 것이다. 유니우스는 버틸 때까지 버텼지만 결국 고문을 피할 수 없게 되었다.

> 1628년 6월 30일 금요일, 유니우스에게 고문 없이 자백을 권했으나 계속 자백을 거부하므로 고문을 가했다. 먼저, 엄지손가락을 죄는 도구를 사용했다. …… 그는 엄지손가락을 죄는데 아픔을 느끼지 않았다. 다리를 죄는 도구를 사용했다. 그런데도 아무것도 자백하지 않았다. 고통 또한 느끼지 않았다.

본격적으로 고문이 시작되어 엄지손가락, 다리를 죄는 고문을 행했는데, 문건에는 고통을 느끼지 않았다고 서술되어 있다. 무슨 일일까? 사실 유니우스는 초인적으로 고통을 이겨내며 자백을 거부한 것이다. 그런데 마녀·마법사는 고문을 가해도 악마의 도움을 받아 고통을 느끼지 않고 잘 버티면서 자백을 거부한다는 '침묵의 마술' 설을 내세워 피고가 고통을 느끼지 않는다고 강변하는 것이다.

그야말로 끔찍한 상황이다. 고문에 못 이겨 자백하면 마법사로 몰려 결국 화형에 처해질 것이다. 그렇지만 만일 고문을 이겨내면 그 자체가 악마의 도움을 받는 증거로 여겨지고, 더 끔찍한 고문을 받게 된다. 결국 유니우스에게는 스트라파도를 시행했다. 이는 사람의 팔을 뒤로 묶어

프란시스코 고야의 연작인 〈로스
카프리초스(Los Caprichos)〉 중
〈광기: 아름다운 교사〉. 두 마녀가
빗자루를 타고 마녀 집회 장소로
날아가고 있다.

공중으로 들어 올렸다가 뚝 떨어뜨리고는 중간에 줄을 낚아채는 고문으로, 어깨를 비롯해 몸의 여러 관절에 탈구를 일으킨다. 정신력이 아무리 강해도 어찌 버틴단 말인가. 유니우스는 재판관이 원하는 대로 자백하지 않을 수 없었다. 자신이 악마의 꾐에 빠져서 하느님을 버리고 악마의 일원이 되었고, 악마 '연인'도 생겼으며, 검은 개로 변신한 악마를 타고 날아서 마녀들의 모임에 참가했다고 자백했다.

이제 유니우스가 다른 무고한 사람을 한패로 호명해야 하는 것이 정해진 순서다. 가혹하게 몰아붙이니 유니우스는 할 수 없이 몇몇 이름을 불렀다. 결국 그 사람들이 불려와 같은 방식으로 고문당하고 또다시 무고한 사람을 공모자로 불게 될 것이다. 희생자가 기하급수적으로 늘어날 수밖에 없다.

마지막 남은 절차는 유니우스의 자백 내용을 정리해서 읽어주고 피고가 '자발적으로' 자백했다는 서명을 받는 일이다. 마녀의 죄는 악마에게 영혼을 판 행위이므로 피고가 자신의 '영혼 내부로부터' 자신의 잘못을 자백하는 것이 핵심 요소이기 때문이다. 그런데 만일 이 단계에서 자신은 강요에 의해 억지 자백을 했노라고 주장하면? 그렇다면 '잘할 때까지 다시!' 고문이 새로 시작될 것이다. 이렇게 해서 유니우스는 한때 자신이 기관장을 맡았던 곳에서 유죄 판결을 받고 화형에 처해졌다.

딸에게 보낸 비밀 편지

유니우스의 사례에는 아주 흥미로운 점이 있다. 놀랍게도 유니우스가 처형되기 전 구금 상태에서 딸 베로니카에게 몰래 쓴 편지가 현존한다. 이제 우리는 재판관이 작성한 문서만이 아니라 희생자가 쓴 문서를 통해 다른 각도에서 사건을 살펴볼 수 있다. 고문 때문에 손이 거의 마비된 상태에서도 딸에게만은 결백을 알리고자 힘겹게 써내려간 서신 내용은 안타깝고 감동적이다.

사랑하는 딸 베로니카야, 평안한 밤을 보내기를 수십만 번 기원한다. 나는 무고한 상태로 감옥에 왔고 무고한 상태로 고문당했고 무고한 상태로 죽어야만 한다.

이렇게 시작된 편지는 곧이어 자신이 당한 고문의 실상을 소상히 기록했다. 고문 집행인이 엄지손가락 죄는 도구를 사용해서 "손톱을 비롯해 사방에서 피가 나와 4주 동안 손을 못 썼다"고 고백한다. 아무리 고문을 가해도 악마의 도움으로 아무런 고통을 느끼지 않았다는 재판 기록은 새빨간 거짓이었던 것이다. 스트라파도는 통상 중죄인이라 하더라도 세 번 이상 안 하는 게 관례였는데도 유니우스에게는 여덟 번이나 행해서 "하늘과 땅이 다 끝나버리는 줄 알았다"고 한다.

이런 고문을 가하는 재판관들은 일말의 가책을 느꼈을까? 아니면 자신이 악마의 세력에 대항해 이 세상에서 하느님의 뜻을 지켜내는 정의로운 싸움을 수행하는 중이라고 철석같이 믿었을까? 당시 그들의 생각을 알 수는 없지만, 그들은 자신들이 정의로운 일을 하고 있다고 믿었을 가능성이 높다. 하느님을 믿는 자가 악마의 존재를 믿는 것은 당연하다. 악마 없는 신이란 그림자 없는 존재처럼 성립하기 힘들다. 그럴진대 악마의 하수인들이 준동하여 세상을 위험에 빠뜨리려 할 때, 자신들은 악의 세력을 뿌리 뽑아 세상을 지켜내는 신성한 의무를 수행한다고 믿었을 것이다.

그런데 유니우스가 남긴 편지에 이와 관련한 내용이 나온다. 초인적인 노력으로 고문을 버티는 유니우스에게 고문 집행인이 다가와 이렇게 말한다.

선생님, 사실이든 아니든 제발 아무거나 자백하세요. 당신은 고문을 견디지 못할 겁니다. 고문을 참아낸다 하더라도 여기에서 빠져나가지 못합니다. 당신이 마법사라고 말할 때까지 한 가지 고문 다음에 다른 고문이 계속될 겁니다. 자백하기 전까지는 그들이 당신을 내보내지 않을 것입니다. 이 재판에서 보듯이 모두 다 똑같습니다.

모두들 자신이 하느님의 진리를 수호하기 위해 악의 세력에 맞서 싸운다고 스스로를 속이고 있지만, 고문 집행인은 이것이 허구임을 솔직히 고백하고 있다.

유니우스의 마지막 고뇌는 사후死後 문제였다. 마녀재판 기록들을 보면 사람들이 저렇게 끔찍한 고문을 어떻게 견뎠을까 하는 생각이 들곤 하는데, 희생자들이 극단의 고통을 끝까지 참으려고 했던 이유는 종교에서 찾을 수 있다. 만일 자백을 하게 되면 하느님을 배신한 죄로 사후에 지옥에 가지 않을까 하는 두려움 때문이었다. 유니우스는 신부를 만나 자신이 정말로 악마에게 굴복한 게 아니라 고문에 못 이겨 허위 자백을 했다고 고해하려 했지만, 재판 당국은 신부를 만나게 해달라는 요청도 거부했다. 그래서 유니우스가 생각한 것이 진실을 기록하여 딸에게 건네서 나중에라도 자신이 악마의 유혹에 굴복한 게 아님을 증언하게 한다는 것이다. 온갖 위험을 무릅쓰고 딸에게 편지를 쓴 이유가 여기에 있다.

죽음에 직면하여 유니우스는 딸에게 마지막 작별을 고하며 편지를 갈무리한다. "평안한 밤을 보내도록 해라. 네 애비 요한네스 유니우스는 결코 너를 다시 못 볼 것 같구나." 이렇듯 마녀사냥의 광풍이 불면 그 누구도 안심할 수 없었다. 남을 죽이는 데 앞장서지 않으면 내가 마녀·마법사로 몰려 죽게 되는 세상이었다.

광기의 정점

밤베르크는 야만적인 고문과 처형으로 악명 높다. 1595년 첫 번째 마녀재판과 처형이 이루어진 후 1616~1619년 사이 집중적인 처형 사태가 발생했다. 이때 적어도 155명이 악마 숭배 집회에 참여했다는 혐의로 재판에 회부되었다. 그 후 1620년대에 마녀사냥의 광기가 폭발했다. 수백 명이 감옥에 갇혔고, 이들 대부분이 사형당했다. 이 시기에 연이은 흉작으로 긴장과 갈등이 격화되는 중요한 요인이었음이 틀림없다. 농민들 사이에 흉작을 불러온 '마법사들'을 제거하라는 요구가 빗발쳤다. 대규모 마녀사냥의 뇌관을 터뜨린 장본인은 밤베르크 주교와 그 하수인들이었다. 주교 아쉬하우젠은 약 300명을 화형에 처했으며, 특히 1617년 한 해에만 102명을 처형했다.

그의 후계인 요한 게오르크 2세는 더 극악한 마녀사냥을 시행하여 '마녀 주교Hexenbischof'라는 별명이 따라다녔다. 그는 마녀 기소 전반을 관리 감독하는 기구로 마녀위원회Hexen-Kommission를 설립했는데, 위원들은 바졸트 박사Dr. Ernst Vasoldt 같은 법률 전문가로 구성되었다. 1626~1630년에 마녀 구치소에 구금된 630명 대부분이 혹독한 고문에 시달리다가 처형되었다. 바졸트는 마녀 혐의자를 고문해 무고한 사람들의 이름을 불게 하고는, 새로 잡혀온 피해자들에게 다시 고문을 가하는 식으로 재판의

1400~1500년대 독일과 스위스의 지역 연대기에 실린 삽화로,
마녀 판결을 받은 여성들이 화형에 처해지는 장면이다. 작자 미상.

규모를 키워갔다.

일반적으로, 마녀사냥이 시작되면 늙고 가난하고 성격이 거칠어서 평
소 사람들의 미움을 받던 여성들이 먼저 희생되었다. 대부분 지역에서는
마녀로 낙인찍힌 사람들이 희생되고 나면 사태가 진정 국면으로 들어서
곤 했다.

그런데 트리어와 밤베르크에서는 이와 다른 양상이 나타났다. 마녀사
냥이 진정되기는커녕 갈수록 더욱 광기를 띠면서 엘리트층에까지 확대되
었다. 유니우스 시장을 기소한 인물이자 주교의 재상이었던 게오르크 한
박사도 결국 처형 대상이 되었다. 신성로마제국 의회에서 그를 석방하라
는 명령을 내렸음에도 불구하고 그는 부인, 딸과 함께 화형을 당했다. 재
판 절차에 의문을 제기하고 온건한 태도를 보였다는 이유에서였다.

마녀사냥이 광적인 단계로 들어서면 체포·고문·처형이 일사천리로 진행되었다. 1629년에 체포된 안나 한센Frau Anna Hansen이라는 여성의 경우가 그러했다.

> 6월 17일 마법 혐의로 감금
> 6월 18일 자백을 거부하자 채찍질
> 6월 20일 엄지 죄기 고문 끝에 자백
> 6월 28일 자백 내용을 그녀에게 읽어줌
> 6월 30일 자신의 의지로 자백했다고 인정, 사형선고
> 7월 4일 처형 날짜 알려줌
> 7월 7일 참수 후 시체를 불에 태움

"고문과 처형이 곧 구원이다"

마녀사냥이 얼마나 극심하게 벌어지느냐 하는 것은 지배자들의 태도와 관련이 있다. 17세기 초 밤베르크의 주교 지배자들은 확고한 신앙심과 비관적인 죄의식, 도그마에 사로잡혀 있었고, 자기 땅에서 죄를 말끔히 지우는 것을 신성한 사명으로 여겼다. 그래서 신성한 국토 수호를 저해하는 죄인들을 제거하는 것은 당연한 일일 수밖에 없었다.

밤베르크에서 마녀사냥의 논리를 정교하게 다듬은 인물은 프리드리히 푀르너였다. 악마론에 정통했던 그는 1600~1629년 동안 18권의 저서를 썼는데, 특히 1626년에 35편의 반反마녀 설교를 모아 출판한《하느

님의 무기로 완전무장하기Panoplia Armaturae Dei》는 마녀로 의심되는 사람들을 감금하고 악랄한 고문을 감행하는 중요한 이론적 근거가 되었다. 그 핵심은 마녀의 범죄가 '예외적 범죄crimen exceptum'라는 것이다. 이는 통상적 사법 절차에서 벗어난 범죄, 즉 너무나 위중하면서도 밝혀내기 어렵기 때문에 각별한 조치가 필요한 범죄를 의미한다. 마녀의 범죄는 인간 세상에 매우 큰 위험을 초래하는 데다 아주 비밀스럽게 이루어지기 때문에 고문을 해서라도 반드시 밝혀내야 한다는 주장이다.

퓌르너는 1568년 독일 프랑켄 지역의 쿨름바흐Kulmbach 근처에 있는 바이스마인Weismain이라는 곳에서 태어났다. 뷔르츠부르크 대학에서 공부한 후 1592년 당시 신생 신학교였던 밤베르크 대학에서 수사학 교수로 지냈다. 그러다가 1594년 로마에서 수학한 후 1598년 밤베르크로 돌아와서 여러 행정직을 맡아 일하는 한편 차례로 세 명의 주교를 모시고 교회 관련 업무도 수행했다.

그는 역사 연구에 매진한 후 매우 특이한 결론을 내렸다. 사악한 마법을 옹호하고 또 마녀 색출을 방해하는 중요한 세력이 신교도라는 것이다. 루터파와 칼뱅주의자들의 도움을 받아 사방에서 악마의 추종자들이 날뛰고 있으며, 갈수록 그 위험이 더 커지고 있다고 주장했다. 즉 마녀사냥을 가톨릭과 신교 간의 싸움이라는 프레임으로 파악한 것이다. 그가 강조하는 바는 하나의 적을 깨부수면 곧 그보다 더 사악한 적이 등장하여 지금의 정점에 이른다는 것이다. 지금이 신과 악마 사이에 마지막 대결이 펼쳐지는 최후 단계다. 그러니 시 당국에서 일하는 사람들은 하느님이 맡긴 사명에 따라 세상을 파괴하는 암흑의 세력들을 척결하는 데에 주저 없이 나서야 한다. 마녀는 말세에 인간 사회를 파괴하고 인류의 구원을 저해하는 악마의 편이며, 더 이상 우리 같은 부류의 인간이 아니다. 이같은 주장은 가공할 고문과 처형이 인류의 구원이라는 최고의 가치와 맞물려 정당화되었다.

'마녀사냥'은 아직 끝나지 않았다

 중세와 근대 초에 고문은 제한이 없지 않았지만 기본적으로 합법이었다. 더구나 마녀재판에서는 고문이 매우 빈번했을 뿐 아니라 경우에 따라서는 장려되었다. 자백만큼 확실한 입증 수단이 없다고 여겨 재판관들은 고문을 해서라도 피고로부터 자백을 받아내려 했다. 게다가 거의 전적으로 재판관 개인의 책임하에 조사가 이루어지다 보니 권력 남용을 피하기 어려웠다. 고문을 하는 이유는 피고의 죄의 유무를 알아보려 한다기보다는 이미 유죄임을 판단한 상태에서 단지 자백을 받아내기 위해서였다.

"그들은 우리와 같은 부류의 인간이 아니다"

마녀 혐의를 받는 사람이 끌려오는 순간 사실상 고문이 시작되었다고 해도 과언이 아니다. 불결하고 악취가 심한 지하 감옥에 갇히면 그 자체가 끔찍한 고통이었다. 이 때문에 많은 사람이 감옥에서 병사하는 경우가 적지 않았다. 1635년 요한 마이파르트 교수의 기록에 따르면 밤베르크에서는 "수인들에게 소금 친 음식만 주고 모든 음료수에는 청어 염수를 섞으며, 순수한 물, 포도주, 맥주 등은 주지 않아 불타는 듯한 갈증을 겪는다. …… 그러나 이런 잔인하고 미칠 듯한 갈증은 고문으로 간주하지 않는다"고 한다. 이 단계에서 굴복할 경우 '고문 없이 자백했다'고 기록되었다.

실제로 가혹한 고문을 했음에도 불구하고 '피고가 고문 없이 자백했다'고 기록하는 경우도 많았다. 마이파르트 교수는 마가레트Margaret라는 여인의 사례를 이렇게 설명한다. 고문을 통해 자백을 받아낸 뒤 간수는 이렇게 말한다. "넌 이제 자백했어. 이것을 부인할 거냐? 내가 여기 있는 동안 말해. 만일 부인하면 한 번 더 고문해주지. 만일 네가 내일, 모레 혹은 재판 전에 번복하면 넌 다시 나한테 돌아올 테고, 그러면 지금까지 한 고문은 장난에 불과하다는 것을 알게 될 거야." 재판 당일 마가레트는 수레에 실려 가는데 손을 어찌나 단단히 묶었는지 피가 배어 나왔다. 이때 간수가 그녀에게 고문 없이 순전히 자기 의사에 따라서 한 자백이었는지를 묻자 마가레트는 그렇다고 답했다. 이것이 이른바 자의에 의한 자백의 실상이다.

밤베르크는 고문과 동의어라 할 만큼 수없이 많은 고문을 행했다. 이곳에서 행한 '일반 고문'으로는 엄지 죄기, 다리 죄기, 채찍질, 스트라파도 등이, '특별 고문'으로는 쇠못이 박힌 목마Bock, 특별 스트라파도(다리에 추를 달아 스트라파도보다 더 큰 고통을 가한다), 밧줄로 목 긁기(자칫 목뼈가

독일에서 마녀 혐의자를 고문하는 장면, 작자 미상, 1577.

부러질 정도로 심하다), 찬물 목욕, 불타는 깃털(불타는 유황을 적신 깃털을 겨
드랑이나 가랑이에 끼운다), 기도 의자(나무못이 박힌 의자에 무릎을 꿇고 앉도록
한다), 소금에 절인 청어 먹이고 물 안 주기, 뜨거운 물 목욕(물 속에 석회를
넣어 부글부글 끓게 만들었다) 등이 있었다.

그 밖에도 더 극심한 고통을 가하는 사디즘적인 고문이 자행되었다.
못이 박힌 의자에 앉게 하고 그 밑에 불을 지피는 끔찍한 방법도 동원되
었으며, 부츠를 신기고 그 안에 뜨거운 물이나 끓는 납을 흘려 넣거나,
목구멍으로 물과 함께 부드러운 천을 집어넣고는 나중에 그 천을 홱 잡

아당겨 내장을 손상시키는 기이한 방법도 사용되었다. 더 잔인하게는 손이나 발을 하나 잘라내고, 불로 빨갛게 달군 집게로 살을 짚거나 유방을 잘라내는 고문도 있었다.

마녀로 판명된 사람들의 처형 방식 역시 잔인하기 이를 데 없었다. 심문하는 과정에서 순순히 자백하면 교살 후 화형을 하여 그나마 고통을 줄여주었으나, 그렇지 않으면 산채로 화형에 처했다. 가혹한 화형 방식 역시 지역마다 달라서 불타는 피치(역청) 위에 앉혀 죽이거나, 서서히 죽이기 위해 생나무를 사용하거나(당대의 지성 장 보댕Jean Bodin은 악랄한 마녀를 처벌하는 데 이 방법을 권했다) 혹은 화형 전에 온몸을 찢는 바퀴형에 처하기도 했다.

이처럼 극도의 비인간적 폭력을 정당화했던 이유는 앞서 이야기한 대로 마녀는 우리와 같은 부류의 인간이 아니라고 보았기 때문이다.

마녀재판은 도대체 왜 일어났을까

근본적인 질문을 하나 던져보자. 마녀재판은 도대체 왜 일어났을까?

우선 흉년, 전쟁, 전염병 등 재난이 닥쳤을 때 그에 대한 반응으로 마녀재판이 벌어졌으리라 생각해볼 수 있다. 1590년대 기근과 전염병이 심했던 때라 마녀재판이 극심했고, 마녀가 병을 일으켰다는 고소가 잇따랐다는 점을 보면 그런 추측에도 일리가 있다. 문제는 그런 위기 상황이 아닌 경우에도 마녀사냥이 일어난 곳이 많고, 그 반대 상황에서도 마녀사냥이 전혀 일어나지 않은 곳도 있다는 점이다. 그렇다면 신·구교 간

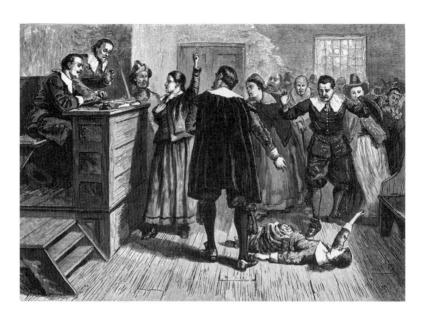

1692년 미국 매사추세츠주 세일럼에서 일어난 마녀재판 장면, 작자 미상, 1876.
마녀사냥이 일어난 근본적인 이유는 무엇일까? 마녀사냥은 다양한 갈등이 폭력적으로
분출할 수 있는 기제로 작용했다.

종교 갈등이 주요 동력을 제공한 것일까? 밤베르크의 사례를 보면 가톨
릭 측이 루터파와 칼뱅파를 공격하면서 마녀사냥을 행했고, 또 반대로
신교 측이 가톨릭 신자들을 마녀로 몰아 박해한 곳도 있다. 그러나 이것
들은 사실 예외적인 사례에 해당한다. 혹시 희생자들의 재산을 빼앗기
위해 꾸민 일일까? 트리어 지역 사례에서 보듯 마녀재판 과정에서 희생
자들의 재산을 빼앗은 사례가 많지만, 인과관계를 바꾸어 재산을 약탈하
기 위해 마녀사냥을 했다고는 볼 수 없다.

　그러므로 앞서 거론한 원인들은 전혀 틀릴 수도 있고 부분적으로 옳
을 수도 있다. 공동체 내의 갈등은 다양할 수 있어서 딱히 특정한 갈등이

마녀사냥으로 이어진다고 말하기는 어렵다. 중요한 것은 다양한 갈등이 폭력적으로 분출할 수 있는 기제로서 마녀 개념이 장기간에 걸쳐 준비되었고, 그것이 특정 지역의 특정 국면에 따라 유연하게 작동했다는 점이다. 마녀사냥은 다양한 갈등이 분출될 수 있는 일종의 범용汎用 기제로 작용했다.

이웃이 이웃을 죽이다

이 점에서 재판관보다는 오히려 희생자들을 관찰한 역사학자 키스 토마스Keith Thomas(1933~)의 연구가 흥미롭다. 그는 공동체 내부로 들어가 피해자 집단 안에서 어떻게 '마녀 만들기'가 일어났는지를 연구했다. 핵심 주장은 한마디로 '거부된 자선 모델charity refused model'이라 할 수 있다. 과거에는 마을 공동체 내에서 가난한 사람들을 위한 기독교적 자선 혹은 부조 시스템이 작동했는데 근대에 들어와서 이것들이 많이 망가졌다.

마을에 돌봐줄 사람 하나 없는 가난한 할머니가 있다고 하자. 이 할머니는 자주 이웃에게 식량과 우유를 구걸하고 각종 살림살이나 도구 들을 빌려달라고 한다. 도와주는 것도 한두 번이지 지나치면 사람들이 부담스러워하고 언제부턴가 도움을 거절한다. 그러면서도 사람들은 내심 죄책감을 느끼지 않을 수 없다. 할머니가 문전박대를 당하면서 거친 욕을 할 수도 있고 저주를 퍼부을 수도 있다. 우연히 그 후에 아이가 아프거나 가축들이 죽는 등의 흉사가 겹치면 할머니가 마녀로 의심받기에 이른다. 마을에는 늘 이런 종류의 갈등이 잠재해 있다. 마녀사냥의 광풍이라도

〈마녀사냥(The Witch Hunt)〉, 헨리 오사와 태너, 1888. 마녀 혐의를 받고 희생된
사람들 중 다수는 가난하고 힘없고 성격이 모가 난 노인들이었다. 키스 토마스는
이들을 돕는 것을 거부한 사람들의 죄책감이 자선 대상을 악마화했다고 주장한다.

불면 이처럼 가난하고 늙고 말이 험하고 성격이 모가 난 노인들부터 희
생양이 되기 쉽다. 그 이면에 자리한 심리는 자선을 거부한 사람들의 죄
책감이 결국 자선 대상을 악마화하여 제거하려 했다는 것이다.

　이런 사실을 놓고 볼 때 무엇보다도 공동체를 바라보는 기존 시각에
대한 수정이 필요할 것 같다. 우리는 흔히 지난날의 마을 공동체를 미화
하여, 순박한 사람들이 서로 돕고 사는, 훈훈함이 넘치는 곳이라고 생각
한다. 하지만 마을 공동체는 갈등과 투쟁이 빈번하고, 위험 요소가 잠재
해 있다. 마을 사람들은 한결같이 유순한데, 다만 사법·행정 당국, 종교
기관 등 상층 혹은 외부 세력이 이들을 공격해 억압할 거라고 오해해선
안 된다. 마녀사냥은 누군가의 고발이 필수적이다. 재판관이 모든 의혹

을 하나하나 밝혀내서 기소할 수는 없다. 그러니까 가장 기본적으로는 이웃의 고발이 있어야만 마녀사냥이 진행된다. 결국 이웃이 이웃을 죽인 셈이다.

이 단계에서 마녀사냥이 멈추는 경우가 많다. 그러면 키스 토마스의 말대로 대개 마을에서 미움을 받던 사람들이 제거되면서 마을은 안정 단계로 들어갈 것이다. 슬픈 이야기지만 마녀사냥이 그나마 어떤 '기능'을 수행한다는 것이 그의 논리가 갖는 함의다. 이 단계까지는 희생양 이론을 빌려 설명할 수 있다. 일부 사람들에게 죄를 뒤집어씌움으로써 공동체는 진정되고 균형을 되찾는다는 것이다.

그런데 이 같은 논리로 설명할 수 없는 곳들이 많다. 앞서 언급한 대로 엄청난 규모의 마녀사냥이 벌어진 이른바 핫스팟hot spot들이다. 희생양 이론이 맞는다면 어느 정도 폭력이 분출되면 공동체가 원래의 질서를 회복해야 마땅하다. 그런데 핫스팟들에서는 오히려 갈등이 더욱 고조된다. 한번 분출한 폭력이 공동체 전체를 소진시켜버릴 듯 걷잡을 수 없이 증폭되면, 궁핍한 서민층 여성들만 희생되는 게 아니라 부유한 사람들, 심지어 상층 인사들도 희생 대상에서 자유롭지 못하다. 풀뿌리 조직들이 들고일어나 민중 에너지가 걷잡을 수 없이 폭증한다. 처음 마녀사냥을 촉발한 것은 상층 세력이었지만, 조만간 그 동력을 통제하지 못하는 지경에 이르고, 온건한 대응을 하는 엘리트들도 마녀로 몰려 희생된다.

이런 상황에서 용기 있는 지식인들이 비판을 하고 권력층이 강하게 제동을 걸면 그나마 이때부터라도 진정 국면으로 들어갈 것이다. 트리어 사례가 이런 정도에서 멈춘 것이라 볼 수 있다. 그런데 최악의 경우 밤베르크처럼 오히려 최상층 권력체가 그런 힘을 이용해 자신의 이념이나 이

데올로기를 밀어붙인다면 살육이 벌어진다. 이런 사악한 움직임을 어찌 막는단 말인가?

마녀사냥의 종식

이제 남은 중요한 문제는 마녀사냥이 어떻게 해서 종식되었는가 하는 점이다. 과거의 정설은 사람들의 의식이 깨었기 때문이라는 것이었다. 계몽주의의 영향으로 엘리트부터 먼저 사고가 변했고, 그런 흐름이 더욱 확산되면서 수많은 사람이 마녀사냥의 폐해를 인식하게 되었다는 것이다. 이 말에 일리가 없는 건 아니다. 사회가 변화해야 의식이 바뀌고, 의식이 바뀌어야 사회가 변화하는 법, 마녀사냥 같은 몽매한 현상이 사라지는 것과 사람들의 의식이 깨는 것은 분명 불가분의 관계에 있다. 그러나 마녀사냥을 종식시킨 동력이 무엇인지에 대해 좀 더 직접적인 인과관계를 따져본다면 의식의 변화를 원인으로 볼 수는 없다. 무엇보다 시기적으로 맞지 않는다. 마녀와 마법을 부인하는 신학과 철학은 오히려 마녀재판이 종식된 이후에 나왔고, 사실 그 영향력도 크지 않았다.

마녀사냥이 종식된 결정적 계기는 사법개혁이었다. 마녀재판도 엄연히 사법재판의 한 종류임을 잊지 말아야 한다. 그러니 더 이성적이고 체계적인 재판 제도가 자리 잡으면 마녀재판이 힘을 잃을 수밖에 없다. 무엇보다 고문에 의한 자백을 비판하는 것이 첫걸음이다.

프리드리히 슈페가 대표적이다. 마녀사냥의 본거지 중 한 곳인 뷔르츠부르크에서 마녀가 사형당하기 전에 회개를 시키는 일을 했던 슈페는 실제 많은 '마녀'를 만나고 난 후 이 모든 일이 거짓이며 허구라는 것을 깨달았다. 사실 정신 똑바로 박힌 인간이라면 고문이 결코 진실을 밝히는 방법이 아니라는 것을 모를 리 없다. 그렇다 하더라도 그런 생각을 이야기했다가는 오히려 그 자신이 마녀로 몰려 죽임을 당할 수 있다. 마녀재판에서 고문의 부당성을 지적하는 순간 실로 큰 위험을 감수해야 한다. 그럼에도 불구하고 슈페는 고문을 비판하는 책《범죄의 담보Cautio Criminalis》를 익명으로 출판하여 큰 반향을 일으켰다.

왜 우리가 그토록 열심히 마녀와 마법사를 찾으러 다녀야 하지요? 이봐요 판사님들, 어디 가면 그런 사람들이 많은지 알려드리지요. 카푸친 수도회, 예수회 같은 곳에 가서 수사들을 죄다 잡아다가 고문하세요. 자백할 겁니다. 만일 부인하면 세 번, 네 번 고문하시면 자백할 겁니다. 그래도 자백하지 않으면 퇴마 의식을 하고 털을 미세요. 그들은 마법을 쓰는 중이니까요. 악마가 이 사람들을 고통에 둔감하도록 만들었습니다. 계속 하세요. 결국은 굴복할 겁니다. 더 많은 마녀를 원하시면 고위 성직자들, 교회법학자들, 박사들도 잡아들이세요. 그들도 자백할 겁니다. 그 가련하고 섬세한 인간들이 어떻게 버티겠습니까? 만일 더 원하신다면 제가 당신을 고문할 테니 당신은 저를 고문하세요. 저는 당신이 저에 대해 자백한 것을 부인하지 않을 겁니다. 이로써 우리 모두 마녀와 마법사가 되는 겁니다.

끔찍한 사태의 이면에 똬리를 틀고 있는 허위를 까발리는 속 시원한 글이다. 이처럼 용기 있는 지식인의 행동은 마녀사냥이라는 암울한 현상에 제동을 거는 힘이 되었다.

이런 힘의 흐름을 이어받아 결정적으로 마녀재판을 끝장낸 동력은 근대 국가의 발전에서 나왔다. 예컨대 파리 고등법원은 지방법원에서 마녀 혐의로 유죄 판결을 받은 사건의 항소심에서 형을 감면하거나 아예 무죄 판결을 내렸다. 무지몽매하거나 광기에 찬 지방 권력자가 저급한 수준의 사법 제도를 악용해 극단적 힘을 행사하려 할 때, 이를 제어할 수 있는 힘은 전국 단위의 사법 제도를 운영하는 국가에서 나올 수밖에 없다. 훨씬 체계적이고 합리적으로 발전해가는 중앙의 사법 제도가 지방의 사법 제도를 통제하면서 마녀사냥의 광기도 수그러들었다.

오늘날 대부분의 국가에서는 악마의 하수인이라는 혐의로 죄 없는 사람을 고문하고 처형하는 문자 그대로의 마녀사냥은 사라졌다. 그러나 상대를 '악마화'하여 박해하는 상징적 의미의 마녀사냥은 계속되었다. 나치 시대의 유대인, 매카시즘의 광풍이 불 때의 공산주의자들, 스탈린 시대의 스탈린의 정적들은 한때 사회를 총체적으로 위협하는 악의 세력으로 규정되었다.

진리 혹은 선을 지킨다는 명분 아래 악을 창안해내는 어둠의 성향은 여전히 우리 안에 있다. 오늘날 우리가 정의로운 일이라 생각하며 행하는 일들이 50년, 100년 뒤에 보면 어이없는 악행으로 판명 나는 건 아닐까?

5장

루이 14세,
세상을 암울하게 만든 태양왕

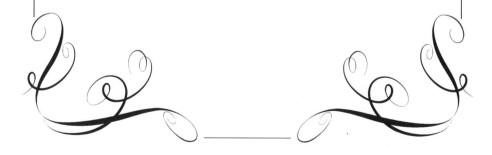

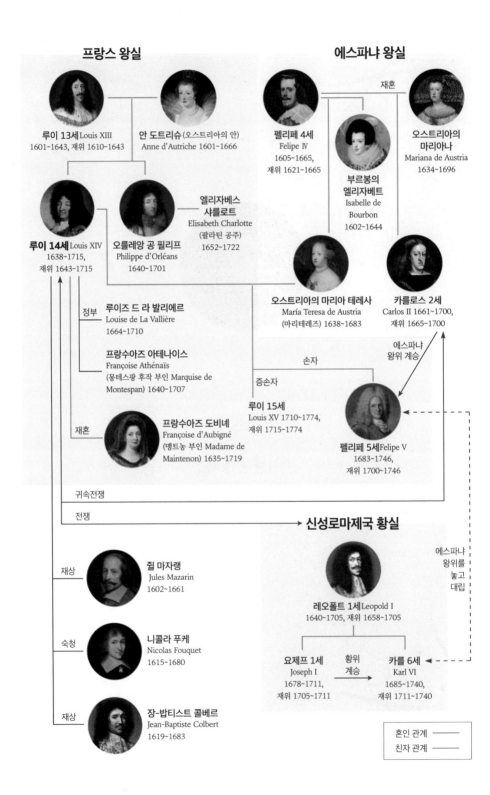

프랑스 왕실

루이 13세 Louis XIII
1601~1643, 재위 1610~1643

안 도트리슈 (오스트리아의 안)
Anne d'Autriche 1601~1666

루이 14세 Louis XIV
1638~1715,
재위 1643~1715

오를레앙 공 필리프
Philippe d'Orléans
1640~1701

엘리자베스 샤를로트
Elisabeth Charlotte
(팔라틴 공주)
1652~1722

정부 **루이즈 드 라 발리에르**
Louise de La Vallière
1664~1710

프랑수아즈 아테나이스
(몽테스팡 후작 부인 Marquise de
Montespan) 1640~1707

재혼 **프랑수아즈 도비녜**
(맹트농 부인 Madame de
Maintenon) 1635~1719

귀속전쟁

전쟁

재상 **쥘 마자랭**
Jules Mazarin
1602~1661

숙청 **니콜라 푸케**
Nicolas Fouquet
1615~1680

재상 **장-밥티스트 콜베르**
Jean-Baptiste Colbert
1619~1683

에스파냐 왕실

재혼

펠리페 4세
Felipe IV
1605~1665,
재위 1621~1665

부르봉의 엘리자베트
Isabelle de
Bourbon
1602~1644

오스트리아의 마리아나
Mariana de Austria
1634~1696

오스트리아의 마리아 테레사
María Teresa de Austria
(마리테레즈) 1638~1683

카를로스 2세
Carlos II 1661~1700,
재위 1665~1700

에스파냐
왕위 계승

손자

증손자

루이 15세
Louis XV 1710~1774,
재위 1715~1774

펠리페 5세 Felipe V
1683~1746,
재위 1700~1746

신성로마제국 황실

에스파냐
왕위를
놓고
대립

레오폴트 1세 Leopold I
1640~1705, 재위 1658~1705

요제프 1세
Joseph I
1678~1711,
재위 1705~1711

황위
계승

카를 6세
Karl VI
1685~1740,
재위 1711~1740

혼인 관계 ──────
친자 관계 ──────

절대주의 권력을 향해 첫발을 내딛다

 임종하기 닷새 전인 1715년 8월 26일, 루이 14세는 다섯 살의 어린 후계자에게 다음과 같은 유언을 남겼다.

아가, 너는 위대한 왕이 될 것이다. 건축물에 탐닉했던 짐의 취향을 닮지 마라. 전쟁을 좋아하는 점도 닮지 마라. 그와는 정반대로 이웃 나라와 화친하도록 노력해라. …… 백성의 짐을 덜어주려고 노력해라. 애석하게도 짐은 그러지 못했느니라.

루이 15세로 등극할 증손자에게 남긴 유언은 루이 14세의 삶과 통치의 성격을 잘 요약해준다. 72년 110일 동안 재위하여 프랑스 역사상 가장 오래 왕위를 지켰던 그의 삶은 화려하기 이를 데 없는 베르사유궁의 건축과 끝없이 이어지는 참혹한 전쟁의 연속이었다. '태양왕'이라 불리는 국왕이 빛나는 영광을 추구하는 동안 2,000만 명의 프랑스 국민들은 캄캄한 고통 속에서 지내야 했다.

그의 아버지 루이 13세와 어머니 안 도트리슈는 아이가 생기지 않아 마음고생이 무척 심했다. 네 번의 유산 끝에 루이를 얻은 것은 결혼한 지 23년이 지난 1638년 9월 5일이었다. 기적처럼 태어난 아이, 하느님의 선물로 태어난 아이라 하여 루이의 어릴 적 별명은 루이 디외도네Louis Dieudonné(하느님이 주신 루이)였다. 어떻게 된 일인지 태어났을 때 벌써 이가 두 개나 나 있어서, 유모들에게는 악몽의 연속이었다. 2년 후인 1640년에는 동생 필리프(오를레앙 공)가 태어났다.

이렇게 아들 둘을 두고 채 3년이 지나지 않은 1643년 루이 13세는 41세라는 이른 나이에 사망했다. 당시 후계자 루이는 만 네 살에 불과했다. 전하는 말에 따르면 임종 시에 정신이 혼미한 루이 13세가 어린 아들에게 "게 누구냐?" 하고 물었더니 어린 루이는 "예, 루이 14세입니다"라고 답했다고 한다.

'절대주의는 절대적이지 않다'

어린 국왕은 최악의 상황을 물려받았다. 프랑스는 30년전쟁(1618~1648) 후반기인 1635년부터 본격적으로 참전하여 신성로마제국 및 에스파냐와 전쟁을 벌였다. 1648년 30년전쟁이 끝나고 베스트팔렌 조약이 체결됨으로써 유럽 대부분 지역에는 평화가 찾아왔지만, 프랑스와 에스파냐 사이의 전쟁은 1659년까지 지속되었다. 전쟁은 '돈 먹는 하마'였다. 루이 12세 때 총사령관을 지낸 트리불치오Teodoro Trivulzio는 이렇게 말했다.

어린 루이 14세와 동생 필리프, 샤를 보브랭, 17세기. 루이 13세와 안 도트리슈는
결혼한 지 23년 만에 하느님의 선물처럼 기적적으로 루이를 얻었다.

"전쟁에는 세 가지가 필요하다. 첫째 돈, 둘째 돈, 셋째 돈." 엄청난 전비
부담에 시달리던 국민의 불만과 분노가 하늘을 찔렀다. 새로 즉위한 왕
은 아직 어려 권력 기반이 취약한 상황이었으므로, 국민이 반정부 봉기
를 일으키기에 딱 좋은 기회였다. 1648년에 일어난 프롱드의 난은 대귀
족, 고등법원Parlement(파를망)에 기반을 둔 법복귀족法服貴族, 심지어 왕족
일부까지 가담하며 전국으로 확대되었다. 그로부터 약 5년간 프랑스는

거의 무정부 상태였다.

그 와중에 파리 시민들이 궁정으로 쳐들어간 적도 있었다. 시민들은 당대의 실권자인 마자랭이 국정을 농단하려고 국왕을 나포한 건 아닌지 직접 확인하겠다고 주장했는데, 모후인 안 도트리슈가 나서서 국왕은 내실에서 잘 자고 있으니 안심하라며 시민들을 돌려보냈다. 이때 어린 루이는 잠에서 깨어 공포 속에서 이 모든 것을 듣고 있었다고 한다. 이 사건은 루이에게 평생 지워지지 않는 트라우마로 남았다. 그에게 파리는 혐오와 공포로 가득 찬 곳이었다. 급기야 1649년 1월 모후와 마자랭의 손에 이끌려 루이는 야반도주하듯 파리를 탈출했다. 훗날 파리 남서쪽 20킬로미터 떨어진 베르사유에 왕궁을 건설하고 그곳으로 궁정을 옮긴 것도 이런 암울한 기억과 무관치 않다.

프롱드의 난은 1653년에야 끝났다. 그 결과는 일대 혼란이었다. 국왕이 가혹하게 억압을 해도 참기 어렵지만, 왕권이 무너져 아예 통치 질서가 무너지는 것은 더욱 참기 힘든 곤경을 초래한다. 모두 평화와 질서를 열망하면서, 차라리 젊은 국왕이 사태를 장악하고 국정을 주도하기를 바랐다. 이제 바람이 정반대로 불었다. 모두들 국왕에게 충성을 맹세하는 '복종의 전염병'이 퍼져갔다. 루이 14세 시대에 소위 절대주의 권력이 강화된 것은 국왕의 뜻 이전에 국민들의 소망이었다. 문제는 국왕의 권력과 국민들의 복종이 과연 어떤 성격이냐 하는 점이다.

토크빌은 절대주의 체제에 대해 '강력한 원칙, 융통성 있는 실천'이라고 이야기한 바 있다. 지난 시대 역사가들은 '강력한 원칙'에만 주목하여 루이 14세 체제에 대해 국왕이 중심이 되어 전국을 장악한 행정군주정이라고 설명했지만, 이제는 '융통성 있는 실천'의 측면에 주목하게 되었다. 오늘날 역사가들은 '절대주의는 절대적이지 않다'는 말을 자주 한다.

결혼으로 긴 전쟁에 마침표를 찍다

루이 14세의 당면 과제는 에스파냐와의 전쟁을 끝내는 것이었다. 1659년 피레네 조약 체결로 24년간 지속되었던 전쟁이 끝나고 실로 오랜만에 달콤한 평화가 찾아왔다. 양국 간 평화를 확실하게 다지기 위한 조치 중 하나가 프랑스 국왕 루이와 에스파냐 공주 마리테레즈(에스파냐어로는 마리아 테레사)의 결혼이었다.

당연한 말이지만, 이런 결혼은 사적인 일이 아니라 정치 외교 문제일 수밖에 없다. 양국 외교관들이 결혼 계약 조건을 놓고 치열한 논쟁을 벌였다. 무엇보다 중요한 사항은, 만일 에스파냐 왕실에서 남성 후계가 단절되었는데 프랑스 왕실로 시집간 마리테레즈가 아들을 낳을 경우, 프랑스 왕자가 에스파냐 왕위를 물려받지 못하도록 못 박는 문제였다. 프랑스가 에스파냐를 통째로 잡아먹게 할 수는 없지 않은가. 프랑스는 에스파냐로부터 50만 에퀴라는 거액을 받는 조건으로 이를 수락했다. 그렇지만 사실 이는 마자랭이 구사한 '신의 한 수'였다. 에스파냐는 분명 이 거액을 제때 납부하지 못할 테고, 합스부르크 왕실에서 흔히 그렇듯이 후손을 얻지 못하는 사태가 벌어질 수 있으니, 언젠가 프랑스 측이 에스파냐 왕위를 주장할 수 있는 가능성을 열어둔 것이다. 아닌 게 아니라 결국 그런 사태가 벌어지게 된다. 이 문제는 뒤에서 다시 보도록 하자.

1659년 프랑스와 에스파냐는 24년간 지속된 전쟁을 끝내기 위해 피레네 평화조약을 체결하고,
루이 14세와 에스파냐 공주 마리테레즈의 결혼을 성사시킨다. 에스파냐 국왕 펠리페 4세가 꿩섬
에서 루이 14세를 만나 마리테레즈를 넘겨주는 장면을 묘사한 그림, 자크 로모니에, 17세기.

계약이 이루어지고 난 후 복잡한 결혼식이 거행되었다. 우선, 에스파냐에서 신랑 루이 14세를 대신한 다른 인물이 참석하는 '대리인 결혼식proxy marriage'이 치러졌다. 그 후 '꿩섬Ile des faisans'이라 불리는 양국 공동 경비구역에서 신부를 넘겨주었고, 기다리던 루이는 신부를 데리고 보르도 남쪽의 국경 도시 생장드뤼즈로 와서 결혼식을 올렸다(1660년 6월 9일). 당시 관례로는 첫날밤도 공적인 장소에서 치러야 했는데, 모후가 잘 조치하여 사적인 장소에서 애틋하게 밤을 보내도록 했다.

루이 14세의 애정 행각

왕과 왕비는 신혼 초에는 다정하게 잘 지냈으나 오래 가지는 않았다. 조만간 마리테레즈는 루이 14세가 숱한 여자를 만나는 꼴을 지켜보아야 했다. 둘 사이에는 여섯 명의 아이가 있었지만 장남만 살아남고 다들 일찍 사망했다. 그러는 동안 루이 14세는 세 명의 '공식' 정부情婦와 여러 명의 '비공식' 정부를 두었고, 이 여인들에게서 많은 사생아를 얻었다.

루이의 연애 행각을 다 늘어놓기에는 지면이 부족하니 첫 번째 연인 루이즈 드 라 발리에르와 두 번째 연인 프랑수아즈 아테나이스, 즉 몽테스팡 후작 부인에 관한 이야기만 간단히 살펴보자.

발리에르는 사랑스런 얼굴에 금발 미인으로 별다른 야심은 없고, 오직 국왕의 사랑만 갈구했다. 성격도 순진해서, 왕실 신부 보쉬에가 국왕의 연애 행각에 제동을 걸기 위해 사순절 미사에서 다윗 왕의 간통 사건을 예로 들며 부정不貞한 인간들에게 신의 응징이 내릴 거라는 설교를 하자,

무서움에 떨며 수녀원으로 도망갈 정도였다. 국왕이 수녀원까지 쫓아가 설득한 뒤 궁정으로 돌아왔지만, 그러는 동안 궁정 내 정적들이 이 사실을 마리테레즈에게 일러바쳤다.

발리에르가 임신하자 파리 시내의 팔레 루아얄Palais Royal(루이 14세는 베르사유궁으로 거처를 옮기기 전까지 이곳에 살았다)로 빼돌려 국왕 주치의의 도움을 받아 몰래 아이를 낳았다. 그렇지만 세상에 비밀은 없는 법, 파리 시민들 사이에 이 소문이 쫙 돌았다. 그 후에도 네 명의 아이를 더 낳았지만, 국왕의 애정이 식어갔다. 1667년 국왕은 발리에르 사이에서 얻은 딸을 정식 입적해주었고, 발리에르가 왕비 앞에서 팔걸이 없는 의자tabouret에 앉을 수 있는 특권(왕실 내 에티켓으로, 지위가 아주 높은 여인이 누리는 특권이었다)도 부여했지만, 이는 국왕 자신이 말한 대로 '지난 6년 동안의 봉사에 어울리는' 작별의 선물이었다. 다섯 번째로 아들을 얻었을 때 국왕의 마음은 이미 다음 애인인 몽테스팡 후작 부인에게 가 있었다.

국왕은 잔인하게도 발리에르를 다음 연애를 위한 일종의 '미끼'로 이용했다. 그녀는 몽테스팡 부인과 같은 방을 사용하며 머리 손질을 도왔고, 마차를 탈 때에도 옆자리에 앉아 사람들의 가십을 막는 방패 역할을 했다. 몽테스팡 부인이 국왕의 딸을 낳자 그 아이의 대모가 되었다. 국왕의 은총을 잃은 여인들이 흔히 그러하듯 발리에르는 수녀원으로 들어갔다. 떠나는 날 그녀는 왕비 마리테레즈의 발밑에 엎드려 용서를 구했다. '내 죄가 공개적이었으니 참회도 공개적이어야 한다'는 것이다. 시간이 흘러 몽테스팡 부인도 결국 국왕의 은총을 잃었다. 그녀는 발리에르를 찾아가 어떻게 하면 좋을지 상담했고, '선배'로서 발리에르는 신의 은총에 대해 설명해주었다.

1 루이 14세의 연인 발리에르, 장 노크레, 17세기 후반.
2 몽테스팡 후작 부인, 작자 미상, 17세기 후반. 발리에르
와 몽테스팡 두 여인 모두 루이 14세의 아이를 낳았지
만 결국 국왕의 은총을 잃었다.
3 여섯 아이 중 유일하게 성년이 될 때까지 생존한 장남
과 왕비 마리테레즈. 그녀는 루이 14세의 끊임없는 연애
행각을 지켜봐야 했다. 샤를 보브랭, 1663~1666년경.

이후에도 국왕의 애정 행각은 멈출 줄 몰랐다. 1683년 왕비가 죽기 직전에 루이는 "부인은 그 어떤 경우에도 나를 불편하게 하지 않았다"며 감사의 말을 했지만, 정작 왕비는 "결혼한 이후 단 하루도 행복한 날이 없었다"고 말했다. 왕비의 말이 더 설득력 있게 다가온다.

프랑스 절대주의의 비밀

1661년 마자랭의 사망은 루이 14세가 왕권을 장악하는 계기가 되었다. 유럽 역사에서는 국왕과 재상이 오랜 기간 함께 파트너로 국정을 운영한 사례가 많다. 루이 13세와 리슐리외, 에스파냐 국왕 펠리페 4세와 올리바레스 등이 그러했다. 루이 14세 통치 초기 마자랭이 그 예에 해당한다. 그는 어린 루이를 친아들처럼 돌보았고, 정치와 군사 업무를 가르쳤으며, 수석 대신으로서 강력한 권한을 쥐고 루이 14세의 통치를 도왔다. 이토록 크게 의지했던 인물이 사라졌으니 앞으로 어찌할 것인가?

22세의 국왕은 이른바 '친정 선언'을 했다. 홀로서기를 할 때가 된 것이다. 사실 마자랭은 국왕을 돕는 정도를 넘어 자신이 실제 권력자인 양 행세했다. 그런 인물이 사라진 마당에 새삼 그와 비슷한 인물을 또 세울 필요는 없었다. 다만 자신을 도와 헌신적으로 일할 믿을 만한 참모가 필요할 뿐이었다.

이런 생각을 하던 차에 미묘한 문제가 터졌다. 마자랭이 그동안 개인적으로 치부한 재산 규모가 밝혀졌는데, 그 액수는 3,500만 리브르라는 상상하기도 힘든 거액이었다. 권력형 비리로는 프랑스 역사상 최대 규모

일 것이다. 마자랭은 앞에서는 몸 바쳐 국왕을 돕는다고 하면서 뒤에서는 엄청난 부정부패를 벌였던 것이다. 도대체 이런 수준의 축재가 어떻게 가능했을까?

여기에 프랑스 절대주의의 비밀이 숨어 있다. 마자랭이든 혹은 훗날 등장하는 콜베르든 이들의 행위를 이해하려면 '재정가financier'라 불리는 존재의 실체를 파악해야 한다. 핵심은 국가 운영에 필요한 자금을 어떤 방식으로 조달하느냐 하는 문제인데, 현대 국가처럼 조세를 효율적으로 수취하는 것이 불가능한 상황에서 사적私的인 방식으로 자금을 조달하는 재정가들을 이용할 수밖에 없었던 것이다. 재정가들은 부르주아, 귀족, 성직자 등 지방 유지들에게서 거액을 모아 국가에 융통해주었다. 중앙정부로서는 세금을 거두는 게 워낙 힘든 상황에서 당장 거액을 확보할 수 있는 지름길이었다. 이런 서비스를 해주는 대신 재정가들은 국가로부터 세금을 거둘 권리를 부여받아 빌려준 돈보다 더 큰 액수의 돈을 거둠으로써 고수익을 얻었다. 국가재정 체제를 이용한 짭짤한 돈벌이였다.

행정 역시 마찬가지다. 겉으로는 관료제가 정착된 듯했지만, 실제로는 사당私黨 혹은 파벌 싸움에 좌우되었다. 마자랭이나 콜베르 같은 고위 관료들 주변에는 행정가, 사업가, 문인, 과학자, 재정가 들이 마치 성운처럼 분포해 있었다. 권력자는 자신의 부하들을 지켜주고 부하들은 권력자에게 충성을 바친다. 국사國事의 중요한 부분이 이런 사적 관계망에 의해 운영되었다.

이런 점들을 보면 절대주의 국가 체제는 표면적으로는 국왕이 나라 전체를 단단히 틀어쥐고 있고 지방의 신민들이 철저히 복종하는 것처럼 보이지만, 실제로는 상호 협력과 균형을 특징으로 한다는 것을 알 수 있다. 지방 유지들은 국가에 기꺼이 복종하는 척하며 수익을 챙기거나 고위직을 얻고 있었다.

제 명을 재촉한 세기의 파티

마자랭은 이런 방식을 극단으로 이용하여 자신의 배를 채운 사례다. 실상을 파악한 루이 14세로서는 엄청난 배신감을 느꼈을 법하다. 그렇지만 자신이 믿고 따랐던 인물을 사후에 비난할 수는 없는 일이다. 이미 죽었으니 별다른 조치를 취할 수도 없는 법. 그러니 마자랭 일은 그대로 덮되, 다시는 그런 식의 인사를 하지 않는 게 중요하다. 최선을 다해 국왕을 돕되, 결코 일정한 선을 넘지 않을 인물을 가려 뽑아야 한다.

그런 후보로 푸케와 콜베르가 거론되었다. 처음에는 푸케가 훨씬 더 유력했다. 그렇지만 국왕은 이 기회에 구시대 권력인 푸케를 쳐내야겠다고 작심하고, 그 일을 도모하는 데에 푸케의 라이벌인 콜베르를 이용했다. 푸케를 뒷조사하라는 지시를 받은 콜베르는 신중하고 철저하게 그 작업을 수행했다.

푸케는 자신을 몰락시키기 위해 국왕이 그런 음모를 꾸미고 있다는 사실을 꿈에도 모른 채, 과거 마자랭과 같은 지위를 차지하리라는 희망에 부풀어 있었다. 그는 파리 근교에 호화로운 보 르 비콩트Vaux-le-Vicomte 성을 소유하고 있었는데, 국왕과 신하들을 이 성에 초대하여 연회를 베풀었다. 차제에 국왕에게 확실하게 눈도장을 찍고 싶은 욕심에 세기의 파티를 준비한 것이다. 파티의 총감독은 몰리에르Molière가 맡았고, 당대 최고 요리사로 알려진 바텔François Vatel이 음식을 준비했다. 흔히 이것이 푸케의 몰락의 첫 번째 계기였다고 지적한다. 루이 14세가 초대받아 가보니 부하의 성이 자신이 거처하는 파리의 루브르성보다 더 화려했다(루브르궁을 확장하기 전의 일이다). 이 자는 어쩌면 마자랭보다 더한 놈이라고 생각했을 법하다.

몇 달에 걸친 은밀한 뒷조사를 통해 푸케는 완전히 무장 해제된 상태에서 전격 체포되었다. 1661년 11월 국왕 주도하에 재정 문제를 다루는 특별 법정인 '정의 법정'에서 푸케를 기소하고 대역죄를 뒤집어씌우려 했다. 이후 4년에 걸쳐 진행된 재판에서 국고 횡령, 뇌물 수수 등의 죄목으로 유죄판결을 받은 푸케는 알프스 산악지대의 피네롤 요새 감옥에 18년 동안 갇혀 있다가 끝내 그곳에서 병사했다. 물론 푸케 자신은 억울했을 것이다. 그가 저질렀다는 죄상은 사실 지금까지 재정가들이 늘 해오던 것이었고, 앞으로도 반복될 일이었다. 국가로서도 재정가들의 서비스를 적극 이용하지 않았던가. 푸케는 오히려 자신이 온갖 위험부담을 안고 국왕을 위해 열심히 일했는데 자신을 악질 경제사범으로 몰아가니 억울하고 서운했을 것이다. 그러나 국왕으로서는 국가를 대상으로 특정 개인이 지나치게 큰 규모로 돈놀이를 하는 걸 마냥 방치할 수는 없다. 이 기회에 석연치 않은 사업적 관계를 청산해야 한다고 판단했을 것이다.

정의 법정에서는 지난 25년 동안 체결한 대부 계약을 무효화했다. 많은 국채 소유자가 꼼짝없이 돈을 날렸다. 자칫 잘못하면 국가를 상대로 불법 돈놀이를 한 악당으로 몰려 목숨마저 잃을 판이었다. 정부는 국가의 부를 갉아먹는 기생충들을 제거한다는 식의 여론몰이를 하면서 압박했다. 잘나가던 부자들이 어느 날 갑자기 잡혀가서 매를 맞고 돌아오거나 평생 노 젓는 죄수가 되는 사태가 벌어졌다. 이런 무자비한 조치로 국가 부채는 엄청나게 줄어들었다. 국가 신용이 엉망이 되고 국가 재정이 깊은 수렁에 빠지는 사태 등은 먼 훗날에 일어날 일이었다.

그렇게 푸케가 숙청되고, 콜베르의 시대가 찾아왔다. 워커홀릭으로 유명한 콜베르는 죽을 때까지 루이 14세를 도와 밤낮없이 일했다. 콜베르는 마자랭이나 푸케와는 달리, 깨끗한 방식으로 재정 문제를 해결했을까? 천만의 말씀이다. 그 역시 똑같은 방식으로 돈놀이를 했고, 뒤로 엄청난 이익을 챙겼다. 그가 한 일은 푸케 파벌을 몰락시키고 주변에 자기 인맥을 심은 것에 불과했다. 어차피 재정가들의 도움이 없으면 국가 운영이 안 되는 상황이니 그런 제도를 없애지 못할 바에야 차라리 최대한 잘 이용하자는 것이 콜베르의 생각이었다.

'절대주의'라는 무대의 주인공이 되다

루이 14세 시기에도 봉건적 성격의 귀족들이 여전히 강고하게 자리 잡고 있었다. 중앙에서 지방으로 지사intendant를 파견해 정부의 의지를 관철한다고 하지만, 실상은 달랐다. 지사들은 오히려 지방 귀족들의 이해관계를 보호하고, 중앙과 지방 간 권력 균형을 잡으려고 했다. 기본적으로 대지주인 귀족들은 면세 특권과 함께 국가의 재정 체계를 매개로 돈놀이를 하며 큰 수익까지 누리고 있었다. 이런 특권을 누리는 자들이 지나치게 많으면 통제하기가 곤란하다.

이런 상황에 더해 어린 시절 겪은 프롱드의 난의 트라우마와 신뢰했던 마자랭의 부정부패 충격은 루이 14세의 왕권 강화 의지를 더욱 불태웠을 것이다. 루이는 국왕의 권력을 강화하고 어떤 방식으로든 귀족들을 국가의 통제하에 두기 위해 귀족 조사 사업을 벌였다.

태양왕을 바라보는 해바라기들

루이 14세는 1664년부터 일부 지방에서 귀족 조사 사업을 시작했고, 곧 이를 전국으로 확대했다. 자신이 진짜 귀족인지 아닌지를 증명하라는 것이었다. 1667년 포고령을 통해, 1560년부터 당시까지, 그러니까 100여 년 동안 귀족 자격을 유지해왔음을 입증하는 문서들을 제시하라고 명령했다. 대귀족들은 집안에 내려오는 각종 문서들, 즉 토지문서라든지 결혼계약서 혹은 국왕이 특권과 명예를 허락해준다는 교서 같은 문서들을 가지고 있었지만, 하급 귀족 가문에서는 갑자기 그런 문서를 내놓는 게 어려울 수 있었다. 실제 가난한 지방 귀족들 중에는 문서를 제시하지 못해 귀족 지위를 박탈당하고 평민으로 강등되어 토지세를 내게 된 사례가 많았다. 결과적으로 귀족 수가 대폭 감소했다. 노르망디와 브르타뉴에서는 귀족 수가 절반으로 줄어들었고, 다른 지방에서도 대개 25~40퍼센트 감소했다.

동시에 귀족의 서열과 작위를 체계화했다. 왕실 직계가족이 가장 높은 지위를 차지하고, 그다음은 방계가족, 그다음은 공작 등의 순으로 서열화했다. 이제 귀족은 지방에서 그냥 고급하게 산다고 해서 되는 게 아니라 국가에 의해 인정을 받아야 했다. 귀족 가문은 스스로 만들어지기보다 국왕에 의해서만 존립이 가능하다는 인식이 널리 확산되었다. 사회 상층이 되려면 고향을 떠나 군대에서 경력을 쌓든지 궁정으로 가야 했다.

이렇게 해서 국왕과 귀족의 관계가 새로이 정립되었다. 국왕의 인증을 받아야 진짜 귀족이고, 국왕의 재정에 기꺼이 돈을 대면 큰 수익을 얻을 수 있으며, 국왕이 거주하는 궁정에 줄을 대면 고위직을 얻게 된다. 모두 국왕을 흠모하고 국왕의 은총을 갈구하게 되었다. 귀족들은 태양왕을 바라보는 해바라기가 되어갔다. 누구나 태양왕이 거처하는 베르사유궁으로 가서 한 자리 잡고 한 줄기 햇빛을 쐬고 싶어 했다. 그곳에서 국왕은 지상 최고의 권력자처럼 행세하고, 입궐을 허락받은 귀족은 그런 국왕을 마치 신처럼 떠받드는 척했다. 베르사유궁은 절대주의를 표현하는 종합 예술 무대였다.

베르사유궁, 절대주의의 상연 무대

푸케를 실각시킨 후 루이 14세는 베르사유궁 건설을 시작했다. 푸케를 위해 일했던 건축가 르보Le Vau, 정원사 르노트르Le Nôtre, 화가 르브룅Le Brun 등 르le 삼총사는 이제 국왕에게 징발되어 보르비콩트성보다 더 크고 화려한 왕궁 건설에 참여했다.

공사는 1661년에 시작되어 아주 오랜 기간 지속되었다. 원래 베르사유는 선왕 루이 13세가 사냥을 하러 자주 찾았던 깊은 숲속의 작은 마을이었다. 밤이 늦어 왕궁으로 돌아가지 못하는 날이면 할 수 없이 마을에서 묵었는데, 명색이 왕이건만 농가에서 짚더미를 베고 자야 했다. 이를 안쓰럽게 여긴 신하들이 별궁을 하나 짓자고 제안하여 작은 건물을 하나 지었다. 그런데 이 건물은 너무 작아 당시 '카드로 지은 집'이라 불릴 정도였다. 훗날 루이 14세가 이곳을 찾아와 본 후 자신의 세계를 건설하는 무대로 삼았다. 그렇지만 사실 이 지역은 온통 유사流砂와 늪 지대여서 입지 조건이 최악이었다. 궁정인들 대부분은 파리를 떠나 베르사유로

가는 걸 재앙으로 여겼지만 누구도 그런 말을 입 밖에 내지 못했다. 루이 14세에게 베르사유궁의 건설 작업은 열악한 자연 조건을 이겨내고 자신의 우주를 창조하는 숭고한 작업이었기 때문이다.

완공된 베르사유궁은 단순히 왕실의 주거 혹은 정부의 소재지 정도를 넘어 최고의 권위와 존엄을 나타내는 상징이었다. 베르사유궁은 크게 남북 방향으로 뻗어 있다. 궁정 건물의 서쪽에는 궁정 건물을 향해 장대한 운하가 뻗어 있고 그 주변으로 정원과 숲이 펼쳐진다. 한편, 궁정 건물의 동쪽에는 새로 개발된 베르사유시와 그 너머로 멀리 파리시가 있다. 베르사유시 쪽에서 보면 측면 건물과 익랑이 철저한 좌우 대칭을 이루는 건물군이 U자형을 이루어 자연스럽게 사람들로 하여금 우러러보게 한다. 이런 장대함의 미학은 곧 정치권력의 표현이었다.

국왕의 막강한 권위를 잘 드러내는 것이 운하와 정원이다. 궁정 건물의 동서 방향으로 길게 뻗어 있는 운하가 성 전체의 중심축을 이룬다. 이 주변으로 정원과 작은 숲이 펼쳐져 있다. 마치 자연 상태 그대로인 듯한 영국식 정원에 비해 꽃과 나무 들이 기하학적으로 배치되어 있는 프랑스식 정원은 다소 인위적인 분위기를 자아낸다. 정원이 통일된 체계 안에서 중심축에 맞추어져 조성된 것은 자연마저 국왕에게 복종한다는 상징이다. 숲 사이사이에는 분수와 작은 비밀 동굴 같은 것들이 자리하고, 곳곳에 그리스 신화 속 주인공의 조각상이 산재해 있어서 마치 자연과 우주의 상징적 축소판 같다. 이 상징들의 정점이 아폴론 분수다. 균형과 권위의 중심축 끝에 '태양신' 아폴론이 자리 잡고 있고, 바로 그 옆에 '태양왕' 루이 14세의 궁정이 있으며, 이 축을 더 연장하면 베르사유와 파리라는 인간 세계와 연결되어 있다. 신계와 인간계가 하나의 축으로 연결되

베르사유궁은 국왕의 권위와 존엄을 나타내는 상징으로, 베르사유시(그림의 아래쪽)에서
보는 궁전의 모습은 철저한 좌우대칭을 이루며 보는 사람을 압도할 정도로 장대하다.
1668년 무렵의 베르사유궁, 피에르 파텔, 1668년경.

고 그 중심에 태양신의 보호를 받는 태양왕이 자리 잡게 함으로써 국왕의 신적 권위를 최대한 고양시킨 것이다.

궁정 내부 역시 국왕의 위엄을 최대화하는 방향으로 구성되었다. 본관의 중앙 2층에 유명한 대회랑Grande Gallerie, 일명 '거울의 방'이 있다. 길이 73미터에 이르는 이 장대한 공간은 궁에서 가장 화려한 곳으로, 점차 외교사절을 접견하는 장소가 되었다. 천장에는 고대 신화의 영웅들을 그리는 게 통례인데, 왕실 화가 르브룅은 루이 14세가 친정을 선언하는 모습을 그렸다. 신화 속 영웅이 아니라 살아 있는 영웅을 나타내어 이곳을 지나는 모든 사람이 국왕을 하늘처럼 우러러보도록 한 것이다. 이 공간의 남쪽 끝에 왕비의 처소인 '평화의 방'이 있고, 북쪽 끝에 왕의 처소인 '전쟁의 방'이 있다. 승리자인 국왕과 평화를 갈구하는 에스파냐 출신의 왕비가 양쪽에 대칭으로 존재한다는 구도는 루이 14세에 의한 유럽의 평화를 의미한다.

이곳을 방문해보면 화려함에 입을 다물지 못한다. 그런데 관광객이 아니라 실제 이곳에서 살았던 입주민 입장에서 생각해보면 베르사유궁은 결코 편안하거나 쾌적한 주거 공간이 아니었다. 개방적인 구조 때문에 사생활이 전혀 보장되지 않았다. 밤에 국왕이 애인을 만나러 가려면 왕비의 방을 지나가야 했다. 이 방들은 화려한 의례가 연출되는 공간일 뿐 사사로운 편리함 같은 것은 고려되지 않았던 것이다. 그렇다고는 해도 화장실이 없어서 급한 볼일이 생기면 숲으로 달려가야 했다는 것은 사실과 다르다. 수천 혹은 수만 명의 사람들이 하루에 서너 번씩 아무 데나 볼일을 본다면 도대체 어떻게 되겠는가? 사람 사는 곳에 화장실이나 목욕탕을 안 만들 수는 없는 법이다. 실제로 초기의 설계안에는 분명 그런 시설들이 있었는데, 19세기에 이 건물을 국립 박물관으로 개조할 때 작은 공간들을 많이 없애는 과정에서 화장실과 욕실이 사라진 것이라 한다. 화장실보다는 난방이 더 심각한 문제였을 것이다. 1695년 팔라틴 백작 부인의 기록에 따르면 "어찌나 추운지 국왕의 식탁 위에 있는 포도주와 잔 속의 물이 얼었다"고 한다.

이 모든 불편함과 엄청난 비용에도 불구하고 대귀족들은 어떻게 해서든 궁 안에 거처를 잡는 것이 꿈이었다. 선택된 소수만이 방 하나를 얻어 살았고, 국왕이 아침에 일어나서 옷 입고 밥 먹는 행위를 가까이에서 지켜볼 수 있는 사람은 왕족 혹은 지극히 높은 서열의 귀족이었다. 궁정은 장엄한 상징성을 띤 일종의 국가-종교의 성전이자 절대주의라는 국가적인 연극이 매일 상연되는 정치-신학의 무대였다.

치세의 절반이 전쟁

루이 14세가 평생 가장 열심히 수행한 국사는 다름 아닌 전쟁이었다. 그의 치세 전체에서 평균 2년 중 1년은 전시였다. 1646년 봄, 여덟 살의 나이에 마자랭에게 이끌려 아미앵에 가서 군사 사열을 한 것이 최초의 군대 경험이었다. 그 후 전쟁이 터질 때마다 국왕은 직접 전선으로 달려갔다. 에스파냐 왕처럼 궁정에 머무르지 않고 현장에 직접 가는 게 프랑스 국왕들이 지켜온 전통이었다. 프랑스 왕 노릇을 하는 것이 쉬운 건 아니었다.

1654년부터 매번 전선으로 달려갔던 루이 14세가 1693년 갑자기 베르사유로 돌아가겠다고 선언해서 사람들을 놀라게 했다. 건강이 안 좋아

루이 14세의 초상, 이아생트 리고, 1701. 루이 14세가 "짐이 국가다"라는 말을 한 적은 없지만 사실 그런 철학을 가지고 있었다. 이 초상화는 국왕의 신체를 통해 국가의 힘을 구현하고 있다. 대관식 의상은 매일 새로이 대관식을 치른다는 상징이다. 손에 쥔 홀은 국난 뒤에 자신의 몸을 똑바로 세우듯 나라를 바로 세운다는 것을, 옆에 차고 있는 칼은 전쟁으로 국왕의 힘을 집행한다는 것을 의미한다. 가발을 써서 실제 나이(당시 63세)보다 젊게 그렸지만, 그래도 얼굴은 노인인 데 비해 하체는 젊은이 같다. 노인의 신중함과 지혜에 청년의 활력을 이어 붙인 그림이다.

54세의 나이에 군대 캠프에 나가 있는 것이 무리였을 수도 있고, 전쟁에만 매달릴 게 아니라 국정 전반을 살펴야 한다고 생각했을 수도 있다. 이후 국왕은 베르사유궁 내 전시상황실에서 참모들과 함께 작전을 짜서 전장의 장군에게 암호화하여 전달했다. 반대로 현지 장군들은 전투 상황을 정리해서 궁에 보고하고 다음 지시를 기다렸다.

루이 14세는 자신이 전쟁에 정통하다는 자부심이 과한 나머지 구체적이고 자세한 지시를 하달했다. 예컨대 1703년 마스트리히트 포위 당시에는 국왕 자신이 1673년에 이 지역에서 직접 전쟁을 겪은 경험을 살려서 장문의 기록을 남겼다. 과거에는 탁월한 장군들이 자율성을 가지고 유연하게 작전을 펴서 좋은 결과를 얻곤 했는데, 국왕이 세세하게 작전 지시를 하달함으로써 장군들이 주어진 명령만을 집행하는 도구로 전락하기도 했다. 베르사유와 전장 간의 이동 시간이 길기 때문에 때로는 어이없는 일이 벌어졌다. 지금 바로 공격하면 승리를 거둘 수 있을 순간에 국왕의 공격 명령을 기다린다든지, 궤멸 직전 상황인데도 국왕의 명령 때문에 후퇴를 하지 못하는 경우가 발생했다.

국왕이 이처럼 전쟁과 관련하여 지시하는 일은 1713년까지 계속되었는데, 이 기록들은 스물두 권의 책으로 편집되었다. 이 기록을 분석해보면 루이 14세가 가장 신경 쓴 지역은 프랑스 북부의 플랑드르 지방이었다. 당시 이곳은 에스파냐 영토이지만 프랑스가 정복하여 프랑스 국경 방위의 핵심 지역이 되었다. 과거 생 캉탱 전투(1557년 에스파냐군이 플랑드르 지방에서 프랑스군에게 승리를 거둔 전투)에서 그랬듯이 이 지역이 뚫리면 파리까지 적군이 물밀 듯 들어올 수 있었기 때문이다.

루이 14세를 호전적이라고 할 수 있을까? 여러 정황으로 볼 때 아니라고 할 수는 없을 듯하다. 그는 전쟁을 통해 '영광'을 추구했다. 즉위할 때 이미 에스파냐와의 전쟁을 물려받았으므로 전쟁에 대비하는 교육을 받고 자랐고, 실제로 평생 전쟁을 치르며 살았다. 오늘날 루이 14세는 위대한 국왕이라는 이미지가 강하지만, 당시 주변국의 입장에서 보면 히틀러와 크게 다르지 않았던 것이다.

그렇다고 국왕 개인의 성향으로 모든 것을 해석할 수는 없다. 전쟁을 통해 명예와 영광을 얻고 싶은 욕망은 루이 14세 혼자만의 것이 아니라 당시 많은 사람이 공유하는 것이었다. 귀족과 부르주아 모두 국왕의 주장에 공감했고, 전쟁에 참여한 사람들 사이에 '왕국'을 '조국'으로 여기는 인식이 생겨나고 있었다. 따라서 루이 14세만 아니라 당대의 전체적인 분위기가 호전적이었다고 보아야 한다. 근대 유럽 전체가 군사화되고 있었다고 해석할 수도 있다. 하여튼 프랑스가 전쟁 국가로 변모한 결과 '쩨쩨한 부르주아'(루이 14세는 뒤에서 콜베르를 이렇게 불렀다) 콜베르가 어렵게 개선한 국가 재정은 다시 악화되기 시작했다.

루이 14세가 벌인 첫 번째 전쟁은 '귀속전쟁'(1667~1668)이라 불린다. 1665년 펠리페 4세가 죽으면서 두 번째 왕비에게서 얻은 아들 카를로스 2세에게 왕위를 물려주었다. 그러자 루이 14세는 첫 번째 왕비 소생인 자기 부인이 둘째 부인의 아들보다 상속권에서 앞선다는 브라방 지방의 법령 내용dévolution을 들먹이며 에스파냐 왕위를 주장하고 나섰다. 결혼 계약서에 에스파냐 왕위를 주장하지 않겠다고 못 박았다지만 그것은 지참금 50만 에퀴를 낸다는 조건에 따른 것인데, 아직 그 돈을 '완납'하지 않았으므로 자신의 주장은 정당하다는 논리였다. 이를 빌미로 플랑드르 지방을 공격해 릴Lille을 비롯한 열두 곳의 요새를 접수했다.

이 전쟁은 소규모 데뷔전에 불과했다. 다음 목표는 네덜란드였다. 원래 네덜란드와는 우호적인 관계였으나 경제적으로 일취월장하는 이 나라와 경제적 패권을 놓고 충돌하지 않을 수 없었다. 콜베르 덕분에 해군력을 강화한 프랑스는 잉글랜드와 손잡고 네덜란드의 무역 권리를 뺏고자 했다. 1667년 콜베르는 외국 선박에 실려 들어오는 상품에 대한 관세율을 크게 높였는데, 이는 네덜란드를 염두에 둔 정책이었다.

1672년 프랑스가 남쪽에서 진격하고 잉글랜드가 북해에서 공격을 감행했다. 큰 충격에 빠진 네덜란드에서는 실권자 비트 형제Johan de Wit, Cornelis de Wit가 살해되고 오라녀 가문이 다시 권력을 잡는 정치적 격변이 일어났다. 전쟁은 동쪽으로도 확대되어 라인 지역에서 프랑스군과 신성로마제국이 격돌했다.

이 전쟁에서 프랑스는 프랑슈콩테 지방을 얻고, 에스파냐령 플랑드르에서도 영토 확장을 이루어냈다. 네덜란드의 권위를 꺾겠다는 원래의 목표는 어느샌가 흐지부지되었지만 루이 14세의 권위가 강화된 것은 분명하다. 조만간 더 큰 규모의 전투들이 줄줄이 일어날 판이었다. 이를 살펴보기 전에 우선 루이 14세의 종교 문제를 분석해보자.

끝내 이루지 못한 영토 확장의 꿈

 국왕은 지배를 더욱 확고히 하려면 종교 문제와 관련해 단
안을 내려야 한다고 판단했다. 프랑스 내에 있는 신교도(위
그노)를 손보겠다는 것이다. 가톨릭 국가인 프랑스에서 어
찌 국왕과 다른 종교를 가진 신민이 있을 수 있단 말인가. 하나의 국가,
하나의 군주, 하나의 종교여야 한다. 신민의 복종을 확고히 하기 위해서
는 그들의 마음속으로부터 경건한 복종을 이끌어내야 한다. 프랑스 왕의
대관식에서는 대주교가 기름을 발라주는 의식이 있는데, 이를 통해 국왕
은 말하자면 제2의 그리스도(이 말 자체가 기름 부음을 받은 군주라는 뜻이다)
가 되어 하느님의 지상 대리인으로서 나라를 통치한다.

　이런 개념은 중세에 등장했지만, 근대에 들어와서 더욱 강력하게 작동
했다. 군주의 종교적 권위에 대해 연구한 마르크 블로크는 국왕의 신적
권위가 가장 강했던 시기는 17세기라고 말한다. 볼테르의 설명에 따르면
1690년 무렵 파리는 국왕에 대한 일종의 우상숭배에 빠져 있었다. 사람

들의 사고가 아직 깨이지 않은 시대에 국왕은 신의 이름을 빌려 통치력을 강화했다.

"24시간 이내에 교회를 파괴하게!"

루이 14세는 신앙심이 깊었다. 그는 목요일마다 열세 명의 빈민층 아이들의 발을 씻어주는 행사를 거른 적이 없다. 그런데 신앙은 왕 개인의 내면 문제이면서 통치와도 깊은 관련이 있다. 신에게서 특별한 권능을 부여받았다는 사실을 가장 잘 보여주는 표식은 기적을 행하는 능력, 특히 치병 능력이다. 당시 사람들은 국왕이 특정한 환자를 만지면 그의 병이 낫는다고 믿었다. 루이 14세는 부활절, 성신강림축일, 만성절, 성탄절마다 연주창(경부림프선결핵) 환자들에게 "짐이 그대를 만지니 신께서 그대를 낫게 하리라" 하며 성호를 긋는 의례를 집행했다. 루이 14세가 평생 이 의례를 해준 사람은 35만 명에 달했다.

이런 방식이 작동하려면 우선 군주와 신민의 종교가 같아야 한다. 국왕은 가톨릭 신자인데 신민이 신교도라면 영혼을 지배하는 건 불가능하다. 점차 통치에 자신감이 붙은 루이 14세는 프랑스에서 신교도들을 축출하기 위해 낭트 칙령을 폐지했다. 낭트 칙령은 1598년 앙리 4세가 칼뱅주의 신자들에게 예외적으로 종교의 자유를 허락해준 것이었다. 16세기 후반 극심한 정치·종교 갈등으로 내란을 겪고 국가가 양분될 위기에 빠졌을 때, 원래 신교도였던 국왕 앙리 4세가 자신은 가톨릭으로 개종하는 대신 신교도들에게 거주 지역에 한해서 예배를 볼 수 있는 자유를 허락해줌으로써 위기를 넘긴 것이다. 우리의 관점에서 보면 종교 갈등으로 인한 극단적인 대립을 피한 현명한 해법으로 보인다.

그런데 이후 왕권이 점차 강화되면서 신교도들의 자유는 축소되어갔다. 루이 14세는 1671년 이후 이들의 정치·종교적 특권을 박탈해갔다. 신교 교회 수를 줄이고 신교도를 위한 조세 징수를 금지하는 한편, 이들이 가톨릭으로 개종하는 것을 돕기 위한 기금을 마련했다. 1682년 몽펠리에에서는 루이 14세가 지사에게 신교 교회를 파괴하라는 지시를 내렸다. "24시간 이내에 교회를 파괴하게. 12시간 내에 부수면 더 기쁜 일일 테지만……."

신교도를 괴롭히는 조치 중 악랄하고 치사한 방법이 군대를 가정집에서 숙영하게 한 것이었다. '용기병'이라 불리는 일종의 경무장 기병 특수 부대를 신교 마을로 들여보내 병사들이 집을 하나씩 골라 머물게 했다. 용기병은 부녀자들을 강간하고 주민들의 재산을 약탈했으며, 심지어 신교도의 목을 베어 꼬챙이에 꿰어 돌아다니는 만행도 서슴지 않았다.

1685년 10월 17일, 낭트 칙령을 폐지하는 내용의 퐁텐블로 칙령을 공포했다. 남아 있던 신교 교회를 파괴하고, 신교 예배를 금지했다. 목사들에게는 15일 내에 국외로 떠나라고 명령했고, 이를 위반하면 갤리선에 태워 노를 젓게 했다. 목사가 가톨릭으로 개종하면 변호사 자격증을 주는 유인책도 썼다. 신교도들이 재산을 해외로 이전하는 것도 금지했다. 해외로 가되 재산은 남겨놓고 떠나라는 것이다. 이런 극심한 압박을 견디다 못해 랑그도크, 푸아투, 베아른 등지에서 신교도들이 가톨릭으로 집단 개종하는 사태가 일어났다.

신교도 수는 85만 명 정도로 당시 프랑스 전체 주민 2,200만 명 중 3.8

신교도를 괴롭히는 용기병, 고드프루아 엥겔만, 17세기. 루이 14세는 프랑스에서 신교도들을
축출할 목적으로 낭트 칙령을 폐지하고, 신교도의 정치·종교적 특권을 박탈했다. 또 신교 교회를
파괴했으며, 신교 마을로 보내진 '용기병'은 신교도들의 재산을 약탈하고 학살을 자행했다.

퍼센트를 차지했다. 이들 중 많은 수가 신교 국가로 이주했다. 이주자 수
에 대해서는 그동안 논란이 많았는데, 대략 20만 명이 이주하여 신교도
네 명 중 한 명이 해외로 떠난 것으로 보인다. 특히 네덜란드와 잉글랜드
로 많이 갔고, 그다음으로는 스위스와 브란덴부르크 등지로 이주해갔다.
이것이 프랑스 경제를 결정적으로 망친 요인이라고 하면 지나친 속단이
겠으나, 큰 피해를 입힌 것은 분명하다.

그렇지만 세벤 같은 시골 지역에서는 해외 이주가 힘든 상황이었기 때문에 이주자 비중이 채 5퍼센트가 안 되었다. 대신 이런 곳에서는 사악한 왕에 대해 신의 응징이 따르리라는 예언이 돌았다. 정식 교회에서 예배를 보는 게 어려워지자 황야에서 일종의 '번개' 예배를 보았다. 이마저도 탄압하자 대규모 봉기가 일어났다. 1702년 시작된 '카미자르Camisards의 난'이라 불리는 민중 봉기는 1년 6개월간 극렬하게 지속되었고, 빌라르Villars(1653~1734) 장군이 회유하여 겨우 잦아들었으나 소규모 봉기는 몇 년 더 지속되었다.

반불동맹과의 전쟁

신교 탄압은 신교 국가들의 반발을 불러일으켜 군사·외교적으로 프랑스에 매우 불리한 결과를 가져왔다. 이 문제와 관련해서는 합스부르크 가문을 다루는 장에서 자세히 살펴보기로 하고, 여기서는 간략히 짚어보자.

네덜란드 전쟁 이후 일단 평화를 찾았지만 루이 14세의 영토 확장 정책은 계속 추진되었다. 1680년대 초, 고리타분한 봉건 권리를 주장하며 몽벨리아르 백작령, 스트라스부르, 룩셈부르크 등을 빼앗았다. 그런데 이 시기에 오스만 제국이 유럽 남동쪽으로부터 신성로마제국을 강력하게 압박해 1683년에는 빈을 포위할 정도였다. 상황이 이러하니 신성로마제국은 반대쪽에서 영토를 잠식해오는 루이 14세에게 제대로 대응하지 못했다. 황제 레오폴트 1세와 교황 인노첸시오 11세의 호소로 신교군 7만 5,000명이 모이고, 칼렌베르크 전투에서 폴란드 국왕 얀 소비에스키

John III Sobieski(재위 1674~1696)가 영웅적 전투를 벌여 오스만군을 물리치는 데 성공했다.

이처럼 거의 전 유럽이 동참하여 오스만 제국의 위협을 막는 동안 프랑스는 오히려 이런 위기를 이용해 영토나 탐내는 행태를 보여 평판이 나빠졌다. 이런 시점에 신교도를 박해하고 축출하는 낭트 칙령 폐지 조치까지 취했으니 외교적으로 심각한 마이너스 요소였다. 전 유럽으로 퍼져나간 신교도들은 루이 14세를 비난하는 나팔수가 되었다.

이런 시점에서 루이 14세는 교회령 수장의 공석을 문제 삼아 9월에 쾰른 교회령을 군사적으로 점령했고, 신성로마제국은 이를 도발 행위로 간주했다. 그 결과 대규모 반불동맹이 결성되었다. 독일, 잉글랜드, 네덜란드, 에스파냐, 사부아, 심지어 스웨덴까지 가담하여 일명 '아우크스부르크 동맹'을 결성했다. 프랑스는 이들을 상대로 9년에 걸친 전쟁(아우크스부르크 동맹 전쟁, 1688~1697)을 벌였다. 프랑스가 라인 지역을 요구하면서 루이 14세의 제수씨(즉 동생 오를레앙 공 필리프와 결혼한 팔라틴 공주)의 팔츠(팔라틴) 백작령 상속권을 핑계로 댔기 때문이다. 이 시기에 프랑스군은 라인강 주변의 독일 지역을 참혹하게 파괴했다. 베르사유궁에 시집와 있는 팔라틴 공주(결혼 후 오를레앙 공작 부인이 되었다)는 비탄의 글을 썼다. "시아주버니가 제 친정 동네를 다 때려 부수고 계세요. 아흐흑……."

프랑스군은 도시를 점령하면 약탈한 후 일종의 파괴 전문가들을 동원해 광대한 지역을 부수는 만행을 저질렀다. 특히 군인 출신인 멜락Ezéchiel de Mélac(1630~1704)이 악명을 떨쳤다. 전쟁이 끝난 후 독일인들이 그를 저주해서 개 이름을 모두 멜락이라고 지었다고 한다. 훗날 비스마르크는 루이 14세가 저지른 역사적 죄과에 대한 분노가 프랑스와 전쟁을 벌인 원인 중 하나라고 밝힌 바 있다.

프랑스도 이 전쟁을 치르면서 허덕댔다. 특히 1693~1695년에 파리의 기온이 영하 20도까지 내려가는 이상기후로 흉작이 전쟁과 겹치면서 엄청난 피해가 발생했다. 이때 죽은 프랑스 주민이 대략 200만 명에 이른다고 한다. 이는 제1차 세계대전 사망자보다 많고, 당시 전체 인구의 15퍼센트에 해당한다. 전쟁으로 인한 피해가 막심하니 참전국들은 평화를 서둘렀다. 1697년 라이스바이크에서 평화회의가 열렸다. 결과적으로 프랑스는 룩셈부르크와 몽벨리아르를 넘겨주고 나머지 지역은 유지하는 선에서 타협했다. 이런 정도를 얻기 위해 그런 처참한 전쟁을 치러야 했는지 의문스럽기만 하다.

에스파냐 왕위, 차지할 것이냐 말 것이냐

유럽 각국은 잠정적으로나마 균형을 되찾는 듯했으나 그 상태는 오래가지 못했다. 에스파냐 국왕 카를로스 2세가 후손 없이 사망하자 이번에는 왕위 계승 문제가 불거진 것이다. 카를로스 2세의 배다른 누이가 바로 루이 14세의 왕비 마리테레즈였다. 카를로스 2세가 즉위할 때 이미 프랑스 왕실이 문제제기를 하고 '귀속전쟁'을 일으킨 것을 앞에서 보았지만, 실제로 에스파냐 국왕이 후손 없이 사망하자 프랑스를 비롯한 강대국들이 본격적으로 간섭하기 시작했다.

카를로스 2세는 합스부르크 가문 간 근친혼으로 유전자 문제가 극심한 사례다. 다섯 살에 왕위에 오른 심한 기형에 심신이 미약한 이 왕은 예상과 달리 시름시름 앓으면서도 35년이나 재위했다. 그동안 두 번 결혼하고, 성행위를 방해하는 악마를 쫓아내는 엑소시즘도 해보았지만 끝내 후손을 보지 못했다. 두 번의 결혼은 이후 프랑스와 신성로마제국 사이에 에스파냐의 왕위 계승권을 놓고 다투는 계기를 제공했을 뿐이다. 잔인하게도 치세 말년에는 전 유럽 정치권에서 그가 언제 죽는지, 어떤 유언장을 만드는지를 예의주시했다.

에스파냐 왕위에는 알토란 같은 땅과 권리가 달려 있었다. 에스파냐 본토뿐 아니라 오늘날의 벨기에, 밀라노, 나폴리 왕국, 게다가 광대한 아메리카 식민지도 포함되어 있었다. 에스파냐는 힘을 잃어 2등 국가로 전락하고 있었지만 유산은 실로 탐나는 대상이었다. 오히려 유산이 너무 크다 보니 프랑스든 신성로마제국이든 한 국가가 독식하기보다는 에스파냐와 그 부속 영토들을 나누어갖자는 의견도 있었다.

그런데 최종적으로 카를로스 2세가 남긴 유언장 내용은 에스파냐를 분할하지 말고 전체를 루이 14세의 손자인 앙주 공 필리프에게 넘겨준다는 것이었다. 에스파냐로서는 왕국 전체를 온전하게 보존하려면 강력한 국가와 손잡는 게 낫다고 생각했다. 물론 전 유럽이 발칵 뒤집혔다. 그렇지 않아도 유럽 중앙의 강대국 프랑스의 왕으로서, 계속 전쟁을 일으켜 세상을 어지럽히는 루이 14세가 에스파냐 본토, 유럽 각지의 요충지와 아메리카 식민지를 손 안에 넣는다는 것은 있을 수 없는 일이 아닌가. 유럽 열강은 차라리 신성로마제국 측 후보인 카를이 왕위를 차지해야 한다고 주장하고 나섰다.

루이 14세는 고민에 빠졌다. 에스파냐 왕위를 손자가 계승하게 하여 프랑스의 영향력을 확대하는 것은 당연히 좋은 일이지만 그러려면 전 유럽을 상대로 전쟁을 치러야 한다. 이미 아우크스부르크 동맹 전쟁으로 나라 살림은 거덜 난 상태다. 이를 어찌 할 것인가?

에스파냐 왕위 계승 전쟁

루이 14세가 장고 끝에 내린 결정은 일단 에스파냐를 먹고 보자는 것이었다. 손자 앙주 공은 펠리페 5세라는 이름으로 에스파냐 왕이 되었다. 그 결과 프랑스-에스파냐 대 신성로마제국·잉글랜드·네덜란드·독일 각국 등 사이에 피비린내 나는 전쟁이 벌어졌다.

초반에는 프랑스군이 연패를 거듭했다. 1709년에는 기록적인 혹한으로 프랑스가 대흉작을 맞았다. 왕국이 붕괴되는 건 아닐까 할 정도로 큰 위기였다. '이제 글렀다'고 판단한 루이는 에스파냐 왕위를 비롯하여 영토에 대한 욕심을 버리고 평화조약을 체결할 태세였다. 문제는 에스파냐 왕으로 이미 낙점된 손자 앙주 공이다. '할아버지, 언제는 에스파냐에 가서 왕 노릇 잘하라고 하더니 이제 와서 돌아오라고요? 그렇게는 못 하죠.' 이런 식으로 버티면 달리 어쩔 도리가 없다. 이 상황에서 동맹 측이 무례하고 무모한 요구를 했다. 프랑스군이 직접 에스파냐에 가서 앙주 공, 즉 펠리페 5세를 소환해오라는 것이었다. 루이 14세는 손자랑 싸우느니 죽더라도 적들과 싸우겠노라고 선언했다. 온 백성들에게 호소하는 글을 전국의 성당에서 신자들에게 읽어주도록 하여 애국심을 고취시켰다.

바람이 다시 바뀌었다. 말플라케 전투, 드냉 전투 등을 거치며 프랑스는 전세를 회복했다. 그러는 동안 결정적인 계기는 엉뚱한 데서 찾아왔다.

펠리페 5세의 초상, 장 랑크,
1723. 루이 14세의 손자 앙주
공 필리프는 에스파냐 왕위 계
승 전쟁 이후 펠리페 5세라는 이
름으로 에스파냐 왕이 되었다.

1705년 신성로마제국 황제 레오폴트 1세가 사망하자 장남 요제프 1세가
황위를 승계했는데 1711년에 새 황제마저 사망한 것이다. 그러면 이제
펠리페 5세의 경쟁자로서 에스파냐 왕위를 노리던 오스트리아 쪽 합스
부르크 가문의 카를이 황제가 되는데, 그렇다면 신성로마제국과 에스파
냐가 하나의 인물 아래 합쳐지는 것이다. 결과적으로 프랑스와 에스파냐
가 합쳐지는 것만큼이나 안 좋은 일이다.

　이렇게 판단한 잉글랜드는 곧 전선에서 이탈했다. 잉글랜드가 군사적
으로 한 번만 힘써주면 최종 승리를 거둘 수 있을 법한데 결정적일 때 발
을 빼버려서 신성로마제국으로서는 야속했을 것이다. 잉글랜드로서야

남 좋은 일 해주느라 피 흘릴 필요 없고, 단지 유럽 내 여러 세력 중 어느 한 곳도 헤게모니를 갖지 못하도록 하는 게 원래 목표였다. 이런 연고로 나폴레옹은 잉글랜드를 "배신을 밥 먹듯 하는 나라perfide Albion"라고 말했다.

드디어 유럽 대륙에 평화가 찾아왔다. 헨델은 〈테 데움Te Deum〉을 작곡했고 유럽 주요 도시에서 불꽃놀이가 벌어졌다. 앞으로 어떻게 전쟁을 피하고 평화를 유지할 것인가? 이때 나온 중요한 개념이 원래 물리학 용어인 '균형'이다. 어느 한 나라가 너무 강력해서 다른 나라들을 괴롭히지 못하도록 적절히 안배한다는 원칙이다. 여기에서 주의할 점 한 가지! 이 균형은 '강대국' 간의 균형이지 유럽 모든 나라 간의 균형이 아니다. 오히려 당시 약소국들은 강대국 간의 균형을 위해 희생되어야 하는 존재였다.

루이 14세의 손자 펠리페 5세는 그냥 에스파냐 왕으로 남되 프랑스-에스파냐 왕실이 합쳐질 수는 없다고 못 박았다. 남南네덜란드, 밀라노, 나폴리, 사르데냐는 신성로마제국에 넘겨주었고, 그 틈에 잉글랜드는 지브롤터와 미노르카를 챙긴 것 외에 아메리카 식민지에 대한 노예무역 독점권인 아시엔토Asiento를 확보했다. 언제나 그렇듯 막판에 이익을 챙기는 나라는 영리한 배신자다.

태양왕의 불운한 말년

영토 확장 전쟁을 통해 영광을 노렸던 루이 14세의 꿈은 여지없이 깨졌다. 그의 말년은 불운했다. 움직이는 종합병동이라 할 정도로 머리 끝에서 발끝까지 안 아픈 데가 없었다. 이는 하나 빼고 다 뽑았고, 입천장에 천공이 생겼으며, 두통과 류머티즘과 통풍에 시달렸고, 항문에 생긴 종기는 불에 달군 쇠로 지져야 했다. 늘그막에 자손들마저 떠나보냈다. 하나 남은 아들이 1711년 천연두로 사망하더니, 이듬해에는 손자 내외도 홍역으로 죽었다. 노년에 그에게 위안이 된 사람은 신앙심 깊은 두 번째 부인인 맹트농이었다.

사실 루이 14세는 마리테레즈가 죽은 지 두 달 후에 파리 대주교의 집전으로 맹트농 부인과 비밀결혼을 했다. 살인자의 딸로 교도소에서 태어난 것으로 알려진 맹트농은 엄청난 신분 상승을 통해 궁정에 들어와서 국왕의 애인이 되었다가 끝내 비밀결혼을 통해 왕비가 된 것이다. "여자의 명성은 갱신될 수 있는 거야"라고 한 그녀의 말은 결코 과장이 아니다. 공식 석상에서는 왕비가 아니라 후작 부인이어서 의전상 이상한 모양새를 띨 수밖에 없었지만 국왕에게 엄청난 영향력을 끼쳐 가장 확실한 비선 실세 노릇을 했다. 오늘날 같으면 '만사형맹(맹트농 부인을 통하면 만사형통이다)' 운운했을 법하다.

궁정 내에는 여러 파벌이 있었는데, 그중 가장 강력한 세력은 맹트농 파벌이었다. 루이 14세의 세자와 손자를 따르는 파벌들도 세력을 키웠지만, 이들이 사망하는 순간 흔적도 없이 사라져버렸다. 1711년 세자가 사망했을 때에는 그를 따르던 무리들이 모두 도망가서 심지어 관이 방치되었다고 한다. 후계자로는 증손자만 남아 그가 루이 15세로 즉위하게 된다.

맹트농이 루이에게 큰 위안이 되었다고는 하지만 그녀가 진정 루이

엄청난 신분 상승으로 왕비가
된 맹트농 부인은 루이 14세 말
년 '비선 실세'로 궁정에서 막
강한 영향력을 행사했다. 피에
르 미냐르, 1694년경.

를 사랑했는지는 모를 일이다. 루이 14세가 임종 직전 맹트농에게 속삭
였다.

"마담, 우리는 곧 다시 만날 거요."

그러자 맹트농은 사색이 되어 도망갔다가 잠시 후 이렇게 말했다.

"국왕 전하께서는 정말 자기밖에 모른다니까요."

국왕 개인의 몸은 떠나도 왕은 영원하다는 게 절대주의 정치 신학이
다. 희수喜壽(77세 생일) 나흘 전인 1715년 9월 1일 국왕이 사망했다. 재위
72년의 긴 기간을 받쳐온 몸은 더 이상 그 개인의 것이 아니라 국가를
위해 바쳐져야 하는 공물公物이다. 왕의 장기는 적출하여 파리 노트르담

성당으로 옮겨졌고, 왕의 심장은 예수회 수도원에 안치되었다. 남은 사체는 파리 북쪽에 위치한 역대 국왕들의 묘소인 생 드니 성당에 묻혔다. 또 한 시대가 저물어갔다.

6장

레오폴트 1세와 카를로스 2세,
합스부르크 가문이 유럽 지도를 바꾸다

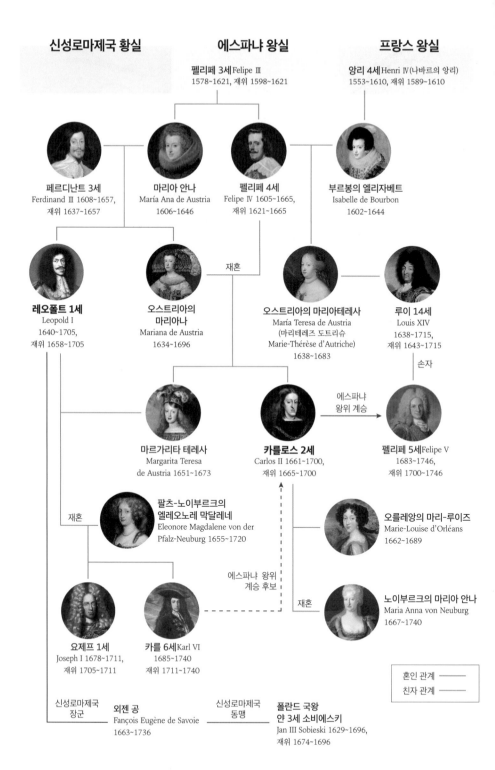

신성로마제국 황실

에스파냐 왕실

펠리페 3세 Felipe Ⅲ
1578~1621, 재위 1598~1621

프랑스 왕실

앙리 4세 Henri Ⅳ(나바르의 앙리)
1553~1610, 재위 1589~1610

페르디난트 3세
Ferdinand Ⅲ 1608~1657,
재위 1637~1657

마리아 안나
María Ana de Austria
1606~1646

펠리페 4세
Felipe Ⅳ 1605~1665,
재위 1621~1665

부르봉의 엘리자베트
Isabelle de Bourbon
1602~1644

재혼

레오폴트 1세
Leopold I
1640~1705,
재위 1658~1705

**오스트리아의
마리아나**
Mariana de Austria
1634~1696

오스트리아의 마리아테레사
María Teresa de Austria
(마리테레즈 도트리슈
Marie-Thérèse d'Autriche)
1638~1683

루이 14세
Louis XIV
1638~1715,
재위 1643~1715

손자

마르가리타 테레사
Margarita Teresa
de Austria 1651~1673

카를로스 2세
Carlos II 1661~1700,
재위 1665~1700

에스파냐
왕위 계승 →

펠리페 5세 Felipe V
1683~1746,
재위 1700~1746

**팔츠-노이부르크의
엘레오노레 막달레네**
Eleonore Magdalene von der
Pfalz-Neuburg 1655~1720

오를레앙의 마리-루이즈
Marie-Louise d'Orléans
1662~1689

재혼

에스파냐 왕위
계승 후보

재혼

노이부르크의 마리아 안나
Maria Anna von Neuburg
1667~1740

요제프 1세
Joseph I 1678~1711,
재위 1705~1711

카를 6세 Karl VI
1685~1740
재위 1711~1740

혼인 관계 ———
친자 관계 ———

신성로마제국
장군

외젠 공
Fançois Eugène de Savoie
1663~1736

신성로마제국
동맹

**폴란드 국왕
얀 3세 소비에스키**
Jan III Sobieski 1629~1696,
재위 1674~1696

합스부르크 가문의 역사, 죽음과 유전병의 끔찍한 드라마

 합스부르크 가문은 유럽에서 오래되고 영향력이 큰 가문 중 하나다. 이 가문은 신성로마제국의 지배권을 놓고 룩셈부르크 가문과 경합했지만, 14세기 이래 제위를 독점하여 사실상 황실의 지위를 누렸다. 이 가문의 원래 근거지는 독일 남부 혹은 스위스 지역이었다. '합스부르크'라는 이름은 현재 스위스의 아르가우Aargau 지역1에 위치한 하비히츠부르크Habichtsburg('매의 성'이라는 뜻. 번역하면 '응봉동鷹峰洞') 또는 옛 독일어 'hab/hap'('여울목'이라는 뜻으로, 성 앞에 여울이 있었다)에서 유래했다고 한다. 합스부르크 가문은 역사의 우연에 힘입은 결혼-외교 전략으로 광대한 영토를 획득했다. 최종적으로는 중국 황제처럼 대륙 전체를 하나의 제국으로 통합하여 지배하려 했지만, 그 꿈은 무위로 돌아갔다. 카를 5세(1500~1558) 이후 이 가문의 영토는 에스파냐계와 오스트리아계로 나뉘었고, 17세기 후반부터는 각자의 길을 걸었다. 이것은 유럽 역사의 진행 방향을 바꾸어놓았다.

세기의 결혼식

1666년 12월 빈의 호프부르크 왕궁에서 세기의 결혼식이 거행되었다. 신랑은 젊은 황제 레오폴트 1세이고, 신부는 15세의 에스파냐 공주 마르가리타 테레사였다. 결혼식은 화려함의 극치였다. 수백 명이 거인 형상을 태운 거대한 수레와 군함을 끌고 가고, 수백 명의 말 탄 기사들이 북소리에 맞춰 행진한 후 맨 마지막에 황제가 말을 타고 등장했다. 100명의 악대가 내는 북소리와 트럼펫 소리가 하늘에 메아리쳤다. 이날을 위해 슈멜처Johann Heinrich Schmelzer는 많은 트럼펫(원래 고상하고 신성한 것을 표현하는 데 사용되는 악기였다)이 연주하는 장대한 곡 〈발레토 아 카발로 Balletto a cavallo〉를 작곡했다.

문제는 신랑과 신부는 합스부르크 가문 출신의 삼촌-조카 사이였다는 점이다. 신부는 신랑을 '아저씨'라고 불렀는데, 이는 사실 적확한 호칭이었다. 이 같은 근친혼이 빈번히 이루어진 까닭은 영토와 정치권력을 다른 가문에 빼앗기지 않기 위해서였을 것이다.

이런 '족내혼'은 대체로 1550년경부터 심해졌다. 카를 5세가 16세기 전반에 유럽 전체를 지배하는 명실상부한 제국을 건설하려다 실패한 것을 앞서 〈카를 5세, 세계 제국을 꿈꾸다〉(1권)에서 살펴본 바 있다. 그는 장남 펠리페에게는 에스파냐와 아메리카 식민지를, 동생 페르디난트에게는 신성로마제국 황제 직위와 중동부 유럽 지역을 물려주었다. 이로써 합스부르크 세력은 에스파냐계와 오스트리아계 두 권역으로 나뉘었다. 이들은 정치적으로 협력하는 동시에 상호 결혼을 했다. 에스파냐 공주가 오스트리아로 가서 황태자와 결혼한 후 거기에서 얻은 딸을 다시 에스파

얀 토마스 판 예페린이 그린 신혼 시절의 레오폴트 1세와 마르가리타 테레사(1667).
연극 〈갈라테이아(La Galatea)〉의 의상을 입고 있는 두 사람의 표정이 아직까지는 행복해 보인다.

냐로 보내 왕자와 결혼하는 식이다. 근친혼이 수세대 계속되다 보니 유전 문제가 심각해져서, 17~18세기에 이르면 재앙 수준에 가깝다. 주걱턱과 광기狂氣가 이 가문의 유전적 특징이었으며, 아이가 사산되거나 유아가 사망하는 일이 빈번했다. 젊은 황제 레오폴트 1세는 죽음과 유전병의 끔찍한 드라마를 간신히 피한 생존자였다.

죽음의 굴레를 벗어난 신랑, 레오폴트

사정이 어떤지 양가의 이력을 살펴보자. 우선, 신랑 레오폴트 1세의 집안을 보자. 레오폴트의 아버지인 황제 페르디난트 3세는 1631년 에스파냐 국왕 펠리페 3세의 딸 마리아 안나와 결혼했는데, 여기에서 두 아들과 딸 하나가 성년까지 살아남았고 다른 세 아이는 어려서 사망했다. 살아남은 아들 중 하나가 레오폴트다. 이 첫 번째 부인이 마지막 아이를 낳다가 사망하자 페르디난트 3세는 마리아 레오폴디네Maria Leopoldine von Österreich-Tirol(1632~1649)와 재혼했으나, 그녀 역시 이듬해 아이를 낳다가 사망했다. 이때 태어난 아이 또한 10대에 죽었다. 1651년 세 번째로 엘레오노라 곤자가Eleonora Gonzaga(1630~1686)와 결혼하여 아이 넷을 낳았다. 이 중 두 명은 어릴 때 사망하고 딸 둘이 성년까지 살아남았다.

첫 번째 결혼에서 얻은 두 아들 중 장남 페르디난트가 아버지의 뒤를 이어 황제가 될 예정이었으나, 1654년 스물한 살에 천연두로 급작스럽게 사망해 뜻하지 않게 동생 레오폴트가 후계자가 되었다. 이후에도 삼촌과 배다른 동생들이 줄줄이 사망했다. 그 결과 이들이 물려받을 영토가 모두 레오폴트의 수중에 들어감으로써 제국 영토의 집중도가 훨씬 높아졌다. 이때 형성된 제국의 모습이 대체로 1918년까지 지속되었다.

레오폴트는 원래 성직으로 나가고자 했기 때문에 황제 중에서는 드물게 공부를 많이 했다. 어학 실력도 출중하여 모국어인 독일어 외에 라틴어, 이탈리아어, 프랑스어, 에스파냐어에 능통했다. 역사, 문학, 과학 공부도 열심히 했고 신학과 철학에 조예가 깊었다. 게다가 이 가문에서 전통적으로 큰 관심을 둔 점성술과 연금술에도 밝았다.

무엇보다 그는 음악적 재능이 뛰어났다. 당시 많은 이탈리아 음악가가 오스트리아에서 활동했다. 그중 토스카나 출신의 체스티Antonio Cesti라는 수도사가 작곡한 대작 오페라들 가운데 하나가 황비 마르가리타 테레사의 17세 생일을 위해 만든 〈황금사과〉였다. 이틀 동안 공연된 이 작품은 불꽃, 천둥 번개, 날아다니는 용, 침몰하는 배 등 엄청난 볼거리를 제공했는데, 여기에 황제가 직접 작곡한 아름다운 아리아를 넣기도 했다. 황제의 성향이 이렇다 보니 황제로서 의당 갖추어야 할 군사 부문에 대한 준비는 미비한 편이었다.

비운의 신부, 마르가리타 테레사

다음으로, 에스파냐 공주인 신부 마르가리타 테레사의 집안을 보자. 그녀의 아버지인 펠리페 4세는 여성들에게 인기가 좋았다. 벨라스케스가 그린 그의 젊은 시절 초상화를 보면 미루어 짐작할 수 있다. 약간 느끼하게 멋을 부린 국왕께서 수많은 여인과 연애 행각을 벌여 모두 서른두 명

디에고 벨라스케스가 그린 펠리페 4세와 두 번째 왕비 오스트리아의 마리아나(17세기).
검은 옷을 입은 왕과 왕비의 모습에서 에스파냐 왕실의 딱딱한 분위기가 느껴진다.

의 아이를 낳았다는 소문이 돌았으나, 일단 그런 이야기는 뒤로하고 공식 결혼만 살펴보도록 하자.

펠리페 4세는 1615년 프랑스 국왕 앙리 4세의 딸 엘리자베트와 결혼했다. 여기에서 여덟 명의 아이를 얻었으나 대부분 1~2년도 못 가 죽었다. 성년이 될 때까지 살아남은 유일한 사람은 막내 마리아 테레사로, 나중에 프랑스의 루이 14세와 결혼한다. 펠리페 4세는 1649년 오스트리아의 마리아나와 재혼했는데, 그녀는 바로 앞에서 살펴본 황제 페르디난트

3세의 딸이자 자신의 조카였다. 빈을 떠나 마드리드에 도착한 마리아나는 우선 왕비는 공식석상에서 웃으면 안 된다는 말에 질겁했다. 빈에 비해 마드리드의 왕실 분위기는 훨씬 더 딱딱했다.

40대의 남편은 밤에 시인들과 모임을 자주 가졌는데, 시를 짓는 거 말고도 꽤나 방탕한 놀이를 즐겼다. 낮에는 그 죄를 씻는다며 종교에 심취했다. 이런 남자에게 사랑을 느낄 수는 없었겠으나, 마리아나는 왕비의 중요한 임무인 후계자 생산에 전력을 다했다. 두 사람 사이에 다섯 명의 아이가 생겼으나 대부분 일찍 죽고 딸 마르가리타 테레사와 아들 카를로스만 남았다. 바로 이 딸이 레오폴트와 결혼한 신부다(그 밖에 '비공식 결합'을 통해 얻은 여러 서자 가운데 여배우 마리아 칼데론이 낳은 아들만 유일하게 호적에 올렸다).

문제는 카를로스였다. 왕자가 태어났을 때 사람들은 모두 의례적으로 아이가 씩씩하다고 칭찬을 아끼지 않았다. 그러나 왕자가 태어난 지 2년 후 공식석상에서 아이를 선보이면서부터는 솔직한 평판이 나왔다. 누가 봐도 비정상인 이 아이는 후손을 보지 못하고 일찍 죽을 것이 분명했다. 그러면 누가 에스파냐 왕위를 물려받느냐 하는 문제가 제기되지 않을 수 없다.

두 딸 중 마리아 테레사는 첫 번째 부인 소생의 장녀이니만큼 가문의 전통에 따라 오스트리아로 가서 황제와 결혼하기로 예정되어 있었다. 그런데 국제 관계의 변화가 인생을 바꾸어놓았다. 에스파냐와 프랑스 사이에 전쟁이 끝나고 오랜만에 평화가 찾아왔다. 평화적인 양국 관계를 정착시키기 위한 조치 중 하나가 루이 14세와 에스파냐 공주를 결혼시키는 것이었다. 이런 급한 외교 문제로 인해 1660년 장녀 마리아 테레사가 프랑스 왕비가 되어 파리로 갔다. 카를로스가 태어나기 한 해 전의 일이다. 자동적으로 동생 마르가리타 테레사가 황제 레오폴트의 부인으로 낙점되었다.

루이 14세는 마리아 테레사를 통해 만일의 경우 에스파냐 왕실의 계승권을 주장할 수 있게 되었다. 더구나 장녀이어서 우선권이 있다고 주장할 수도 있었다. 에스파냐 측에서는 이 문제에 대비해 50만 에퀴를 주는 대신 프랑스 왕실로부터 에스파냐 왕위 계승 권리를 포기한다는 약속을 받아냈으나, 프랑스 측은 내심 에스파냐 측이 그 큰 금액을 다 지불하지 못할 것으로 예상하고 그것을 핑계로 훗날 왕위 계승권을 주장하리라고 작정했다.(《루이 14세, 세상을 암울하게 만든 태양왕》 참조)

1665년 펠리페 4세가 사망했을 때, 후계자 카를로스는 네 살이었다. 그의 심신 상태가 워낙 안 좋으니 조만간 계승 문제가 수면에 떠오를 것이 분명해 보였다. 그가 후사 없이 죽고, 프랑스로 시집간 장녀가 아들을 낳으면 프랑스 왕실이 에스파냐를 먹겠다고 나올 텐데 이를 어쩐단 말인가. 그 때문에 이듬해인 1666년 마드리드 왕실은 열다섯 살에 불과한 마르가리타 테레사를 레오폴트와 결혼시켰다. 가능한 한 빨리 합스부르크 가문 내에서 아들을 생산해야 한다는 심산이었다.

레오폴트와 결혼한 후 마르가리타 테레사 역시 합스부르크 가문의 다른 사람들과 비슷한 운명을 맞았다. 여러 차례 임신을 했지만 번번이 유산을 했다. 어렵게 두 아들을 낳았지만 한 아이는 사산이었고 다른 아이는 태어나자마자 죽었다. 딸 하나를 얻은 후 마지막 아이를 출산하다가 산모가 죽자 제왕절개를 했지만 이 아이 역시 곧 사망했다. 그녀의 나이 고작 21세 때의 일이니, 참으로 애달픈 일이 아닐 수 없다. 그녀가 세상에 남긴 유일한 딸 마리아 안토니아Maria Antonia de Austria(1669~1692)는 후일 바이에른 선제후와 결혼하여 세 아들을 낳았지만 모두 어릴 때 죽었고 그녀 역시 23세의 젊은 나이로 세상을 떠났다.

족외혼으로 후계자 문제를 해결하다

지금까지 보았듯이, 이 가문 사람들과 관련해서는 온통 죽음의 물결이다. 그 많은 사람, 특히 일찍 죽은 어린아이들의 시신은 어디로 갔을까? 빈의 황실 지하 묘(일명 카푸친 지하묘소Kapuzinergruft)에 다 모여 있다. 특히 페르디난트 3세와 레오폴트 1세의 죽은 아이들 시신은 1960년대에 한곳에 모아놓았다. 이곳에 들어가보면 인생무상을 느끼지 않을 수 없을 것이다.

마르가리타 테레사는 안타깝게 젊은 나이에 죽었지만 벨라스케스의 그림 속에서 영원한 삶을 얻었다. 1656년 벨라스케스가 그린 걸작 〈라스 메니나스Las Meninas(시녀들)〉에 등장하는 아이가 바로 마르가리타 테레사다. 세계의 화가들을 대상으로 회화 역사상 가장 흥미롭고 중요한 그림이 무엇인지를 조사했을 때 1등으로 뽑힌 그림이 바로 〈라스 메니나스〉다. 시녀들, 호위병, 난쟁이, 국왕 부부, 거기에 이 그림을 그리고 있는 화가 자신까지 포함한 복잡하고 신비스러운 구도 안에 예쁜 아이 모습으로 그녀가 그려져 있다. 이때만 해도 그녀의 운명이 비극적으로 끝날지 누가 짐작이나 했겠는가? 음악에 조예가 깊은 레오폴트 황제는 애달프게 죽은 황비를 위해 레퀴엠을 작곡했다(아마추어 작곡가의 작품치고는 상당히

〈라스 메니나스〉, 디에고 벨라스케스, 1656. 궁정 화가였던 벨라스케스는 사실주의 화법으로 펠리페 4세의 사랑을 받았다. 그는 황실 컬렉션을 위해 전 유럽에서 그림을 사들이는 일도 맡았다.

수준이 높은 것으로 알려져 있다).

레오폴트는 곧 다시 결혼했다. 두 번째 황비인 오스트리아-티롤의 클라우디아 펠리치타스Claudia Felizitas von Österreich-Tirol(1653~1676) 역시 합스부르크 방계 가문 출신이었다. 이번에도 두 아이가 죽고, 부인도 23세에 사망했다. 이런 연쇄적인 죽음 사태를 겪고 나자 황실에서는 '족외혼'을 결심했다. 그래서 고른 여인이 뒤셀도르프 출신의 아가씨, 팔츠-노이부르크의 엘레오노레 막달레네였다. 이 여성을 고른 이유는 우선 비텔스바흐Wittelsbach라는 유서 깊은 가문 출신인 데다가 무엇보다도 이 집안이 다산으로 유명했기 때문이다. 원래 수녀가 되려 한 신심 깊은 아가씨를 황제의 세 번째 부인으로 밀어 넣었는데, 과연 이 여성은 기대를 저버리지 않고 열 명의 아이를 낳았다. 이 중 많은 아이가 일찍 사망했지만, 그래도 성년이 되어 결혼에 이른 자손이 여럿 있었다. 무엇보다 황위 계승자를 둘씩이나 생산하는 쾌거를 이루었다.

첫째아들은 이름을 요제프라 했는데, 사실 이 가문에서 요제프라는 이름은 잘 쓰지 않지만, 워낙 신앙심이 높은 레오폴트인지라 장남을 예수의 친부에게 바치겠다는 서원을 했기에 이름을 그렇게 지었다. 1705년 그는 요제프 1세라는 이름으로 황위에 올랐다. 1685년 둘째아들 카를이 태어나니 이제 오스트리아 쪽의 계승 문제는 일단 안정기에 접어들었다. 레오폴트는 당연히 장남을 황제로 세우기로 하고, 1690년 '로마인의 왕'(황제가 되기 전 단계의 직위)으로 삼았다. 그리고 차남 카를은 에스파냐에서 왕위 계승 문제가 생길 경우 그쪽으로 보낼 준비를 했다. 실제 그렇게 될 가능성이 매우 높지 않은가.

지금까지 이 가문 사람들의 개인사를 뒷조사한 이유는 왕조국가 시대에는 실제로 계승 문제가 역사 흐름에 결정적 영향을 끼쳤기 때문이다. 더구나 합스부르크 가문은 사람이 태어나고 죽고 결혼하는 문제가 유럽 역사와 대단히 긴밀하게 연관되어 있다. 이제 합스부르크 가문에서 일어난 일들이 유럽의 전쟁과 어떻게 연결되는지를 살펴보자.

2

오스만 제국과 프랑스의
침략을 막아낸 레오폴트 1세

 오스트리아를 중심으로 하는 합스부르크의 신성로마제국
은 역사에서 언제나 침략에 노출되어 있었다. 이 제국은 침
략 루트가 10여 개나 있는 데다 걸핏하면 어제의 동맹이 오
늘은 적이 되었다. 그러니 늘 전쟁 중이거나, 전쟁이 없을 때면 전쟁 준
비를 했다. 특히 서쪽의 프랑스와 남동쪽의 오스만 제국이 위험한 적이
었다.

전쟁의 밀물과 썰물

동쪽에서 팽창해오는 강력한 오스만 제국은 근대 초부터 유럽 전체에 가
공할 위협을 가했다. 중앙아시아 초원지대에서 수많은 경쟁 세력을 물리
치고 제국을 건설한 오스만 제국의 군사 문화는 유럽과는 성격이 달랐

다. 1463년 보스니아 왕국을 공격한 사례가 대표적이다.

오스만 제국의 메메드 2세는 1453년 콘스탄티노플을 점령하여 비잔틴 제국을 정복한 후 여세를 몰아 동유럽으로 진군했다. 1463년 보스니아 국왕 토마세비치Stephen Tomasevic는 클류츠Kljuc 요새에서 메메드 2세의 대군에 포위되었다. 도저히 버틸 수 없다고 판단한 보스니아 측은 목숨을 살려준다는 약속을 받고 항복했다. 그러나 메메드는 보스니아 국왕과 그 측근들을 살해하고, 남은 귀족들을 모조리 갤리선에 태워 노 젓는 일을 시켰다. 오스만 제국의 관점으로는 보스니아는 제국 내 작은 한 주로 격하된 셈이었다. 그들은 보스니아 국왕과 약속을 했으나, 국왕이 신하가 된 마당에 약속을 지킬 이유가 없다는 것이다. 기사도를 운운하는 것은 그나마 전쟁이 제한된 범위 내에서 벌어지는 서유럽 이야기지 아시아와 동유럽에서는 그런 한가한 이야기는 통하지 않는다. 이렇게 해서 유서 깊은 중세 왕국 하나가 5세기 동안 독립을 상실했다.

이후에도 유럽 동부 지역에 대한 오스만 제국의 침략은 계속되었다. 이 가공할 위험을 전면에서 맞닥뜨린 나라가 헝가리였다. 1526년 술탄 모하메드가 20만 대군을 이끌고 동유럽을 깊숙이 진격해왔다. 이해 8월 29일 베오그라드 북쪽, 다뉴브강에서 멀지 않은 모하치에서 격전이 벌어져 두 시간 만에 헝가리군이 궤멸했다. 1만~1만 5,000명이 사망하고 헝가리 국왕 러요시 2세Lajos II(재위 1516~1526)도 강에서 익사한 이날은 헝가리 역사상 가장 비극적인 날로 꼽힌다. 이후 헝가리는 세 개의 지역으로 나뉘었다. 중앙 대평원과 트란스다뉴비아 일부, 수도인 부다는 오스만 제국에 편입되었고, 트란실바니아는 약간의 자율성을 가진 채 오스만 제국의 신하 국가가 되었으며, 북쪽의 남은 땅과 트란스다뉴비아 서쪽

모하치 전투를 묘사한 그림, 록만, 1588. 1526년 오스만 제국의 술탄 모하메드는 대군을 이끌고 동부 유럽을 공격했다. 오스만군에 대패한 헝가리는 이후 세 개의 지역으로 나뉘어 오스만 제국과 신성로마제국의 지배하에 들어가게 되었다.

땅에 남은 왕국은 신성로마제국의 지배를 받게 되었다.

17세기에 접어들어 오스만 제국의 침략이 다소 완화되었지만, 신성로마제국과 오스만 제국의 힘겨루기는 계속 이어졌다. 문제가 된 곳 중 하나가 트란실바니아였다. 1664년 이곳을 놓고 양측이 다시 전투를 벌였다. 최종 결과는 이전 상태와 큰 변동이 없었지만, 한 가지 주목할 만한 일이 있었다. 그라츠Graz 동쪽 방면에서 벌어진 세인트 고타르드St. Gotthard 전투에서 몬테쿠콜리Raimondo Montecuccoli 등이 지휘하는 유럽군이 오스만군을 격퇴한 것이다. 오스만 제국에 명백한 승리를 거둔 것은 약 150년 만에 처음이었다. 이 일을 계기로 오스만 제국이 최강 불패만은 아니라는 사실을 확인했고, 더 나아가서 전 유럽이 힘을 합쳐 오스만 세력을 막아야 한다는 공감대가 형성되었다. 다만 그런 가능성을 확인했을 뿐, 전체적인 전쟁의 결과를 보면 이번에도 오스만 제국이 승리를 거두어 트란실바니아를 계속 지배했고, 레오폴트 1세는 조공을 바쳐야 하는 굴욕적인 평화 조약을 맺었다.

몸을 피해 유럽을 구한 황제

그 후 오스만 제국은 방향을 바꾸어 폴란드와 약 20년에 걸쳐 전쟁을 벌였다. 1672년 폴란드는 막강한 오스만군의 공격으로 인해 공물을 바치기로 하고 휴전을 요청할 수밖에 없었다. 오스만 제국은 우크라이나와 포돌리아(현재 우크라이나령)를 차지했다. 이런 굴욕적 패배 후 폴란드의 얀 소비에스키 장군이 곧바로 전쟁 준비에 돌입하여 이듬해인 1673년에 호침 전투에서 승리를 거두었다. 사실은 11월에 전투가 벌어져서 남쪽에서 올라온 오스만군은 추위 때문에 힘을 쓸 수 없었다. 오스만 제국의 공격을 막아낸 그는 전 유럽의 영웅이 되었고, 그 무렵 폴란드 국왕이 사망하면서 소비에스키가 국왕으로 선출되었다(폴란드는 특이하게 선출 왕 제도를 유지하고 있었다).

오스만 제국이 재침을 노릴 것은 명약관화했다. 그래서 소비에스키는 신성로마제국, 모스크바 공국과 일종의 상호방위조약 같은 동맹을 맺었다. 과연 1682년 여름 콘스탄티노플에서 오스만군이 또다시 소집되어 북쪽으로 향하는 게 포착되었다. 막강한 대군이 폴란드로 향할 것인가, 오스트리아 쪽으로 향할 것인가? 당시 합스부르크 측은 헝가리와 트란실바니아에 대해 정치적, 종교적으로 강력하게 압박하고 있었다. 오스만 제국은 자신의 예속 지역들을 보호하지 않으면 이 지역 내에서 위엄을 잃는다고 판단하고, 공격 방향을 오스트리아 쪽으로 잡았다. 이른바 '대大튀르크 전쟁'이 시작된 것이다.

1683년 오스만군은 베오그라드를 거쳐 빈을 침공했다. 남부 오스트리아는 처참하게 파괴되었다. 이 지역의 주민 약 10만 명이 죽거나 노예로 끌려간 것으로 추산된다. 중동 지역 노예시장에서는 아프리카 흑인 노예들이 당한 것과 같은 방식으로 독일인을 벌거벗겨 채찍을 휘두르며 맷집을 시험하는 장면도 목격되었다.

가공할 대군이 밀려오는 것을 본 레오폴트 황제는 멀리 파사우Passau로 몸을 피했다. 사실 그는 음악 애호가 스타일이지 용맹한 전쟁 군주는 아니었다. 결과적으로 황제가 몸을 피한 건 잘한 일이었다. 오스만군과의 전투를 직접 수행했다면 그는 죽었을 테고, 그러면 오스트리아뿐 아니라 유럽 전체는 더 큰 격랑 속으로 휘말려들었을 것이다. 황제는 무사히 파사우에 도착한 데 대해 마리아에게 감사하는 의미로 언덕에 성처녀 마리아 소성당을 세웠다.

빈의 수비는 매부인 로렌 공작 샤를 5세에게 맡겼다. 오스만의 대군이 쳐들어오는 1683년 봄 그는 합스부르크군의 총사령관직에 올랐다. 그의 군은 수가 부족한 데다가 그나마 일부 병력이 전쟁 전에 도주한 터라 직접 적과 대결할 수 없는 형편이었으므로, 최대한 적의 공격을 늦추고 지원 세력이 올 때까지 버티는 작전을 펼쳤다. 빈은 몇 달간 계속되는 기근 속에서 적의 극심한 포격을 견뎌야 했다.

그러는 사이에 교황 인노첸시오 11세가 주도하여 주변 국가들이 참전을 결정했다. 폴란드의 소비에스키가 2만 5,000명의 병사를 이끌고 왔고, 그 밖에 작센, 바이에른, 바덴 등도 참여했다. 모든 군대가 빈 북쪽의 칼렌베르크라는 언덕에 집결했다. 당시까지도 이 언덕은 사람이 살지 않는 버려진 곳이었다. 훗날 신성동맹이라 불리는 연합군의 총지휘관은 소비에스키가 맡았다. 이들은 칼렌베르크에서 특별 미사를 드린 다음 전원이 말을 타고 적을 향해 돌진했다. 역사상 최대의 기병 돌진으로 알려진 이 공격으로 오스만군이 무너졌다. 아마도 이 시기가 폴란드의 마지막 전성기였을 것이다. 전 유럽의 영웅이 된 소비에스키가 1696년에 사망한 뒤 폴란드는 점차 패망의 길로 접어들었다.

이처럼 대군이 결집할 수 있었던 것은 멀리 몸을 피한 레오폴트 황제의 외교 덕분이었다. 적이 물러나고 끔찍한 포위가 풀린 뒤 살아남은 시민들이 성 바깥으로 나와 보니 오스만인들이 마시던 시커먼 음료가 있었는데, 이것이 비엔나커피의 유래라고 야사는 전한다. 유사한 이야기를

1683년 교황 인노첸시오 11세의 주도 아래 '신성동맹'이라 불린 연합군이 빈을 포위한
오스만군을 크게 물리쳤다. 승리를 이끈 총지휘관 소비에스키는 전 유럽의 영웅이 되었다.

하나 더 소개하자면, 1529년에도 오스만군이 빈을 포위 공격했는데, 이
때에는 적이 물러난 후 빈 시민들이 오스만 제국을 상징하는 초승달 모
양의 빵을 만들어 씹어 먹음으로써 보복했고, 이것이 크루아상croissant('초
승달'이라는 뜻의 프랑스어)의 시초라고도 한다. 달달한 비엔나커피와 비에
누아즈리viennoiserie(빈 풍의 빵)가 모두 오스만 제국의 가공할 침략의 결과
라는 이야기인데, 믿거나 말거나……

이런 결정적 패배를 겪은 후에도 오스만 제국은 다시 대군을 이끌고
공격했다. 이 시기에 동유럽 지역은 유럽과 오스만 제국이 군사력을 최
대치로 끌어올려 격렬하게 싸우는 격전 상태가 지속되고 있었다. 그런

데 오스만 제국이 몇 차례에 걸쳐 유럽에 패배한 걸 보면, 군사적으로 정점을 지나 쇠락기로 접어들었음이 분명하다. 유럽 군사력의 약진을 논하는 '군사혁명'(근대에 들어와 유럽에서 다른 문명권을 압도하는 군사 발전이 일어났다는 주장) 관련 논쟁 중에 17세기 후반에 유럽 군대가 오스만제국 군대를 격퇴한 사건이 가장 중요한 계기라고 보는 학자도 있다는 점을 아울러 지적해두기로 하자. 이후 오스만 세력이 밀려나고 중동부 유럽은 점차 합스부르크의 세력하에 들어갔다.

한쪽으로 기울기 시작한 시소

역사의 큰 흐름이 바뀌었다. 과거에는 엄청난 이슬람 세력이 몰려와서 기독교도를 축출했다면, 이제 반대로 기독교 세력이 무슬림을 몰아냈다. 예컨대 헝가리의 부다는 무슬림과 유대인의 도시였다가 이 시기부터 기독교 도시가 되었다. 이 지역에 수세대 살아온 무슬림들은 퇴각하는 군을 따라가야 했고, 그러지 못하고 현지에 남은 사람들은 학살의 희생자가 되었다. 끔찍한 인종 청소가 자행된 것이다.

정치적 갈등과 종교·인종 문제가 뒤섞인 전쟁으로 인해 이 지역은 지옥과도 같았다. 메리 워틀리 몬터규Mary Wortley Montagu(1689~1762) 부인은 이 지역의 참상을 증언하는 글을 남겼다. 그녀의 남편이 오스만 제국 주재 잉글랜드 대사로 부임하게 되어 빈에서 이스탄불로 여행을 했다. 그녀는 직접 목도한 이 지역 상황을 서신을 통해 지인들에게 알렸다. 전쟁과 내전을 겪으며 도시와 농촌은 폐허로 변했다. 광대한 지역에서는

수많은 전투에서 혁혁한 공을 세
운 '전쟁의 신' 외젠 공. 프랑스 출
신이었던 그는 루이 14세에게 퇴
짜를 맞자 합스부르크 황실의 장
군이 되었다. 야콥 판 슈펜, 1718.

농사를 포기했다. 숲에서는 늑대가 출몰했고, 곳곳에 사람, 말, 낙타의 뼈
들이 산재하여 지난 전쟁의 참상을 알렸다.

1697년의 젠타Zenta(오늘날 세르비아에 위치해 있다) 전투는 실상 전투라
기보다는 살육에 가까웠다. 외젠 공이 지휘하는 신성로마제국 군대는 티
사Tisa강을 건너는 오스만군을 기습 공격하여 수천 명을 살해하고 많은
포로를 잡았다. 빈에 돌아온 외젠 공이 여름 궁전으로 지은 것이 벨베데
레궁이다. 현재 이곳에는 구스타프 클림트의 〈키스〉, 에곤 쉴레의 〈가족〉
같은 명화들이 전시되어 있다. 오스트리아의 역사는 피비린내가 진동하
는 처참한 전쟁과 향기 높은 예술이 공존한다. 외젠 공은 파리에서 태어
나 루이 14세에게 봉사하고자 했으나 루이가 몸이 약해 보인다는 둥 코

가 못생겼다는 둥 평계를 늘어놓으며 퇴짜를 놓았다. '전쟁의 신'이라 불릴 정도로 탁월한 장군을 내쫓은 일은 훗날 루이에게 뼈아픈 결과를 가져다주었다. 프랑스에서 거절당한 후 빈으로 건너가 합스부르크 측의 장군이 된 외젠 공은 레오폴트 1세, 요제프 1세, 카를 6세 세 황제에게 봉사하며 오스만군, 프랑스군과 벌인 수많은 전투에서 혁혁한 공을 세웠다.

젠타 전투 이후 양측은 1699년 카를로비츠Karlowitz(현재의 스렘스키 카를로브치Sremski Karlovci)에 오스만식 텐트를 짓고 담판을 벌였다. 잉글랜드와 네덜란드의 중재하에 오스만 제국과 신성로마제국 동맹 대표들이 만나는데, 텐트 입구를 네 개 만들어 당사자들이 동시 입장하도록 했다. 문이 하나인 경우 누가 먼저 들어가느냐를 놓고 실랑이가 벌어질 수 있었기 때문이다. 또한 텐트 안에는 유럽의 전통인 원탁을 두어 상석권 문제도 사전에 없앴다. 전쟁 후 늘 선처를 애원하는 상대를 만나곤 했던 오스만 제국으로서는 난생 처음 겪는 일이었다. 이제 오스만 제국은 '유럽 문명의 원수'가 아니라 국제관계상 강대국 중 하나로 인식되기에 이르렀다.

'내가 이러려고 프랑스 국왕이 되었나?'

동쪽에서 오스만 제국과 대결을 벌이는 동안 서쪽이라고 해서 무사태평인 것은 아니었다. 레오폴트 1세는 루이 14세와도 싸웠다. 루이 14세는 신성로마제국을 주적으로 삼고 주변국들을 침략해 전쟁을 벌였다. 이에 맞서 레오폴트는 자국의 역량을 총동원하는 한편 아우크스부르크 동맹을 결성하여 프랑스를 압박했다. 이 경우를 보면 잉글랜드-네덜란드, 에스파냐, 사부아, 그 외에 제국 내 여러 세력이 참여했는데, 이는 합스부르크가 주도한 동맹 전략이 실제로 작동한 흔치 않은 사례다. 레오폴트가 의외로 정치·외교 능력이 뛰어났음을 알 수 있는 대목이다.

당시 전쟁은 유럽 대륙을 넘어 아일랜드와 스코틀랜드, 아메리카 식민지에서도 벌어져 나름 세계전쟁의 성격을 띠었다. 〈루이 14세〉 편에서 보았듯이, 루이 14세는 1667년 에스파냐 왕위를 주장하며 카를로스 2세와 귀속전쟁(~1668)을 벌였고, 1672년 귀속전쟁을 방해한 네덜란드를 침공했다(네덜란드 전쟁, 1672~1678). 1685년 낭트 칙령을 폐기한 후 1688년에는 라인강 너머로 공격하여 아우크스부르크 동맹 전쟁(~1697)을 유발했다. 루이 14세는 동쪽에서 오스만 제국이 신성로마제국에 승리할 것으로 예상했는데, 그 예상과 완전히 어긋났다. 신성로마제국이 동쪽에서 강력한 오스만군에 꼼짝 못하고 묶여 있는 동안 서쪽에서 여유 있게 신성로마제국과 주변국들을 유린하려 했는데, 신성로마제국은 오스만 제국의 침략을 생각보다 훨씬 더 잘 이겨냈다.

1697년 아우크스부르크 동맹 전쟁을 마감하는 라이스바이크 조약을 맺을 당시에는 프랑스는 국력이 이미 바닥났고, 그동안 점령한 영토를 거의 토해낼 수밖에 없었다. 루이 14세는 '내가 이러려고 프랑스 국왕이 되었나?' 하며 자괴감을 느꼈을 것이다. 이제 루이 14세위 프랑스는 더는 전쟁을 벌일 여력이 없음에도 또 다시 전쟁위 암운이 감돌았다. 이번에는 에스파냐가 발원지였다.

군림하되 통치하지 않은 군주, 카를로스 2세

 합스부르크 가문의 혼사 이야기를 반추해보자. 에스파냐 국왕 펠리페 4세가 남긴 자손 중 장녀 마리아 테레사는 루이 14세의 왕비가 되었다가 1683년 사망했고, 차녀 마르가리타 테레사는 레오폴트 1세의 황후가 되었다가 1673년에 사망했다. 펠리페 4세의 유일한 아들 카를로스 2세가 1665년 에스파냐 국왕이 되긴 했으나 근친혼으로 인한 유전병이 심각했다.

카를로스, '마술에 걸린 사람'

카를로스는 척추 이상으로 제대로 서지 못해 업혀 다녔고, 국왕이 된 후에도 서려면 옆에서 도와줘야 했다. 12세가 되었을 때 미란다Juan Carreño de Miranda가 그린 그의 초상화는 국왕의 실제 모습을 담고 있다. 카를로

카를로스 2세(후안 카레뇨 데 미란다, 1677년경)와 오를레앙의
마리-루이즈(루이 페르디엘, 1679년경)의 초상. 프랑스가 벌인 네덜란드 전쟁 이후
정략결혼을 한 두 사람은 온갖 노력에도 불구하고 아이를 갖지 못했다. 당시 이런 일은
악마의 소행으로 여겨져 카를로스 2세는 '마술에 걸린 사람'이라는 별명을 얻었다.

스는 눈에 초점이 없고, 얼굴은 비정상적이라 할 만큼 아주 길고 좁았다.
심한 주걱턱으로 음식을 잘 씹지 못해 소화기 질환을 앓았고 자주 기절
했다. 지적으로도 문제가 있어 글을 늦게 깨우쳤다. 통치가 제대로 될 리
없었다. 일단 정치는 두 재상이 맡았으나 이들은 무능했다. 카를로스가
언제 죽을지, 누가 왕위를 물려받을지 등이 전 유럽의 관심사가 되었다.

그런데 열 살을 못 넘길 거라는 의사들의 예상과 달리, 카를로스는 오
래 살아남았다. 15세가 되니 공식적으로 성인임을 선언했고, 1679년에
는 결혼식을 올렸다. 상대는 오를레앙의 마리-루이즈라는 미모의 여성
으로, 루이 14세의 동생 필리프의 장녀였다. 이런 결혼은 개인 의사와는

상관없는 정치적 결정임은 말할 나위도 없다. 프랑스가 벌인 네덜란드 전쟁이 끝나고 평화를 강구하는 방안으로 결혼이 추진된 것이다.

마리-루이즈는 자기 남편감의 초상화를 보고 무서워 떨었는데(실물보다 낫게 그렸음에도 불구하고), 실제 만나보고는 완전히 공포에 사로잡혔다. 그녀는 관례적으로 에스파냐 왕실에서 엔터테이너로 두고 있는 난쟁이들을 보고도 무서워했다. 다행히 남편 카를로스는 그녀를 아주 좋아했다. 부부는 아이를 얻으려고 온갖 노력을 다했지만 이는 애당초 불가능한 일이었다. 당시 이 같은 일은 악마의 소행으로 간주되었다. 그래서 카를로스는 '마술에 걸린 사람el Hechizado'이라는 별명을 얻었다. 국왕 부부의 사랑을 도와주기 위해 거의 마술 수준의 엑소시즘을 행했으나 아무런 소득이 없었다. 그러다가 왕비가 1689년 28세의 젊은 나이로 사망했는데, 프랑스를 견제하려는 오스트리아 측이 독살했다는 소문이 떠돌기도 했다.

1690년 국왕은 노이부르크의 마리아 안나라는 여인과 재혼했다. 이번에도 아이는 생기지 않았다. 당시 에스파냐에는 이런 노래가 떠돌았다.

마드리드에 세 처녀가 있다네
추기경의 서재
메디나 공작의 칼
그리고 우리 왕비님

새 왕비는 궁정에서 대담한 행보를 보였고, 심지어 궁정에 애인이 있다는 소문도 파다했다. 국왕에게 대놓고 화내고 상상 임신으로 사람들을 들뜨게 하기도 했다. 또 에스파냐 왕실에서 돈과 많은 예술품을 빼돌렸다는 소문도 돌았다. 그런 가운데에도 부부는 후손을 보기 위해 미사, 봉헌, 성지 순례, 비술 등 온갖 방법을 동원해 필사적인 노력을 기울였으나 역시 아이는 생기지 않았다. 이제 본격적으로 계승 문제를 따지지 않을 수 없게 되었다.

'국가가 왕실보다 우선이다'

사실 이런 사태는 오래전부터 예견되어 있었기 때문에 주변 국가들 사이에 비밀 협상이 이루어지고 있었다. 우선권을 가진 인물은 카를로스의 두 자매와 결혼한 루이 14세와 레오폴트 1세였다. 다만 에스파냐 본국과 유럽 내에 산재한 부속 영토, 게다가 아메리카 식민지까지 더해져 너무 덩치가 크다는 게 오히려 문제였다. 워낙 큰 먹잇감이라 어느 한쪽이 다 먹으려 하면 전 유럽이 들고일어날 게 명백했다. 이런저런 고려 끝에 정작 에스파냐 본국은 놔두고 주변 국가들이 에스파냐 분할안을 여러 차례 만들었다.

이미 1668년에 루이 14세와 레오폴트 1세는 양측이 협상하지 않으면 대규모 전쟁이 일어나리라 예상하고 비밀리에 접촉하여 에스파냐 영토를 적당히 나누어 갖자는 안을 준비했다. 카를로스가 사망하면 오스트리아가 에스파냐, 아메리카 식민지, 북부 이탈리아를, 프랑스가 에스파냐령 네덜란드, 프랑슈콩테, 나바르, 남부 이탈리아, 그리고 아프리카의 에스파냐 지배 지역들을 차지하기로 했다. 의아해 보일 수 있지만, 당시에는 아메리카 식민지의 가치가 그리 높지 않았다.

그런데 1670년 루이는 딴 생각을 품었다. 당시만 해도 레오폴트에게
는 아직 후손이 없었다. 만일 끝까지 레오폴트와 마르가리타 테레사 사
이에 아들이 없으면 승계 권리가 루이 자신에게만 있을 테니 굳이 레오
폴트를 끌어들일 필요가 없다고 생각한 것이다. 그래서 이번에는 바이에
른 선제후 페르디난트 마리아Ferdinand Maria on Bayern(1636~1679)와 비밀
협정을 체결했다. 만일 오스트리아와 에스파냐 모두 후계자가 없는 경
우, 프랑스는 에스파냐를 차지하고 바이에른은 독일 방면 합스부르크 영
토를 모두 차지한다는 것이다. 사실 그동안 바이에른은 독일 영토 내에
서 늘 합스부르크 황실에 잡아먹힐까 전전긍긍했는데, 이제 반대로 바이
에른이 제국을 차지한다는 희한한 계획까지 나온 것이다. 그렇지만 이
계획은 1678년 레오폴트가 세 번째 부인에게서 아들 요제프를 얻으면서
물거품이 되었다.

카를로스 2세가 의외로 오래 살게 되면서 루이 14세와 레오폴트 1세
는 1690년대에 또 다른 비밀 협약을 맺었다. 에스파냐 왕위를 요제프 페
르디난트Joseph Ferdinand라는 인물에게 넘긴다는 것이었는데, 이 인물이
누구이며 어떤 관계인지 복잡한 가계도를 펼칠 필요는 없다. 당사자가
카를로스보다 1년 먼저 사망했기 때문이다.

그렇지만 이 시기에 이르면 정말로 카를로스의 사망이 임박한 듯 보
여서, 실질적으로 적용 가능한 분할안을 만들어야 했다. 프랑스와 신성
로마제국 사이에, 그리고 다시 프랑스와 잉글랜드-네덜란드(당시에는 명
예혁명 이후 윌리엄 3세가 두 나라를 사실상 동시에 통치하고 있었다) 사이에 분
할안을 만들었다. 이처럼 에스파냐를 갈기갈기 나누어 차지하는 계획은

에스파냐 왕실을 공포로 몰아넣었다. 마드리드 측은 장고 끝에 분할안을 거부하기로 했다. 누가 차지하든 에스파냐와 부속 영토는 하나로 통일되어야 한다는 것을 원칙으로 삼았다. 그렇다면 누구에게 준단 말인가?

카를로스는 교황에게 의견을 물었다. 1700년 7월 16일, 교황 인노첸시오 12세는 에스파냐의 왕위를 프랑스에 넘기라고 조언했다. 에스파냐 궁정 내에서도 에스파냐 왕위 계승은 프랑스에 유리한 방향으로 가닥이 잡혔다. 카를로스는 죽음에 임박하여 35년의 재위 중 아마도 가장 중요한 정치적 결정, 즉 왕위 계승자를 지명하는 유언장을 작성하게 되었다. 이전에 유언장을 써놓았지만 세 번째 수정본이 최종적인 유언장이었다.

여기에서 그는 에스파냐 왕위를 앙주 공 필리프(루이 14세의 손자), 그 동생인 베리 공 샤를Berry de Charles(1686~1714), 마지막으로 오스트리아의 카를(레오폴트 1세의 둘째 아들) 순으로 넘길 것이며, 어떤 경우든 왕위의 중첩은 배제한다고 밝혔다. 이 말은 프랑스 왕실 인사에게 에스파냐 왕위를 물려주되, 단 프랑스 왕실과 에스파냐 왕실을 합치면 안 된다는 것이었다. 결과적으로는 자신의 가문에 불리한 결정을 내리고 그동안 적국이었던 나라에 왕위를 물려주는 기이한 결정이었다. 에스파냐를 분할하지 않고 온전하게 보존하기 위해서는 유럽의 최강자에게 왕위를 넘기는 것이 낫겠다는 판단인데, 이는 '왕실'보다는 '국가'가 더 중요한 고려 대상이 되었음을 말해준다.

1700년 10월 2일 카를로스는 유언장에 서명하고 울었다. 그리고 한 달 후인 11월 1일에 사망했다. 문자 그대로 군림은 하되 통치하지 않는 군주였던 그는 마지막 합스부르크 가문 계열의 에스파냐 왕이었다. 이제 에스파냐에는 부르봉 왕실이 들어선다.

되살아난 악몽, 에스파냐 왕위 계승 전쟁

루이 14세로서는 일단 평생의 꿈이 이루어지는 계기였지만, 그 안을 받아들이기까지는 고뇌가 따랐다. 만일 에스파냐 측이 제시한 안을 받아들이지 않으면 오스트리아의 카를이 에스파냐 왕이 되는데, 그러면 프랑스는 동서 양쪽으로 합스부르크 가문의 나라들에 포위된다. 16세기 전반 프랑수아 1세의 악몽이 되살아나는 것이다. 반대로 그 안을 수용하면 또다시 전 유럽 국가들을 상대로 전쟁을 벌이게 될 것이다. 어느 쪽 선택을 해야 한단 말인가? 고민 끝에 루이 14세는 에스파냐 왕위를 물려받기로 결정한다.

루이 14세는 62세의 나이에 꿈을 실현했다. 11월 16일은 평생에 기쁜 날 중 하나일 것이다. 그는 베르사유에 찾아온 에스파냐 대사 일행에게 방문을 활짝 열어젖히며 손자인 앙주 공을 선보였다. "여러분, 에스파냐 국왕이오Messieurs, voici le roi d'Espagne." 이렇게 해서 루이 14세의 손자는 에스파냐로 가서 펠리페 5세가 된다.

이왕 왕위를 물려받은 것, 한 걸음 더 나아가 이 손자가 훗날 프랑스 왕이 되면 실질적으로 프랑스가 에스파냐를 일종의 종속국으로 거느리게 된다. 1701년 파리 고등법원은 앙주 공이 프랑스 왕위를 승계한다고 선언했다. 이는 명백한 약속 위반이다. 유럽 한복판에 프랑스와 에스파냐가 합쳐지고 거기에 아시아와 아메리카에 식민지를 가진 대국이 들어서는 사태를 유럽 국가들은 도저히 받아들일 수 없었다. 에스파냐 왕위 계승 전쟁이 시작되었다.

루이 14세는 자기 손자가 프랑스와 에스파냐를 다 통치한다고 공공연

1700년 11월 16일 루이 14세는 고민 끝에 앙주 공을 에스파냐 왕 펠리페 5세로 선포했다.
그러나 이에 반대한 여러 나라가 에스파냐 왕위 계승 전쟁을 일으켜
프랑스는 큰 위기를 맞는다. 프랑수아 제라르, 19세기 초.

히 말한 반면, 레오폴트는 자신의 아들 카를은 에스파냐 국왕이 되면 그것으로 만족할 뿐, 동시에 황위까지 차지하여 에스파냐와 신성로마제국을 통합하는 일은 없다고 밝혔다. 황위는 장남 요제프가 승계할 것이기 때문이다. 당연히 잉글랜드를 비롯한 주요 국가들이 레오폴트 측을 지지했다. 그렇지만 레오폴트라고 뒷생각이 없지는 않았다. 장남이 황제, 차남이 에스파냐 왕이 된다고 할 때, 이 가문 사람들이 후손 없이 사망하는 일이 잦기 때문에, 혹시 둘 중 하나가 아들을 낳고 다른 한쪽이 아들을 보지 못하고 죽으면 결국 에스파냐와 신성로마제국이 다시 합쳐져 대제국의 꿈을 이룰 수도 있다. 이런 정도의 꿍꿍이는 있어야 황제 노릇도 하

는 것이다.

전쟁은 지극히 파괴적이었다. 초반에는 레오폴트 측이 불리했다가 1704년 블렌하임 전투에서 합스부르크-잉글랜드 동맹이 프랑스-바이에른 군을 눌러 이겼다. 이 와중에 프랑스가 에스파냐를 제대로 지켜주지 못하는 바람에 1704년 8월 1일 지브롤터가 잉글랜드로 넘어가서 오늘날까지 이 요충지는 영국령으로 남아 있다. 이후에도 프랑스와 신성로마제국은 전력을 다해 전쟁을 벌였다.

1705년 레오폴트 황제가 사망하자, 장남 요제프가 황위에 올랐다. 같은 해 새 황제의 동생인 18세의 청년 카를은 에스파냐 왕위를 노리고 이베리아 반도로 향했다. 포르투갈군과 잉글랜드군의 도움을 받아 바르셀로나에 자리를 잡고 마드리드를 노렸다. 그는 이미 에스파냐에서 왕위를 차지하고 있는 펠리페 5세와 경쟁했다. 카를은 1만 5,000명의 신성로마제국 군대를 등에 업고 카탈루냐에 근거지를 두고 통치했다. 그는 기회를 보아 두 차례에 걸쳐 마드리드에 입성했으나 그때마다 밀려났다.

그러는 동안 프랑스 상황도 말이 아니었다. 1709년에는 최악의 기상 이변으로 대흉년이 닥쳤다. 전쟁 자금이 부족하자 루이 14세는 솔선수범해서 금 그릇을 군자금으로 내놓고 대신 사기그릇을 사용했다. 프랑스군은 패전 직전의 위기에 몰렸다. 그러나 승기를 잡은 연합군 측이 무리한 요구를 해오면서 반전의 계기가 마련되었다. 루이 14세에게 직접 이 문제를 해결하라고 재촉하면서 손자인 펠리페 5세를 에스파냐에서 데려오라고 요구한 것이다. 손자와는 싸울 수 없다고 루이 14세가 전의를 불태우며 반격해 몇 차례 전투에서 승리를 거두었고, 전황은 한 치 앞도 내다볼 수 없는 지경에 이르렀다.

이때 돌발 사태가 벌어졌다. 요제프 1세가 즉위한 지 6년 만에 천연두로 죽은 것이다. 1711년 10월 12일 에스파냐 왕위를 노리던 동생 카를이 카를 6세로 황제가 되었다. 이로써 상황이 완전히 달라졌다. 참전국들이 프랑스에 맞서 싸운 이유는 프랑스와 에스파냐가 합쳐져 유럽 중심부에 막강한 세력이 들어서는 사태를 막기 위해서인데, 카를 6세가 신성로마제국과 에스파냐를 모두 다스리게 되면 그 역시 도긴개긴 마찬가지 사태가 아닌가. 잉글랜드가 먼저 발을 뺏고, 결국 전쟁에 지친 모든 국가가 타협에 들어갔다.

1714년 에스파냐 왕위 계승 전쟁을 종결하기 위해 체결된 라슈타트 조약의 내용은 이러하다. 루이 14세의 손자 펠리페 5세는 에스파냐 왕으로만 남고 프랑스와 합치지 못한다. 카를 6세는 에스파냐 왕위를 포기하는 대신 그에 대한 보상으로 에스파냐령 네덜란드, 밀라노, 나폴리 및 일부 이탈리아 내 소국들을 차지한다. 그는 신성로마제국의 황제가 되었지만 에스파냐 왕위를 차지하지 못한 것이 못내 아쉬웠던 모양이다. 그는 빈에서도 에스파냐 식으로 검은옷을 입고 에스파냐 풍으로 기도하며 살아갔다.

강대국 간 균형의 시대로

전쟁이 끝났을 때 유럽의 국제관계는 크게 바뀌어 있었다. 1715년 루이 14세가 사망했다. 이는 국왕 개인의 죽음을 넘어 '루이 14세의 시대'가 끝났음을 의미했다. 이제 프랑스가 전쟁을 불사하며 유럽의 패권을 노리던 시기는 지났다. 어느 한 국가가 패권을 차지하기보다는 강대국 간 균형을 이루는 시대를 맞게 되었다.

합스부르크 세력 역시 유럽 전체를 제국의 영토로 만들겠다는 중세적 꿈은 영원히 포기했다. 에스파냐에 합스부르크 왕조가 끝나고 부르봉 왕조가 들어섰기 때문이다. 그러는 동안 동유럽의 독일어권에는 프로이센 왕국이라는 새로운 강자가 나타났다. 이에 대해서는 다른 기회에 살펴보도록 하자. 1701년 공국에서 왕국으로 승격되고 1714년에 정식으로 국제적 공인을 받은 프로이센은 이후 유럽 정치 무대에서 최강자 가운데 하나로 발전할 것이다.

오스트리아를 중심으로 하는 동유럽 지역의 합스부르크 제국은 서쪽의 유럽 중심부로 확대되는 것을 포기하는 대신 오스만 제국의 빈자리를 차지하며 남동쪽으로 세를 키워갔다. 합스부르크가 헝가리와 슬라보니아를 차지하고, 베네치아는 달마티아와 펠로폰네소스를, 폴란드는 포돌리아를 회복했다.

오스만 제국으로부터 얻은 땅이 합쳐지면서 신성로마제국의 규모는 두 배가 되었다. 합스부르크의 핵심 지역은 이제 서쪽의 콘스탄츠 호수에서 동쪽의 군사 변경 지역까지 거의 500킬로미터에 이르렀다. 그리고 무엇보다 종교적 다양성이 커졌다. 루터파 작센인, 유대인, 칼뱅파 헝가리인, 정교 세르비아인과 루마니아인이 신성로마제국 안에 공존했고, 또 보스니아와 트라키아에 학살에서 살아남은 상당수의 무슬림이 남았다.

그렇지만 제국은 가톨릭 무관용 정책을 강화했다. 특히 헝가리의 신교도들을 핍박했다. 그 결과 헝가리인들이 합스부르크 지배에 저항하며 독립운동을 펼쳤다. 신성로마제국이 프랑스와 전쟁에 몰두하는 동안 헝가리의 독립 영웅 라코치 페렌츠 2세Ferenc II Rákóczi(1676~1735)가 이끈 독립 운동이 거의 성공할 뻔한 적도 있다. 그러나 서유럽의 전황이 신성로마 제국에 유리해지자 제국이 군대를 동쪽으로 끌고 와서 이 움직임을 무마 시켰다. 라코치는 남은 생을 오스만 제국의 보호 아래 보냈다.

한편, 헝가리인들에게 압박을 받던 세르비아인들은 합스부르크의 지배를 받아들이는 쪽을 택했다. 바로 위의 억압자 헝가리보다는 더 상위 지배자에게 매달리는 편이 차라리 자민족에게 유리하리라 판단했기 때문이다(마치 셋째가 자신을 구박하는 둘째 형보다 힘센 첫째 형에게 붙는 것과 같은 이치다). 이 시기에 헝가리인들은 원래 자신들의 거주지를 떠나 남동쪽으로 이주하여 오늘날 헝가리의 중심부에 이르렀다. 그렇게 하여 생긴 빈 지역으로 슬로바키아인들이나 루마니아인들이 이주했고, 반대로 오스만 제국의 지배하에 들어간 많은 세르비아인이 북쪽으로 이동하여 헝가리 남쪽 지역으로 이주했다. 이처럼 발칸 지역 여러 민족의 복잡다기한 투쟁과 이주가 시작되었는데, 이것이 후일 이 민족들이 옛 고토故土를 회복한다는 주장을 할 때 터져 나올 복잡한 민족 문제의 시원始原이다.

합스부르크 가문의 운명이 변화하면서 유럽 전체가 한층 더 다이내믹한 새로운 환경을 맞게 되었다.

7장

베르니니,
영원의 도시 로마를 조각한 예술가

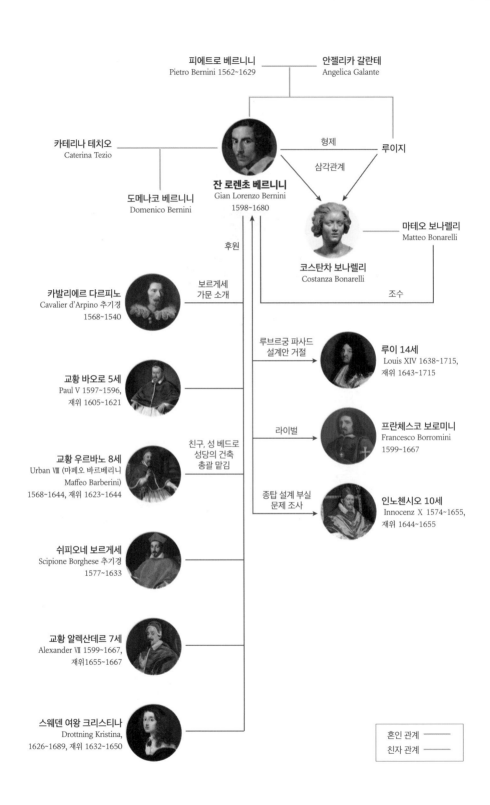

피에트로 베르니니
Pietro Bernini 1562~1629

안젤리카 갈란테
Angelica Galante

카테리나 테치오
Caterina Tezio

잔 로렌초 베르니니
Gian Lorenzo Bernini
1598~1680

형제

루이지

삼각관계

도메나코 베르니니
Domenico Bernini

마테오 보나렐리
Matteo Bonarelli

후원

코스탄차 보나렐리
Costanza Bonarelli

카발리에르 다르피노
Cavalier d'Arpino 추기경
1568~1540

보르게세
가문 소개

조수

교황 바오로 5세
Paul V 1597~1596,
재위 1605~1621

루브르궁 파사드
설계안 거절

루이 14세
Louis XIV 1638~1715,
재위 1643~1715

교황 우르바노 8세
Urban Ⅷ (마페오 바르베리니)
Maffeo Barberini)
1568~1644, 재위 1623~1644

친구, 성 베드로
성당의 건축
총괄 맡김

라이벌

프란체스코 보로미니
Francesco Borromini
1599~1667

쉬피오네 보르게세
Scipione Borghese 추기경
1577~1633

종탑 설계 부실
문제 조사

인노첸시오 10세
Innocenz X 1574~1655,
재위 1644~1655

교황 알렉산데르 7세
Alexander Ⅶ 1599~1667,
재위1655~1667

스웨덴 여왕 크리스티나
Drottning Kristina,
1626~1689, 재위 1632~1650

혼인 관계 ————
친자 관계 ————

1

숭고한 지성인가, 사악한 인간인가

 잔 로렌초 베르니니는 1598년 12월 7일, 아버지 피에트로 베르니니와 어머니 안젤리카 갈란테의 열세 자녀 중 일곱 번째 아이로 태어났다. 그때까지 연이어 딸 여섯을 낳은 후 그토록 기다린 아들을 얻었으니 부모가 얼마나 기뻐했을지 충분히 상상이 간다. 아이는 할아버지 이름인 잔 로렌초를 물려받았다. 아버지 피에트로 역시 훌륭한 예술가로, 북부 이탈리아의 토스카나 출신이지만 베르니니가 태어났을 때에는 부인의 고향인 나폴리에서 활동하고 있었다. 어린 베르니니의 몸과 마음에 메초조르노Mezzogiorno(이탈리아 남부 지역)의 강렬한 빛과 소리가 스며들어 타고난 그의 성격에 짙은 향취를 더했으리라.

베르니니는 지나치다 싶을 정도로 개성이 강했다. 자화상에 해당하는 〈저주 받은 영혼Damned Soul〉(1619)을 만들 때 절규하는 표정을 잡아내기 위해 자기 팔을 불에 태우면서 거울로 자기 얼굴을 들여다볼 정도로 열정이 넘쳤다. 예민하기 그지없는 그의 감수성에 대해 훗날 교황 우르바노 8세로 즉위한 친구 마페오 바르베리니는 '숭고한 지성'이라고 멋지게 표현해주었지만 그건 친구 이야기고, 다른 사람들은 그를 '사악하고 영악한 인간' 혹은 '드래건dragon'이라 불렀다(동양에서는 용이 상서로운 존재이지만 서양에서는 그 반대다). 아마도 가장 적실한 평가를 한 사람은 아버지 베르니니의 전기를 쓴 막내아들일 것이다. 가까이에서 본 그의 아버지는 성격이 신맛이 나고, 작업을 할 때에는 집착이 강하고, 화를 낼 때는 격렬했다.

베르니니는 루이 14세의 초빙으로 잠깐 파리를 방문한 적이 있을 뿐 평생 로마에서 일에 매진했다. "로마는 당신을 위해 있고 당신은 로마를 위해 있다"는 우르바노 8세의 말이 과장이 아니다.

그는 평생 여섯 명의 교황과 긴밀한 관계를 맺으며 일했다. 교황 바오로 5세는 베르니니의 삶에 지대한 영향을 미쳤다. 교황은 평생 그에게 든든한 버팀목이 되어준 보르게세Borghese 가문 출신이었다. 이전 교황인 클레멘스 8세Clemens Ⅷ(재위 1592~1605) 시대에는 기념비적 조각에 대한 관심이 거의 없었던 반면 바오로 5세는 예술에 대한 열정이 컸다. 1606년 겨울, 베르니니 가족은 로마에서 새롭게 예술 활동을 펼치리라는 희망을 품고, 나폴리의 화가 카발리에르 다르피노가 써준 소개장

을 들고 로마로 갔다. 당시 로마는 예술의 중
요한 전환기를 맞고 있었다. 근대 회화에
대혁신을 이룬 대표적인 인물이 카라바조
Caravaggio(1571~1610)라면 조각 분야에서
는 단연코 베르니니라 할 수 있다.

"아들이 당신을 이기려 하니 조심하시오"

아버지가 하는 일이 돌을 만지는 작업이다 보
니 아들도 꼬마 때부터 돌을 쪼고 다듬는 놀이
를 했다. 베르니니가 여덟 살에 만든 대리석 조
각 작품이 사람들의 주목을 받았다고 하니 천
재 기질을 타고 났다고 할 수밖에 없다. 현재 남
아 있는 최초의 작품은 그가 열한 살 무렵에 만

〈저주받은 영혼〉, 1619. 우르바노
8세는 베르니니를 '숭고한 지성'
이라 표현했지만, 다른 한쪽에서
는 그의 지나친 열정을 못마땅하
게 여겨 '사악하고 영악한 인간'이
라 불렀다.

든 〈아기 제우스에게 젖을 먹여 키운 아말테아 염소The Goat Amalthea with
the Infant Jupiter and a Faun〉인데, 사람들이 고대 조각상으로 착각했을 정도
다. 아들의 실력을 일찍부터 알아본 아버지 피에트로가 로마의 여러 추
기경과 교황에게 베르니니를 알현시키며 광고를 했다. 그 덕분에 어린
베르니니는 교황청 소장품들을 보고 하루 종일 드로잉을 연습하는 기회
도 얻었다. 그리스·로마 조각과 미켈란젤로, 라파엘로 같은 거장들의 작
품을 직접 보고 공부한 경험은 훗날 그의 작업에 탄탄한 기초가 되었다.
동시에 당대 다른 예술가들과 접촉할 기회도 많았다. 고대 조각을 연구

하며 누드, 비례 등을 공부하라고 일깨워준 화가 안니발레 카라치Annibale Carracci(1560~1609)가 대표적이다. 천재적인 재능을 타고났어도 그것을 갈고 닦아야 최정상에 오를 수 있음은 두말할 나위가 없다.

피에트로는 교황이 의뢰한 산타 마리아 마조레 성당 개수 작업에 참여하기 위해 그 근처에 거처를 정했다. 후일 베르니니가 죽어 묻힌 곳도 이 성당이다. 피에트로와 베르니니 부자가 함께 작업을 했는데, 현재 남아 있는 작품 중에 누가 어떤 부분을 담당했는지 가려내는 것은 불가능하다. 당시의 작품들 역시 걸작이긴 하지만 베르니니가 보기에는 이미 구식이었다. 베르니니는 이런 구식 작업에도 두각을 나타냈으나 언제까지 그럴 수는 없는 법, 그는 곧 자신만의 방식을 만들어갔다.

베르니니의 능력을 알아본 사람들 중 한 명이 훗날 우르바노 8세가 되는 피렌체 추기경 마페오 바르베리니였다. 그가 피에트로에게 "당신의 아들이 당신을 이기려 하니 조심하시오" 하자 피에트로는 "지는 사람이 따는 게임이오"라고 응수했다고 한다. 추기경은 미켈란젤로의 미완성 작품인 〈피에타〉를 그에게 맡겨 완성시키려고 했다가 대신 〈성 세바스티안 Saint Sebastian〉을 주문했다. 고작 스무 살 무렵에 '제2의 미켈란젤로' 대우를 받은 것이다. 곧이어 추기경은 바르베리니 소성당을 장식할 네 개의 천사 상을 주문했는데, 1년 6개월 기간을 주었으나 베르니니는 6개월 만에 완성했다.

곧 쉬피오네 보르게세 추기경이 더 든든한 후원자가 되었다. 교황의 조카이자 예술적 조예가 탁월한 세련된 인사가 그를 전적으로 믿고 작품을 주문하고 멘토 역할을 한 것이다. 쉬피오네는 오늘날 보르게세 미술관이 된 자신의 빌라를 장식할 작품들을 주문했다. 그 결과 20대 초반 나이에 〈페르세포네의 납치〉, 〈다비드〉, 〈아폴론과 다프네〉 같은 걸작들이 쏟아져 나왔다. 이 작품들은 극적인 리얼리즘과 강렬한 감정, 연극적 구성을 지닌 바로크 조각의 진수로, 유럽 조각의 새로운 시대를 열었다는 평을 받는다.

20대에 슈퍼스타가 되다

일반적으로 조각 작품은 정지한 한순간을 포착하지만, 베르니니의 조각은 역동성과 함께 극적인 내러티브를 전한다.

〈다비드〉 상을 보자. 미켈란젤로의 〈다비드〉(1504)는 골리앗과 싸움을 하기 직전 팽팽한 긴장의 순간을, 도나텔로의 〈다비드〉(1433)는 승리를 거둔 이후의 순간을 나타낸 것이다. 이에 비해 베르니니의 〈다비드〉(1624)는 몸을 틀어서 골리앗을 향해 돌을 던지는 동작을 잡아냈다. 이 작품에서 우리는 캐릭터 내면의 심리적 에너지가 분출되는 것을 느낄 수 있다. 입술을 깨물고 있는 다비드의 표정은 목숨 걸고 싸우는 전사의 내면을 드러낸다. 한마디로 그의 조각상들은 살아 움직이는 듯한 인상을 준다. 〈페르세포네의 납치The Rape of Proserpina〉(1622)를 보면 플루토가 페르세포네의 몸을 움켜잡자(손이 살을 파고든 부분을 보라) 페르세포네가 처절하게 몸을 비틀며 빠져나오려 한다.

특히 인상적인 걸작은 〈아폴론과 다프네Apollo and Daphne〉(1625)다. 아프로디테의 아들 에로스는 늘 자신을 놀려대는 아폴론에게 복수를 결심한다. 에로스는 아폴론에게는 다프네를 미칠 듯 사랑하게 만드는 금 화

정적인 가운데 팽팽한 긴장감이 느껴지는 미켈란젤로의 〈다비드〉(왼쪽)와
격렬한 전사의 내면이 드러나는 베르니니의 〈다비드〉(오른쪽).

베르니니의 〈페르세포네의 납치〉(왼쪽)와 〈아폴론과 다프네〉(오른쪽).
베르니니의 조각품은 섬세하게 표현된 표정과 몸짓으로 인해 살아 움직이는 듯한 인상을 준다.

살을, 반대로 다프네에게는 아폴론을 미칠 듯 싫어하게 만드는 납 화살을 쏜다. 아폴론이 자신을 피해 도망가는 다프네를 쫓아가서 막 손이 닿으려는 순간, 다프네는 강의 신인 아버지 페네오스에게 간절히 기도하여 차라리 자신을 월계수로 만들어달라고 부탁한다. 다프네의 손끝에서부터 잎이 돋고 그녀의 피부가 나무껍질로 변한다. 그녀의 얼굴은 극심한 공포에 싸인 반면, 아폴론의 얼굴에는 애달픔과 허망함이 가득하다. 사랑은 왜 늘 이 모양일까…….

이런 걸작들 덕분에 베르니니의 예술적 명성이 확고해졌다. 20대 나이에 슈퍼스타가 된 것이다. 동시에 '돈 되는' 소품들도 많이 제작했다. 갤러리용이든 장례용이든 흉상을 만들어달라는 수요가 넘쳐났다. 그가 창안한 독특한 방식은 팔다리가 없는 흉상이었다. 넓은 직물로 몸체를 감싸되 팔다리의 존재감이 표현되도록 했다. 그의 손이 빚어낸 흉상들은 감탄을 자아냈다. 로마에서 활동하는 에스파냐 법률가 몬토야Pedro de Foix Montoya의 흉상이 완성되었을 때(1621) 이를 본 사람들은 "돌로 만들어진 몬토야 자신이네"라고 감탄했다. 뒤늦게 도착한 마페오 바르베리니는 몬토야를 만지며 "이건 몬토야의 흉상이야" 하고, 흉상을 만지며 "이건 몬토야 씨야" 하며 놀렸다.

쉬피오네 보르게세의 흉상(1632)을 만들 때의 일화도 전한다. 베르니니는 작품을 완성하고 나서야 이마 부분에 금이 간 것을 발견했다. 그는 손이 워낙 빨라서 흉상을 하나 더 만들었다. 주문자가 자기 흉상을 보러 왔을 때 금이 간 것을 먼저 보여주며 죄송하다고 둘러대는 척했다. 주문자가 실망한 표정을 지으며 돌아서려는데 숨겨둔 작품을 보여주어 놀라게 했다. 그의 탁월한 실력이 알려지자 교황과 국왕을 비롯한 유럽의 명사들이 너도나도 그에게 흉상 제작을 부탁했다.

성 베드로 성당 건축의 총감독이 되다

1623년 마페오 바르베리니 추기경이 교황 우르바노 8세로 즉위하자 베르니니의 지위는 더욱 상승했다. 교황청의 예술 활동을 총괄하는 책무를 맡게 되면서 영향력이 커진 것이다. 1629년 많은 선배 예술가를 제치고 성 베드로 성당 건축 총감독으로 임명되어 성당 곳곳에 자신의 흔적을 남겼다. 100여 년에 걸친 성당의 재건축 사업은 몸체는 거의 완성되었지만, 내부 공간은 이때부터 점차 채워나가기 시작했다. 베르니니가 그 작업의 많은 부분을 수행하여 오늘날 성 베드로 성당의 면모가 완성된 것이다.

우선, 주목할 작품이 〈발다키노baldacchino〉다. 로마는 베드로의 순교지로, 그의 무덤은 교황청 안에 있다. 이 무덤의 표시이자 동시에 보호 시설인 덮개 제작을 베르니니가 맡았다. 베르니니는 소용돌이치며 올라가는 네 개의 거대한 도금 청동 기둥을 구상했다. 이 작품은 9년의 작업 끝에 1633년 완성되었다. 청동 기둥은 높이 11미터에 달하는데, 기둥 하나는 짧은 기둥 세 개를 만들어 붙인 것이다. 여기에 필요한 엄청난 양의 청동을 조달하기 위해 고대 로마 유적인 판테온 지붕의 청동 들보를 뜯어낼 정도였다. 웅장하면서도 섬세하게 장식된 청동 기둥은 보는 사람을 압도한다.

이어서 쿠폴라(돔)를 떠받치는 네 개의 거대한 기둥을 세웠고, 여기에

베르니니가 만든 성 베드로 성당의 〈발다키노〉. 1629년 성 베드로 성당 건축의
총감독을 맡은 그는 화려하고 장엄한 장식물을 통해 성당의 내부를 완성시켜나갔다.

각각 거대한 조각상을 붙였다(그중 〈성 롱기누스Saint Longinus〉(1638)는 베르니
니의 작품이다). 〈우르바노 8세의 무덤〉(1647), 〈알렉산데르 7세의 무덤〉
(1678)도 제작했다. 이렇게 베드로 성당 내부가 점차 모습을 갖추어갔다.

이 작품들은 엄청난 화려함과 위엄을 과시한다. 오늘날의 미적 기준으
로 평가하면 과도하게 무거운 구조물의 느낌을 지울 수 없다. 그러나 그
의미를 이해하려면 당시의 사회적 맥락에서 살펴보아야 한다. 종교개혁
으로 신·구교 간 갈등이 극심하자, 가톨릭 측은 자체의 개혁('가톨릭 종교

개혁' 혹은 예전 용어를 빌리면 '반동 종교개혁')을 통해 스스로 교리와 조직을 정비했고, 17세기에 이르면 어느 정도 자신감을 회복한 상태였다. 바로크 미술은 바로 이러한 시대적 의미를 부여하여 '이단(신교)'이 패배하고 가톨릭이 승리했다고 선언하고 이를 장대하게 확인하는 예술이다. 여기에서 신교와 가톨릭 예배 장소의 본질적 차이가 드러난다. 신교의 경우 원칙적으로 기도와 설교의 공간이어서 별다른 장식 없이 단순하다. 반면에 가톨릭은 천상의 세계를 재현해보이려는 듯 지극히 화려한 장식을 자랑한다. 17세기 로마는 바로크 예술의 중심지였고, 그 선두에 베르니니가 있었다.

스캔들을 불러온 〈코스탄차 보나렐리의 흉상〉

베르니니라고 맨날 돌만 만진 건 아니다. 그에게도 스캔들이 없지 않다. 이와 관련해 흥미로운 작품이 〈코스탄차 보나렐리의 흉상〉이다. 귀족이 아닌 평민 여성을 모델로 해 수수한 인상을 주는 이 작품 뒤에는 젊은 날 베르니니의 과격한 사랑 이야기가 있다.

이 작품의 모델은 코스탄차 보나렐리라는 여성이다. 코스탄차는 베르니니의 조수인 마테오 보나렐리의 부인으로, 베르니니는 이 여인과 사랑에 빠졌다. 이 작품은 두 사람 사이의 애정이 최고조였을 때 탄생했다. 코스탄차의 입술은 육감적으로 표현되고, 앞가슴 부분이 살짝 벌어져 있다.

그런데 이 여인은 곧 베르니니의 동생 루이지와도 바람이 났다. 이상한 소문을 접한 베르니니는 사태 파악에 나섰다. 어느 날 잠시 로마를 떠

베르니니의 〈코스탄차 보나렐리의 흉상〉.
수수한 인상의 흉상 주인공 코스탄차는
베르니니와 그의 동생 루이지의 마음을
뺏으며 엄청난 연애 스캔들을 일으켰다.

날 일이 생겼다고 가족들에게 말하고는 다음 날 아침 코스탄차의 집 앞에 숨어 염탐했다 (그의 삶은 늘 연극적이다). 그런데 정말로 루이지가 그 집에서 코스탄차와 함께 나오지 않는가. 불같은 성격의 베르니니는 바로 그 자리에서 동생에게 달려들었다. 형이 미친 듯 주먹질을 해대자 동생은 쏜살같이 도망갔다. 로마 시내를 가로지르는 추격전이 벌어졌다.

어머니가 이 일에 대해 프란체스코 바르베리니 추기경에게 쓴 편지에 따르면, 베르니니는 동생을 죽이겠다며 칼을 들고 집 안에 들어와 설치고, 심지어 산타 마리아 마조레 성당에까지 뛰어들었는데, 어머니가 아무리 눈물로 호소해도 막무가내였다. 결국 헛간에서 동생을 잡은 베르니니는 죽일 듯이 팼다. 돌을 다루는 조각가니 주먹이 얼마나 셌을까. 베르니니가 휘두른 쇠몽둥이에 루이지의 갈비뼈가 부러졌다. 죽지 않은 게 다행이었다. 그의 복수는 여기에서 그치지 않았다. 자신을 배신한 여인을 응징하기 위해 하인을 시켜 면도칼로 그녀의 얼굴을 긋도록 했다. 이 일로 애꿎은 하인은 폭행죄로, 코스탄차는 간통죄로 감옥에 갔고, 동생 루이지는 볼로냐로 추방되었다. 그러면 베르니니는? 교황의 도움으로 약간의 벌금형에 그쳤다. 어머니의 편지에는 "마치 그가 이 세상 주인인 듯" 행세한다고 했는데, 예술 분야에서 독보적인 데다 교황이 뒤를 봐주었으니 그런 이야기가 나올 법하다.

이 사건 이후 베르니니에게 연애 사건은 일절 없었다. 교황은 그를 빨리 결혼시켜 창작 활동에만 전념하도록 만들고자 했다. 1639년 41세의 베르니니는 22세의 로마 여인 카테리나 테치오와 결혼해 사랑하며 잘 지낸 모양이다. 흥부 내외처럼 부부 금슬이 어찌나 좋았던지 열한 명의 아이를 두었는데, 이 중 막내아들 도메니코는 훗날 아버지의 전기를 출판했다. 행복한 결혼생활 덕분에 베르니니의 신앙심도 깊어졌다.

여기서 잠깐, 코스탄차의 흉상으로 다시 돌아가보자. 이 흉상을 보면 다소 의문이 든다. 이 여인이 두 이탈리아노 형제 간에 난투극을 벌이고 하인을 시켜 칼부림할 정도로 팜 파탈femme fatale처럼 보이지 않기 때문이다. 요즘 잘 나가는 유명인의 스캔들에서 보이는, 예컨대 축구 스타 베컴이나 호날두의 '섹시한' 여인들과는 거리가 먼 수수하고 소박한 모습이다.

한편, 〈코스탄차 보나렐리의 흉상〉은 어떻게 되었을까? 그런 난리를 쳤으니 베르니나 그 부인이나 그 작품을 다시 보고 싶지는 않을 터이므로 부숴버리려고 했는데, 눈치 빠른 메디치 가문이 재빨리 구입했다. 현재 코스탄차의 흉상은 피렌체의 바르젤로 미술관에 전시되어 있다.

2

천재 예술가의 굴욕

 성 베드로 성당 작업만 해도 엄청난 일인데, 베르니니는 종교적이든 세속적이든 다양한 일을 동시에 진행했고 그 대가로 엄청난 수익을 올렸다. 또 건축과 조각 외에도 다양한 작업을 했다. 젊었을 때인 1620~1630년대에는 그림도 많이 그렸다. 약 150점을 완성한 것으로 추정하는데, 많이 유실되어 약 40점 정도만 남아 있다. 주로 클로즈업한 얼굴 그림이 많고, 그중에는 자화상도 상당수 있다. 화가로서의 자질도 갖추었던 것이 분명하다. 캔버스에 그린 그림과 달리 드로잉은 약 300점이 전한다. 게다가 놀랍게도 약 20편의 희곡 대본도 썼다. 이 역시 대부분 유실되었고, 완전한 형태로 전하는 것은 한 편뿐이다. 희곡은 집 안의 소규모 공연을 위한 용도였을 것이다. 물론 연극을 공연할 때 무대장치, 소품 등 온갖 일을 그가 도맡아서 했다. 한마디로 그는 에너자이저이자 만능 엔터테이너였다.

그의 사전에 노no란 없다. 엄청나게 많은 주문을 모조리 떠맡았다. 그러고는 마치 공장을 돌리듯 작업장을 운영했고, 아이디어를 곧바로 작품으로 구체화했다. 물론 그렇게 하려면 여러 사람과 협업을 해야 했다. 젊은 시절부터 그는 예술가로서의 자질뿐 아니라 사람들을 동원하고 관리하는 능력도 뛰어났다. 이런 역할을 잘하는 것 또한 쉬운 일이 아니다. 자신의 예술적 창의성도 중요하지만 동시에 다른 사람의 능력을 모으고 최대한 잘 발휘하도록 해야 한다. 여기에는 교황의 든든한 후원하에 거의 무한의 자유를 누린다는 점도 크게 작용했을 것이다. 물론 모든 사람과의 관계가 원활했던 것은 아니고 때로 원수처럼 사이가 틀어지는 경우도 있다. 그와 갈등을 빚은 대표적인 인물이 또 다른 천재 프란체스코 보로미니다.

같은 예술 분야에서 동시대에 두 명의 천재가 활동하면 어떨까? 둘이 협력해서 상승효과를 가져올 수도 있겠지만 갈등을 빚을 수도 있다. 베르니니는 돈과 영광과 위엄을 모두 누린 반면, 보로미니는 불행한 삶을 살다가 자살로 생을 마쳤다.

본래 이름이 프란체스코 카스텔리Francesco Castelli인 보로미니는 1599년 생으로 베르니니보다 한 살 아래였다. 그도 베르니니처럼 석공 일을 하는 아버지를 따라 어릴 때부터 돌을 만졌으며, 젊은 나이에 가출해서 먼 친척뻘 되는 마데르노Carlo Maderno를 찾아 로마로 갔다. 보로미니의 실력을 알아본 마데르노는 그를 성 베드로 성당 보수 작업에 참여시켰다. 그러던 차에 1629년 마데르노가 불의의 사고로 사망하자 베르니니가 교황청 수석 조각가 직위를 물려받았다. 그 결과 보로미니는 그의 밑으로 들어가 조수 역할을 했고, 두 사람이 함께 많은 작업을 했다. 사실 〈발다키노〉를 만들 때부터 보로미니의 도움이 절대적이었다. 원래 이 작업에는 베르니니보다 보로미니가 더 적합한 인물로 알려졌지만, 교황의 친구라는 이유로 베르니니가 맡았다. 그리고 나서는 보로미니에게 도움을 요청하여 그가 핵심적인 부분에서 중요한 공헌을 했다. 그러나 모든 공은 베르니니가 독차지했고, 보로미니는 그의 뒤에 가려지고 말았다. 심지어 금전적 보수도 형편없었다. 이것은 동료 천재에 대한 예의가 아니다. 보로미니가 베르니니에게 등을 돌린 것도 무리가 아니다.

보로미니의 작품을 보면 그 역시 베르니니에 못지않은 천재성이 엿보인다. 바르베리니 궁전의 나선형 계단이 그 예다. 보로미니가 독립을 선언한 이후 본격적으로 작업한 첫 건축물인 산 카를로San Carlo 성당 또한 명품이다. 작은 부지에 적은 돈으로 지어야 하는 제약 조건에도 불구하고 그는 실로 보석같이 아름다운 성당을 탄생시켰다. 보로미니가 일취월장하는 동안 베르니니에게 시련이 닥쳤다.

시간이 지나 밝혀지는 진실

평생 순탄한 길을 걸을 것만 같던 베르니니에게 위기가 찾아왔다. 그의 든든한 후원자인 교황 우르바노 8세가 죽고 인노첸시오 10세가 즉위했다. 예술적 소양이 부족한 새 교황의 치세는 예술가들에게 혹한기나 다름없었다. 사실 교황으로서는 신앙심이 깊고 교회 조직을 잘 이끄는 게

보로미니의 자화상(1630년경)과 베르니니로부터 독립해 처음으로 건축한 산 카를로 성당.
한 시대, 한 분야에 두 명의 천재는 공존할 수 없었을까? 예술적 천재성을 지닌
보로미니는 잘나가던 베르니니와 달리 불행한 삶을 살다 자살로 생을 마쳤다.

중요하지 예술에 대한 관심이 반드시 좋은 것이 아닐 수 있고, 과하면 독이 될 수도 있다(다름 아닌 성 베드로 성당 공사를 위해 너무 많은 돈을 걷으려고 한 게 종교개혁의 한 원인으로 작용하지 않았던가). 그렇지만 예술가들에게는 최고의 후원자 혹은 고객이 될 수 있는 교황청이 예술에 무관심하면 좋을 리 없다. 특히 베르니니에게 새로운 교황의 치세는 불운의 연속이었다.

　무엇보다 성 베드로 성당 전면의 종탑 건설 문제가 불거졌다. 건물 전면에 종탑 두 개를 건설하는 계획은 오래전부터 있었다. 실현되지는 않았지만 미켈란젤로도 디자인을 남겼는데, 그는 작은 규모의 종탑을 염두

에 두고 있었다. 그렇지만 교황들은 거대한 종을 설치해 신자들을 인도하려는 욕심이 있었다. 이에 호응해 마데르노는 3층 높이의 거대한 종탑을 설계해 작업에 착수했다.

마데르노가 죽은 후 교황 우르바노 8세는 이 일을 빨리 마무리하기 위해 남은 작업을 베르니니에게 맡겼다. 그런데 1641년 첫 번째 종탑 공사가 끝나자 성당 전면 벽에 금이 가기 시작했다. 당시에는 이를 문제 삼지 않고 두 번째 종탑 공사를 마저 진행해나갔다. 그런데 1644년 인노첸시오 10세가 즉위하면서 이 문제가 본격적으로 수면 위로 떠올랐다. 왜 이런 일이 발생했는지, 그 책임은 누구에게 있는지를 따지기 시작한 것이다. 이때 보로미니가 발 벗고 나서서 베르니니를 비난했다. 사실 건축 방면에서 능력이 뛰어난 보로미니는 거대한 종탑이 큰 문제를 일으킬 수 있다고 경고했었다. 문제가 불거지고 진상조사가 진행되자 보로미니는 자세하게 그린 도면을 제출하면서 문제점을 설명했다. 자칫 성당이 붕괴될 수도 있다고 경고하면서, 그 책임이 전적으로 베르니니에게 있다고 주장했다. 베르니니의 설계 자체를 문제 삼은 것이다. 사실 성 베드로 성당이 위치한 곳은 지반이 약해서 지나치게 무거운 구조물을 견디기 어려웠다. 그런데 교황 우르바노 8세의 지시와 베르니니의 자신감이 더해져 밀어붙였다가 사고가 난 것이다.

조사위원회는 예상 밖의 결론을 내렸다. 이 사태의 책임이 베르니니에게 있지 않다고 하면서도 교황은 베르니니가 돈을 내서 지금까지의 공사를 철거하라고 명령했다. 상식적으로 판단하면 설계를 한 마데르노에게 더 큰 책임이 있지 그것을 시공한 사람에게 책임을 물을 일은 아니다. 그렇지만 결정이 그렇게 난 이상 베르니니가 책임을 질 수밖에 없었다. 11

개월에 걸쳐 철거 공사가 진행되었다. 이 사건은 베르니니의 자존심에 엄청난 상처를 주었다.

한동안 베르니니는 두문불출했다. 아들 도메니코가 쓴 전기에 따르면 이때 〈시간이 지나 밝혀지는 진실Truth Unveiled by Time〉이라는 작품을 만들었다. 시간이 지나면 자신의 과오가 아님이 밝혀질 것이라는 믿음을 예술을 통해 표현했던 것이다. 아닌 게 아니라 1680년 교황 인노첸시오 11세 때 이 일을 다시 조사하여 베르니니의 잘못이 아니라는 것이 밝혀졌다. 그런데 역설적이게도 베르니니는 시간이 없어서 〈시간이 지나 밝혀지는 진실〉을 완성하지 못했다. 이 작품은 1924년 보르게세 미술관에 기증되었다.

이런 아픔이 있지만, 실제로는 그가 완전히 내쫓긴 것은 아니다. 성 베드로 성당의 내부 장식은 계속 그가 맡아서 했다. 더 나아가 1650년 희년禧年을 맞아 성 베드로 성당을 더 미화하는 계획이 세워졌다. 1646년 7월부터 1649년 1월까지 엄청난 양의 대리석이 성 베드로 성당에 도착했다. 이 대리석을 재료로 하여 그가 1년 내에 제작해야 하는 것은 순교한 교황의 메달리온 56개, 천사 상 192개, 비둘기 상 104개였다. 이때 보로미니는 산 조반니 인 라테라노 성당의 개축 작업을 맡아서, 1미터짜리 승리의 천사 두상 220개 각각을 다른 표정으로 만들어야 했다. 두 천재는 불꽃 튀는 경쟁을 벌였다.

불명예의 시기가 끝나가고 있었다. 베르니니는 다시 많은 걸작을 쏟아내기 시작했다. 특히 물의 고귀한 특성을 강조하며 로마의 각지에 분수를 만들었다. 우선, 1651년에 나보나 광장에 피우미 분수를 설치했다. 오늘날 로마를 대표하는 아름다운 광장을 장식하는 이 멋진 조형물은 세

로마 나보나 광장에 있는 피우미 분수. 베르니니는 불명예의 시기를 딛고 일어서 성 베드로 성당 내부 장식을 맡는가 하면, 로마 곳곳에 분수를 만드는 등 걸작을 쏟아내기 시작했다.

계의 4대강(나일강, 갠지스강, 라플라타강, 다뉴브강)을 상징하는 신들로 구성 되었다. 사실 베르니니가 이 분수의 모든 것을 직접 만들지는 않았다. 그 는 전체 디자인을 맡고, 부수적인 동물들(유럽의 말, 아프리카의 사자, 남아메 리카의 아르마디요, 아시아의 용)을 제작했다. 그런데 이 분수만큼 많은 오해 에 휩싸인 경우도 흔치 않다. 특히 관광 안내 책자에 자주 언급되는 내용 으로, 라플라타강을 상징하는 신은 베르니니의 라이벌 보로미니가 건축 한 성 아그네스 성당을 향해 있는데, 일부러 정면을 바라보지 않고 고개 를 돌리고 있다는 것이다. 하지만 성당보다 분수가 몇 년 먼저 완성되었기 때문에 그런 이야기는 애초에 성립할 수가 없다.

그 밖에도 트리톤 분수, 바르베리니 광장의 꿀벌 분수 같은 중요한 작품들이 베르니니의 손을 거쳤다. 이처럼 로마시를 장식하는 중요한 공공사업을 성공적으로 이끌며 그는 예전의 명성을 되찾아갔다.

신성한 신의 사랑을 강렬한 오르가슴에 비유하다

종탑으로 인해 실추된 명예를 완전히 회복한 작품은 산타마리아 델라 비토리아 성당의 〈테레사 성녀의 황홀Ecstasy of Saint Teresa〉(1652)이다. 베르니니 걸작 중 하나이면서 논란이 된 이 작품은 에스파냐의 성녀 아빌라의 테레사가 신비주의 황홀경에 빠진 순간을 묘사하고 있다. 단순한 하나의 조각 작품이 아니라 사건 현장에 관객이 참여하는 듯한 착시 현상을 창조한 점에서 유명하다. 조각, 프레스코, 스투코Stucco(건축의 천장, 벽면, 기둥 등에 칠한 화장 도료)와 조명이 함께 어우러져 놀라운 종합예술을 만들어낸 것이다.

성녀 테레사는 1515년 3월 25일 에스파냐 카스티야 지방의 아빌라 근처에서 태어났다. 그녀의 아버지는 톨레도의 대상인으로 기독교로 개종한 유대인 출신이었다. 그녀의 어머니는 1528년 아이를 낳다가 죽었다. 테레사는 새어머니에게서 읽기를 배운 후 신비주의 종교 서적을 많이 읽었다. 스무 살이던 1535년 그녀는 결혼을 피하기 위해 수녀원에 들어갔다. 이곳에서 줄곧 기도와 금식을 하다가 건강이 급격히 나빠졌고, 급기야 1539년에는 사람들이 죽은 줄 알고 매장하려는데 깨어난 일도 있다.

성녀 아빌라의 테레사가 신비주의 황홀경에 빠진 순간을 묘사한 〈테레사 성녀의 황홀〉.
성녀의 표정은 성스러움을 넘어 에로틱하기까지 하다.
베르니니는 신성한 믿음의 환희를 강렬한 오르가슴에 비유한 것이리라.

1554년 아우구스티누스를 읽고 그녀의 삶이 송두리째 바뀌었다. 테레사는 완전한 은거, 청빈, 금식을 지키는 개혁 수녀원을 만들어갔다. 그녀는 영적으로 신과 하나가 되는 경험을 자주 했다. 이는 당시 에스파냐에 널리 퍼져 있던 종교적 흐름이었다. 신으로부터 직접 빛을 받았다고 주장하는 '알룸브라도스alumbrados'들이 등장했다. 그러나 이들 가운데 자기 멋대로 복음을 해석하는 사람들이 늘어나자, 1558년부터는 교회 당국이 이들을 이단으로 취급해 억압했다. 이들의 견해에 따르면 하느님은 믿음에 근거한 이성을 통해 알 수도 있지만, 때로는 환상과 엑스타시 속에서 직접 경험할 수도 있다는 것이다. 테레사 성녀의 특기할 점은 자신이 겪은 엑스타시의 순간을 글로 남겼다는 것이다. 이른바 '꿰뚫림transverbération(심장이 창으로 꿰뚫렸다는 의미)' 현상을 이렇게 적고 있다.

천사가 빛나는 얼굴을 가진 사람 모습으로 내 옆에 가까이 왔습니다. 그는 긴 황금 창을 들고 있는데, 그 끝에는 불이 붙어 있는 듯합니다. 창이 내 심장을 뚫고 내장까지 들어가는 느낌을 받았습니다. 천사가 화살을 뽑을 때 내장이 온통 빨려나가는 듯했고, 나는 신에 대한 위대한 사랑으로 불타올랐습니다. 고통이 너무 심해 신음소리가 나왔지만, 동시에 이 큰 고통이 가져다주는 달콤함이 너무 커서 이 상태가 멈추지 않기를 바랐습니다. 내 영혼은 하느님 외에 다른 어떤 것도 욕망하지 않았습니다.

눈치 챘겠지만, 이 부분은 오르가슴의 묘사와 매우 흡사하다. 18세기 이래 테레사 성녀의 엑스타시를 에로틱하게 해석하는 경향이 있는데(오늘날 의사들은 신경증적 간질 증상이라고 분석하기도 한다), 프랑스의 한 예술 애호

〈테레사 성녀의 황홀〉의 양쪽으로 성녀의 황홀경을 지켜보는 관객들이 있다.
이들은 작품을 주문한 코르나로 가문의 사람들이다. 베르니니는 이런 특이한 구조를
통해 테레사 성녀의 극적인 장면을 매우 연극적으로 표현했다.

가는 이렇게 말했다. "그것이 신의 사랑이라면 무엇인지 알 것 같네요."

베르니니가 이 성녀를 표현한 것 역시 그런 시각에서 볼 만한 요소가 많다. 성녀의 표정을 보라. 머리는 뒤로 젖혀져 있고 눈은 반쯤 감겨 있으며 입은 벌어져 있다. 옷의 구김은 몸부림을 연상시킨다. 천사의 얼굴은 성스럽다기보다 유혹적이기까지 하다. 천사의 화살은 심장보다는 더

낮은 곳을 향하고 있다. 그렇다면 이는 성스러운 사랑이 아니라 육욕(肉慾)을 표현했다는 말인가? 그렇지 않다. 다만 강렬한 신의 사랑을 오르가슴에 비유했을 수 있다. 오늘날 우리에게는 성(聖)스러움을 성(性)과 연관시킨다는 것이 이상할지 모르지만, 몸과 마음이 일치되어 사랑으로 불타는 것을 굳이 이상하게 볼 필요는 없다. 에덴동산에서 우리 조상은 완벽한 심신의 조화를 이루었으나, 그곳에서 쫓겨난 이후 육체와 영혼이 서로 싸우는 죄의 상태가 되었다고 하지 않는가.

베르니니는 테레사 성녀의 극적인 장면을 그야말로 연극적으로 표현했다. 성녀가 엑스타시에 빠지는 순간을 양쪽 박스(그야말로 연극 혹은 오페라 공연장의 박스처럼 생겼다)에 위치한 코르나로 가문 사람들(이 작품의 주문자들이다)이 지켜보고 있고, 더구나 이 장면을 놓고 열띤 대화를 나누는 중이다.

테레사 성녀는 수녀원 건립 관련 일을 보고 돌아오는 도중 길 위에서 쓰러져 죽었고(1582), 그 후 채 40년이 지나지 않은 1622년 성인 반열에 올랐다. 바로 베르니니 자신의 시대에 일어난 일이다. 가톨릭 종교개혁의 중요한 인물인 테레사 성녀는 베르니니에 의해 극적인 모습으로 생명력을 얻었다. 신성한 믿음의 환희를 이처럼 강렬하게 표현하기는 힘들 것이다. 베르니니 자신도 힘든 일이 있으면 테레사 성녀 상 앞에서 기도를 올렸다. 이 걸작품이 만들어진 무렵에는 교황과의 관계도 완전히 회복되었다.

3

로마는 당신을 위해,
당신은 로마를 위해 존재한다

 새로운 교황이 선출되었다. 예술을 장려한 교황 알렉산데르 7세의 시대가 열리면서 베르니니는 두 번째 전성기를 맞았다. 새 교황은 체계적이고 대담한 도시계획을 통해 로마를 세계의 수도로 만들겠다는 의지를 밝혔다. 르네상스 시기부터 진행된 '로마의 갱신renovatio Romae'이 재개되어, 새 도로와 광장을 건설하고 기존 건축물들을 재정비해나갔다.

스웨덴 여왕을 환영하라!

베르니니는 다양한 작업에 활발히 참여했다. 특히 포폴로 성문을 통해 로마로 들어온 사람들을 시내로 인도하는 대로를 재정비하여 환희의 갤러리 같은 느낌이 들도록 계획했다. 바로 이때 세기의 사건이 일어났다.

스웨덴 여왕 크리스티나의 초상, 다
비드 벡, 1650년경. 여장부 스타일의
크리스티나는 27세에 양위를 하고
가톨릭으로 개종 후 로마에 거주하
며 많은 예술가를 후원했다. 가톨릭
측에서는 대표적인 신교 국가인 스
웨덴의 여왕의 개종을 환영했다.

스웨덴 여왕 크리스티나가 1654년 6월 6일 양위하고 가톨릭으로 개종한
다음 로마를 찾아온 것이다.

　그녀의 아버지 구스타브 2세 아돌프는 북유럽을 호령했다. 그의 치세
에 스웨덴은 유럽의 강국으로 우뚝 섰다. 그런데 크리스티나가 다섯 살
때 부왕이 전사하여 그녀가 왕위를 물려받았다. 그 아버지에 그 딸이어
서, 여장부 스타일인 크리스티나는 14세부터 각료회의에 참석하더니,
18세에 섭정을 끝내고 정식으로 즉위했다. 정치와 외교를 직접 관장하는
한편 외국의 학자, 예술가, 작가 들을 불러 대화를 나누었는데, 그중 한
명이 데카르트René Descartes(1596~1650)다. 그러던 그녀가 27세에 갑자기
양위를 하여 세상을 놀라게 한 것이다.

그녀는 결혼을 하지 않았고 아이도 없었다. 남성보다 더 강인한 성격의 여왕은 승마와 사냥을 즐겼고, 욕도 잘하는 데다가 지저분한 농담도 즐긴 반면 여성적인 것들은 증오했다. 크리스티나는 1651년 처음 양위 의도를 밝혔다. 국가와 군대를 지휘하는 데에는 남성이 필요하며 자신은 휴식이 필요하다는 이유를 댔으나, 사실 진짜 이유는 결혼을 피하기 위함이었다.

그보다 더 충격적인 비밀이 하나 있으니 그것은 비밀리에 가톨릭으로 개종했다는 사실이다. 스웨덴이 어떤 나라인가. 종교개혁 당시 루터 교리를 국교로 받아들인 후, 30년전쟁에서 강력한 군대를 이끌고 유럽 대륙을 휘젓고 다니며 가톨릭 국가들과 격전을 벌인 대표적인 신교 국가가 아닌가. 가톨릭 신앙이 아예 금지된 이 나라에서 여왕이 가톨릭으로 개종했다는 것은 충격적인 일이었다. 이런 사실을 모르는 사람들은 그녀에게 왕위를 지키라고 압박했다. 오랜 실랑이 끝에 스웨덴 의회는 양위를 승인했다. 1654년 크리스티나는 후계자 칼 10세 구스타브의 즉위식에 말을 타고 권총을 찬 모습으로 나타났고, 양위식이 끝나자 남자 옷을 입고 로마로 향했다.

크리스티나의 양위는 개인적인 결정이지만 로마에서는 이를 가톨릭 신앙의 승리로 해석했다. 유럽 최강의 신교 국가 여왕이 스스로 개종하고 로마로 찾아오는 건 보통 사건이 아니다. 로마는 그녀의 입성에 맞추어 성대한 행사를 준비했다. 성문에는 'FELICI FAVSTO[QVE] INGRESSVI ANNO DOM[INI] MDCLV(복되고 상서로운 입성을 위해, 주후主後 1655년)'이라는 명문銘文을 새기고, 여기에서 중심지로 연결되는 도로들을 재정비하고 단장했다. 베르니니는 여기에 맞추어 〈하박국과 천사

Habakkuk and the Angel〉(1655) 같은 조각상을 제작했다.

열렬한 환영을 받으며 로마에 온 크리스티나는 많은 예술가를 후원했다. 그중에는 스카를라티Domenico Scarlatti와 코렐리Arcangelo Corelli 같은 음악인들도 있지만, 이들보다 더 사랑을 받은 이는 베르니니였다. 크리스티나는 자신이 사랑하는 로마에서 음악과 미술, 문학을 후원하며 살다가 1689년 62세의 나이로 사망했으니 원 없이 살다 간 셈이다. 그녀의 묘지는 성 베드로 성당 안에 있다.

엇박자가 난 파리 방문

베르니니는 외국을 방문한 적이 딱 한 번 있다. 1655년 4월 말 파리를 방문했는데, 자의라기보다는 프랑스 국왕 루이 14세와 교황 알렉산데르 7세의 압박 때문이었다. 로마 최고의 예술가로서 프랑스 왕실의 초대를 받아 루브르궁의 보수 및 증축을 도우라는 것이었다. 베르니니는 이해 10월 말까지 파리에 머물렀다. 루이 14세는 베르니니의 통역사 겸 조수로 샹틀루Paul Fréart de Chantelou라는 인물을 붙여주었다. 샹틀루가 남긴 기록을 통해 우리는 파리에 머물던 당시 베르니니의 행적을 소상히 알 수 있다.

파리 시민들은 로마에서 최고의 예술가인 베르니니를 초빙했다는 소식을 듣고 환호했다. 하지만 얼마 지나지 않아 그러한 분위기에 변화가 나타났다. 베르니니에게 의뢰한 작업은 루브르 동쪽 입구, 즉 루브르의 얼굴 격인 궁전의 주요 출입구를 만들어달라는 것이었다. 그런데 그의 설계안을 살펴본 루이 14세와 재상 콜베르는 실망했다. 너무 이탈리아적이고 너무 바로크적이라는 것이다. 그렇지 않을 수 있겠는가? 베르니니는 이탈리아에서 바로크 예술을 최고 수준으로 끌어올린 예술가가 아닌가. 그런 사람을 불러놓고 너무 이탈리아적이라고 딴지를 걸다니……. 프랑스 왕실은 베르니니의 설계안에 대한 반대 의견을 솔직하게 밝히지 못하고 화장실 위치가 맘에 안 든다는 식으로 둘러댔다.

결국 베르니니의 설계 대신 훨씬 단정하고 고전적인 스타일을 중시하는 프랑스 건축가 클로드 페로Claude Perrault의 안이 수용되었다. 그가 고안한 루브르 동쪽 파사드(건물 외벽)는 말하자면 고대 그리스·로마 건축물을 원형으로 하는 고전적인 모습으로, 프랑스 건축의 걸작으로 평가된다. 1668년에 시작된 공사는 1680년에 가서야 거의 완성되었는데, 이 무렵 루이 14세는 이미 루브르를 포기하고 베르사유궁을 자신의 우주로 만들어가고 있었다.

루이 14세가 베르니니의 디자인을 거부한 것은 매우 상징적인 사건이다. 프랑스를 비롯한 유럽 국가에서 이탈리아 예술의 영향력이 축소되기 시작했음을 의미하기 때문이다. 베르니니는 공공건물과 광장의 조화를 지향하는 데 비해, 프랑스는 장엄하고 정치적 권위를 표현하는 페로 식 스타일을 선호했다. 되돌아보면 17세기는 계속되는 전쟁으로 불안정하고 고통스러운 시기였다. 17세기 후반 루이 14세의 시대가 시작되었을 때 사회의 전반적인 분위기는 국왕을 중심으로 균형을 되찾고 위엄 있는 질서를 세우는 방향으로 나아가고 있었다. 루브르의 파사드를 보면 그런 열망이 어떻게 표현되었는지 짐작할 수 있다.

그렇지만 베르니니가 보기에 프랑스의 예술과 건축 수준은 아직 한

프랑스 루이 14세는 베르니니를 초빙해 루브르궁의 동쪽 파사드 건설을 맡긴다.
하지만 '너무 이탈리아적인' 베르니니의 설계가 마음에 들지 않은 루이 14세는
프랑스 건축가 클로드 페로의 안을 수용해 파사드를 세운다.

수 아래였다. 카라바조 같은 로마의 화가 한 명이 파리 전체 예술가들보
다 낫지 않느냐는 식의 이야기도 하고 다닌 것 같다. 이런 말을 듣고 파
리지앵들의 심사가 뒤틀렸을 것이다. 당시 베르니니를 그린 스케치를 보
면 프랑스인들은 그가 너무 잘난 체한다고 생각한 것 같다. 이런 갈등이
있다 해도 국왕의 초빙을 받았으니 뭔가는 해줘야 하지 않겠는가. 베르
니니는 루이 14세의 흉상을 제작했는데, 이것이 파리에서 만든 작품 중
유일하게 현존한다. 통상 루이 14세를 모델로 한 회화, 조각, 메달 등 모
든 예술품은 국왕 얼굴의 얽은 자국을 표현하지 않는 게 암묵적 약속인
데, 베르니니는 그것까지 정확하게 표현했다. 루이 14세나 콜베르가 과

연 마음에 들어했을까?

여기에 더해 베르니니는 로마로 돌아온 후 루이 14세의 기마상 하나를 만들었다. 이 작품은 그가 죽고 5년이 지난 1685년에 파리로 보내졌다. 이 작품 역시 루이 14세가 마음에 들어하지 않았다. 그는 꼴도 보기 싫다며 기마상을 부숴버리라고 할 정도였다. 이 기마상은 베르사유궁 정원의 한구석에 처박아두었다가 훗날 프랑스의 조각가 프랑수아 지라르동이 재손질을 해서 로마의 영웅 마르쿠스 쿠르티우스 상으로 재활용했다. 이 조각상은 먼 훗날 다시 빛을 보게 되었다. 미테랑 프랑스 대통령은 프랑스혁명 200주년을 기념하여 문화 사업을 많이 벌렸는데, 그중 하나가 루브르 박물관의 전면 보수였다. 박물관 입구를 새로 디자인하는 경쟁에서 중국계 미국인 건축가 페이I. M. Pei의 유리 피라미드 안이 채택되었다. 이때 루브르 광장을 장식하는 유일한 동상으로 베르니니의 루이 14세 기마상이 선택되어 복제품이 설치되었다.

다시 성 베드로 성당으로

파리에서 돌아온 베르니니는 더욱 확신을 가지고 로마의 성스러움과 장엄함을 표현하는 데 몰두했다. 무엇보다 성 베드로 성당은 그의 남은 생의 중요한 작업 공간이 되었다.

우선, 성당 앞 광장을 조성하는 것이었다. 이때까지 이곳은 텅 빈 공간으로 남아 있었다. 천국의 열쇠를 가진 베드로 성인의 성소聖所, 영원의 도성으로 들어가는 입구를 어떻게 조성할 것인가? 베르니니의 아이디어

파리에서 돌아온 베르니니는 남은 생을 성 베드로 성당에 쏟아부었다.
베르니니의 설계에 의해 성 베드로 성당의 광장이 조성되었는데,
광장은 거대한 열주를 세워 마치 두 팔로 세상을 포용하는 듯한 인상을 준다.

는 거대한 반원형 열주들을 세우는 것이다. 열을 맞춘 네 줄의 흰색 열주들이 둘러서서 타원형 광장을 만든다. 마치 성당을 중심으로 두 팔이 뻗어나가 세상 사람들을 포용하는 모양새다. 이 안에 들어온 순례자들은 성 베드로 성당 전면의 로지아(한쪽 벽이 없이 트인 방이나 홀) 혹은 이웃한 바티칸궁의 발코니에 모습을 드러내는 교황을 알현하게 된다.

여기에 성당 자체에도 장엄한 장식 요소들을 더했다. 지금까지 아무런 장식도 없고 특색도 없던 앱스apse(성당 가장 안쪽의 반원 부분), 곧 베드로 좌Cathedra petri를 재정비했다. 여기에 매우 화려한 금동 왕관을 설치하여 이전에 설치한 〈발다키노〉와 조응하도록 했다. 그리고 콘스탄티누스 기마상을 입구에 세우고, 교황 알렉산데르 7세의 무덤 기념물을 설치함으로써 오늘날 우리가 보는 성 베드로 성당의 모습을 거의 완성시켰다. 또한 성 베드로 성당과 바티칸궁을 연결하는 스칼라 레지아scala regia('왕의 계단')를 제작했다. 이것은 비교적 수수하고 본래 기능에 충실한 계단처럼 보이지만 사실은 교묘한 착시 효과를 통해 매우 인상적인 장엄함을 보여준다.

베르니니는 이런 거대한 작업을 함과 동시에 전혀 다른 종류의 주문을 받아 진행했다. 퀴리날레 궁전 옆에 지은 산 탄드레아 알 퀴리날레 성당이 대표적이다. 베르니니는 이 작업만은 무보수로 진행했다. 당시 그의 라이벌 보로미니는 상당히 복잡한 기하학적 구조를 선호한 데 비해 베르니니는 원형과 타원형 위주의 단순하면서도 강렬한 구조를 선호했다. 색도 너무 튀지 않게 함으로써 이 성당을 방문하는 사람들이 단순미에 집중하도록 배려했다. 그 자신도 이 성당 건물에 크게 만족해서, 아들에게 보낸 편지에서 자신도 슬픔을 달래고자 할 때 이곳을 찾는다고 말했다.

 베르니니가 한때 굴욕을 당했다가 재기하여 다시금 로마 최고의 예술가로 명성을 날리는 동안, 그의 라이벌 보로미니는 힘든 시간을 보내고 있었다. 완벽주의자인 데다가 우울증으로 인해 보로미니는 번번이 의뢰인과 갈등을 빚었다. 그 때문에 자신이 맡은 작업을 중단하는 경우가 많았다. 그의 천재적인 자질은 꽃피지 못하고 시들어갔다. 1667년 8월 보로미니는 자기 방에서 칼로 가슴을 찔러 자살했다. 죽음에 이르기까지 남은 시간에 자신의 상태를 기록한 글에는 우울증에 걸린 사람이 사소한 이유 때문에 어떻게 극단적인 선택을 하는지 자세하게 기술되어 있다. 시대를 화려하게 장식할 수 있었던 우울한 천재는 그렇게 먼저 세상을 떠났다.

교황도, 군주도, 수많은 사람도 머리를 조아린 예술의 왕

1678년 알렉산데르 7세의 묘지를 완성했을 때 베르니니의 나이가 80세였다. 마지막으로 성합聖盒, Ciborium을 완성하여 성 베드로 성당의 모습도 거의 완성되었다. 베르니니는 노년에도 육체적으로나 정신적으로나 기운이 넘쳤고, 죽기 보름 전까지도 작업을 했다. 마지막 시기의 작품들은 신비스러운 느낌이 강하다. 대표적으로 산 탄젤로 다리를 장식한 천사 상들이 그러하다. 교황청과 연결되는 다리이니만큼 상징성이 강할 수밖에 없다. 베르니니는 영원의 도시로 들어가는 순례자들을 인도하고 환영하는 천사 상들을 제작했다. 이제 그 자신이 지상의 순례를 마칠 때가

베르니니의 초상, 일 바치치아, 17세기. 죽기 보름 전까지도 작업을 했던 그는 1680년 평온한 죽음을 맞았다. 그는 '교황도, 군주도, 수많은 사람도 머리를 조아린 예술의 왕'으로 기억되었다.

되었다.

　그가 생을 마감한 것은 뇌졸중 때문이었다. 죽기 며칠 전부터 오른팔이 마비되어 움직이지 못했다. 조각가는 자기 팔에게 말했다. 평생 일했으니 너도 이제 쉬려무나……. 1680년 11월 28일 그는 평온한 죽음을 맞았다. 우리나라 사람들이 그의 장례식에 참석했다면 틀림없이 호상이라고 한마디씩 했을 것이다. 그의 시신은 소망대로 산타 마리아 마조레 성당에 안치되었다. 어린 시절 살던 집과 가깝고 아버지가 묻힌 곳이 아닌가. 장례식은 가족만 모여 조촐하게 치러졌다. 다른 사람들을 위해서는 수많은 작품을 만들었던 그는 정작 자기 묘에는 아무런 장식이나 표시도 없었다. 이를 안쓰럽게 여긴 후대인들이 19세기 말에 표지판을 만들었다. 거기에는 이렇게 쓰여 있다.

교황도, 군주도, 수많은 사람도 머리를 조아린 예술의 왕 잔 로렌초 베르니니 여기 살다가 묻히다.

8장

존 로,
탐욕과 부패의 거품을 일으키다

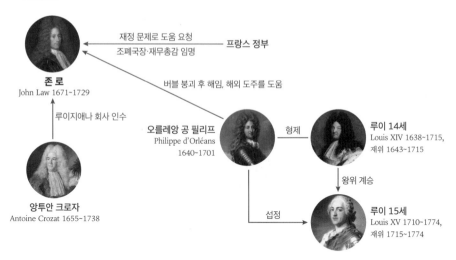

프랑스

재정 문제로 도움 요청
조폐국장·재무총감 임명 ← 프랑스 정부

존 로
John Law 1671~1729

버블 붕괴 후 해임, 해외 도주를 도움

루이지애나 회사 인수

앙투안 크로자
Antoine Crozat 1655~1738

오를레앙 공 필리프
Philippe d'Orléans
1640~1701

형제

루이 14세
Louis XIV 1638~1715,
재위 1643~1715

왕위 계승

섭정

루이 15세
Louis XV 1710~1774,
재위 1715~1774

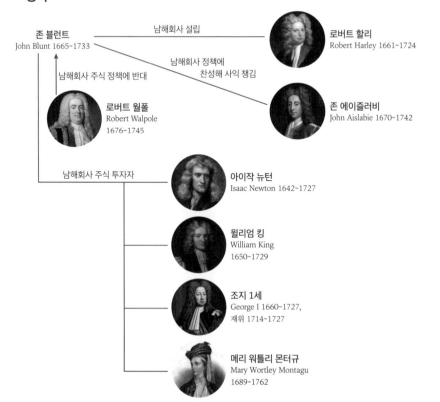

영국

존 블런트
John Blunt 1665~1733

남해회사 설립

로버트 할리
Robert Harley 1661~1724

남해회사 정책에
찬성해 사익 챙김

남해회사 주식 정책에 반대

로버트 월폴
Robert Walpole
1676~1745

존 에이즐러비
John Aislabie 1670~1742

남해회사 주식 투자자

아이작 뉴턴
Isaac Newton 1642~1727

윌리엄 킹
William King
1650~1729

조지 1세
George I 1660~1727,
재위 1714~1727

메리 워틀리 몬터규
Mary Wortley Montagu
1689~1762

세상 물정에 밝은 청년에서
인플레이션의 아버지로

 자본주의의 발전은 인간의 탐욕과 부패 또한 크게 키웠다. 근대 세계는 돈이 지배하는 세상이 되었다. 돌고 돈다고 해서 돈이라 했던가? 돈은 세상을 돌아가게 만들고 사람의 정신도 돌게 만든다.

'인플레이션의 아버지'라 불리는 존 로, 좋게 말하면 금융인, 나쁘게 말하면 사기꾼. 그는 사기성 돈놀이로 일확천금을 꿈꾸는 욕망과, 망해가는 경제를 단번에 살리겠다는 허황된 영웅심이 뒤얽혀 있었다. 루이 15세 정부의 막대한 부채 문제를 해결하겠다며 호기를 부렸지만 실제로는 엄청난 금융 거품만 일으켰다. 그가 구상한 체제는 러시아 혁명 전까지 가장 극적인 경제체제 실험이지만 동시에 역사상 최악의 사업 실패이자 최대 규모의 부정부패 중 하나였다. 사람들을 현혹시킨 거품 경제 사태는 파리와 런던에서 시작되어 온 세상으로 퍼져갔다. 바야흐로 사기와 투기, 공황도 글로벌한 성격을 띠게 된 것이다.

금 수저를 물고 태어나다

존 로는 1671년 스코틀랜드의 에든버러에서 금세공인의 아들로 태어났다. 당시 금세공인은 오늘날 은행과 같은 역할을 했다. 재력가들은 금세공인의 금고에 금을 맡기고 보관증을 받은 다음, 이 증서를 일종의 수표처럼 사용했다. 거래할 때 금을 주고받는 대신 보관증이 오갔다. 존의 아버지는 이런 사업으로 엄청난 부를 쌓아 넓은 영지가 딸린 성을 사들였다. 수학을 잘하고 계산이 빠른 존은 십 대부터 아버지 사업을 도우며 일을 배웠다. 자연히 일찍부터 화폐, 신용, 회사 같은 문제에 대해 많은 생각을 했을 터이다.

그렇지만 존은 가업을 물려받아 성실하게 꾸려갈 인물이 못 되었다. 일확천금을 번 다음 신나게 인생을 즐기는 스타일이었다. 그는 잘생긴 외모에 매너가 좋아서 여성들에게 인기 만점이었다. 1688년 아버지가 사망한 후 스물한 살에 '영국식 댄디British Dandy'가 되겠다며 런던으로 향했다.

드디어 꿈에 그리던 한량 생활! 그러나 현실은 꿈꾸던 것과는 달랐다. 나름 도박에 자질이 있다고 자부하며 도박장을 드나들었다가 거액을 잃기도 했다. 1694년에는 여자 문제로 에드워드 윌슨이라는 또 다른 댄디와 블룸즈버리 광장에서 결투를 벌여 상대를 칼로 찔러 죽이는 일도 있었다. 그는 이 일로 사형 선고를 받아 뉴게이트 교도소에서 처형을 기다리던 중에 사형이 벌금형으로 감형되었다. 그동안 런던에서 쌓은 고위층과의 인연이 도움이 된 듯하다. 분노한 유가족이 길길이 뛰며 그를 체포해 다시 감옥에 집어넣었으나 존은 탈옥하여 암스테르담으로 도망갔다.

〈금세공 작업장에 있는 성 엘리기우스〉, 페트루스 크리스투스, 1449.
금세공인은 오늘날 은행과 같은 역할을 하며 부를 축적했다.
재력가들은 금세공인에게 금을 맡기고 보관증을 받아 수표처럼 사용했다.

그는 유럽 대륙을 활보했다. 네덜란드와 프랑스, 이탈리아 각지를 돌
아다니며 다시 도박판을 기웃거렸다. 그러면서 돈의 생리에 대해 다각도
로 생각하게 되었다. 도박판에서 돈 대신 쓰는 칩을 보라. 나중에 현찰로
바꿔준다는 데 대해 누구도 의심하지 않고 칩을 돈으로 여기고 사용하지
않는가. 이것은 과거에 아버지가 운영하던 금세공점에서 발행한 보관증

과 원리상 똑같다. 보관증이 화폐나 수표처럼 유통되는데, 금고에 정말 그에 상응하는 액수의 금이 있을까? 그렇겠거니 하고 사람들이 믿는다면, 실제로는 금이 부족하거나 아예 없다고 한들 무슨 문제가 있겠는가? 베네치아나 제노바 같은 경제 중심지를 돌아다니며 은행이나 화폐 유통을 관찰하는 동안 그의 머릿속에는 이런저런 생각이 샘솟았다.

존 로는 경제학을 공부한 적이 없다. 그 대신 여기저기 돌아다니며 직접 보고 들어 '세상물정에 밝은street smart' 터라 자신감이 넘쳤다. 상업과 경제를 단번에 부흥시킬 수 있는 자신의 탁견이 언젠가 빛을 보리라는 희망에 부풀었다.

우국지사가 되어 귀향하다

1700년 존 로는 스코틀랜드로 돌아왔다. 유럽 중심지들을 돌아다니다가 고향에 와보니 변두리 촌구석 냄새가 물씬 났다. 그가 고향에 와서 처음 접한 소식은 해외 식민 사업 실패에 관한 것이었다. 1695년 스코틀랜드는 잉글랜드나 프랑스, 네덜란드처럼 해외 식민지 정복과 교역을 하겠다는 원대한 꿈을 품고 스코틀랜드 회사The Company of Scotland Trading to Africa and the Indies(일명 '다리엔 회사The Scottish Darien Company')를 발족했다. 하지만 카리브해의 다리엔 지역에 식민지를 건설하려던 사업이 참패하고 얼마 안 남은 생존자들만 겨우 귀환했다. 경제 사정은 어렵고, 정치적으로는 잉글랜드와 스코틀랜드의 합병 문제로 시끄러웠다(실제로 1707년 두 왕국이 합쳐져 연합 왕국United Kingdom이 된다).

존 로는 그동안 자신이 공들인 경제 활성화 방안을 고국에 선사하고자 했다. 1705년에 출판한 저서 《화폐 및 교역론Money and Trade: Considered with a Proposal for Supplying the Nation with Money》의 핵심 주장은 신용을 확대하여 교역을 활성화하자는 것이다. 쉽게 말해 돈을 풀자는 이야기다. 돈이 돌아야 장사가 잘 되고 경기가 살아나지 않겠는가. 그러려면 어떻게 해야 되는가? 화폐 공급을 늘리는 데에는 화폐를 발행하는 은행만한 게 없다. "은행에 1만 5,000파운드가 보관되어 있다고 할 때 7만 5,000파운드의 화폐를 발행하면 국가는 이자 지불 없이도 6만 파운드를 더 많이 유통시킬 수 있다"는 식이다. 지금까지는 금화와 은화를 주조하거나, 혹은 귀금속을 기반으로 해서 화폐를 발행해왔다. 이 방식으로는 화폐 공급이 제한적일 수밖에 없다. 존 로의 주장은 귀금속이 없더라도 토지를 담보로 잡고 화폐를 발행하면 될 터이니, 그런 목적의 국립은행을 설립하자는 것이다. 토지는 귀금속보다 가치 변동이 작아 훨씬 더 안정적이면서도 거의 제한 없이 돈을 찍을 수 있게 해준다. 화폐량이 늘어나면 교역이 활성화되고 따라서 토지의 가치도 올라갈 것이다.

여자 꽁무니나 따라다니고 도박판이나 기웃거리던 한량이 어느 날 우국지사가 되어 나타나서 열변을 토했다. '우리나라 사람들이 게으르고 정직하지 못한 이유는 가난하기 때문이다. 왜 가난에서 못 벗어나는가? 나라 정책이 잘못되어서다. 네덜란드처럼 교역을 장려한다면 우리도 부자가 될 수 있다.' 그는 자신이 제시한 정책을 따르면 곧 부강한 나라가 된다고 강변했지만, 당시로서는 급진적인 정책이어서 결국 의회에서 수용되지 못했다.

그런데 존 로의 주장대로 귀금속 같은 명백한 담보 없이 땅을 담보로

경제학을 공부한 적이 없는 존 로는 어렸을 적 금세공인이던 아버지를 도운 경험을 바탕으로 유럽 중심지를 돌아다니며 은행과 화폐 유통을 깊이 관찰했다. 스코틀랜드로 돌아온 그는 화폐 발행을 통한 경제 활성화 방안을 제안했지만 급진적이라는 이유로 의회에서 거부되었다.

하여 은행이 돈을 마구 찍어내는 게 옳은 일일까? 화폐량이 엄청나게 늘어나는 건 문제가 되지 않을까? 늘 화폐 부족이 문제였다고 생각한 존 로는 과도한 화폐 공급의 문제점 따윈 안중에 없었다.

존 로는 자기 의견이 수용되지 않자 안타까워하며 다시 유럽 대륙으로 건너갔다. 한동안 헤이그에 머물며 복권 사업으로 상당한 돈을 벌었지만, 제 이익만 챙긴다는 주변의 따가운 시선 때문에 사업을 접고 떠났다. 그가 잘하는 거라곤 도박이었다. 여러 도박판을 기웃거리던 존 로는 프랑스 고위층 인사들을 만나 프랑스의 열악한 재정 상황에 대해 들었다. 그는 프랑스에서 자신을 필요로 하리라고 확신했다. 스코틀랜드에서 못 이룬 재정개혁의 꿈을 프랑스에서 시험해보리라. 이 나라 경제를 살릴지 망칠지 모를 일이지만……

'정의 법정'도 소용없는 프랑스의 파산 문제

1715년 루이 14세가 사망했다. 다음 왕 루이 15세는 다섯 살 어린아이여서 성년이 될 때까지 오를레앙 공 필리프가 의장을 맡은 섭정위원회가 통치를 대리했다.

루이 14세가 남긴 유산은 참담했다. 수많은 전쟁을 치르다 보니 프랑스 재정은 문자 그대로 파산 상태였다. 1715년에 당장 갚아야 할 빚이 8억 리브르, 당장 지불해야 할 돈이 1억 4천만 리브르인데, 쓸 수 있는 돈은 1715년에 500만 리브르, 이듬해인 1716년에 1,000만 리브르 정도였다. 이 문제를 어떻게 풀 것인가?

답이 있을 수 없다. 무지막지하게 밀어붙이는 수밖에 없다. 우선 지불해야 할 국채의 이자율을 일괄 4퍼센트로 낮추었다. 다음은 '사증visa'이라고 불린 작업을 수행했다. 단기차입 수표를 모두 회수하여 검토하고 군납 업자들과 왕실 납품업자들의 장부도 제출받아 검토했다. 그 결과 회수한 수표들의 절반 이상을 무효화하고, 나머지 약 2억 5,000만 리브르의 수표에 한해 4퍼센트 이자가 지급되는 정부 수표로 전환했다.

이게 다가 아니었다. '정의 법정'이라는 것을 전가의 보도처럼 휘둘렀다. 1689년 이후 '국왕과 관련된 사업'을 수행한 사람들에게 법정에 출두하여 재산과 수입의 내역을 밝히고, 재산 증식의 요인을 입증하도록 했다. 제대로 입증하지 못하는 경우 국왕에게서 불법 이익을 취했다고 판단하여 가혹한 조치를 취했다. 1716년 3월부터 1년간 정의 법정에 불려온 사람이 자그마치 8,000명에 달했는데, 많은 경우 '불법 이익'의 40~75퍼센트를 환수조치 당했다. 징역형 혹은 갤리선에서 노를 젓는 형벌을 받는 이들도 있었다. 그 외에 4,410명에게 벌금 2억 1,950만 리브르를 선고했다.

쉽게 예견할 수 있듯이 정의 법정이라고 해서 정의롭게 일처리를 한 것은 아니다. 궁정 고위층이나 권력자에 빌붙은 사람들은 법망을 빠져나가거나 감형되다 보니, 처벌받은 사람들이 오히려 동정을 받았다. 선왕 루이 14세의 치세 초기에도 이와 같은 방식으로 국가 부채를 털어버리려 한 적이 있는데, 그때나 지금이나 막무가내 식으로는 국가 재정 문제를 근본적으로 해결할 수 없었다. 이런 무지막지한 조치를 취한 이후에도 프랑스 정부는 여전히 파산 상태에서 벗어나지 못했다.

혁신적이면서도 사기성 높은 아이디어

프랑스 정부는 지푸라기라도 잡고보자는 심경으로 존 로를 불러들였다. 사실 그는 루이 14세 생전에 이미 은행을 설립하여 화폐 공급을 확대하면 국가의 재정 문제를 해결할 수 있다고 주장한 적이 있다. 당시 정부는 이 제안을 거부했으나, 루이 14세 사망 이후 사증이니 정의 법정이니 하는 극단적 조치로도 문제가 해결되지 않자 그를 불러들인 것이다.

존 로는 자신의 천재적인 아이디어를 시험할 기회가 왔다고 생각했다.

처음부터 과격하게 밀어붙이기보다는 온건한 방식을 택했다. 먼저, 주주 모집 방식으로 사설 은행 설립안을 내놓았다. 1716년 6월 일반은행 Banque Générale이 문을 열었다. 액면가 5,000리브르의 주식 1,200주를 발행하여 600만 리브르의 자본금을 모으려고 했으나 모금액이 150만 리브르에 그쳤다. 어쨌거나 이를 근간으로 은행권을 발행했고, 정부는 이 은행권을 법정화폐로 유통시켰다. 이 화폐로 세금을 낼 수 있었다. 그 덕분에 경제가 약간이나마 활력을 띠었다. 다만 성과는 아직 제한적이었다. 이 은행권은 아직 강제 유통력을 지닌 건 아니고, 또 발행 화폐량도 금고 안에 유치된 정화正貨의 액수를 넘지 못했다. 첫 단계를 무사히 넘긴 존 로는 자신의 원래 아이디어를 풀 버전으로 실현해보고자 했다.

그의 사업의 핵심 요소는 두 가지다. 첫째, 그가 늘 견지해온 생각대로 토지를 담보로 화폐를 발행하는 회사를 설립하는 것이다. 금고 안에 보관한 귀금속의 가치만큼 화폐를 발행하면 너무 제한적이다. 화폐량을 늘리려면 다른 재원이 필요한데, 가장 적절한 것은 바로 토지다. 다만 예전 주장과 다른 점은 국내 토지가 아니라 해외 토지를 개발하여 담보로 삼자는 것이다. 그가 찾아낸 것은 앙투안 크로자라는 사람이 설립했다가 현재는 지지부진한 루이지애나 회사였다. 1717년 9월 5일, 존 로는 북미 지역의 토지 개발에 관한 특권과 캐나다 비버 가죽 거래의 특권을 가진 이 회사를 인수했다. 일명 '서양회사Compagnie d'Occident'라고 했는데, 세간에서는 '미시시피 회사Mississippi Company'라고 불렀다.

두 번째는 국채를 주식으로 전환하여 회사의 자본금을 형성한다는 것이다. 여기서부터 존 로의 혁신적이면서 동시에 사기성 높은 아이디어가 빛나기 시작한다. 한 주에 500리브르인 주식 20만 주를 발행하여 1억 리브르의 자본금을 모으되, 투자자들은 현찰이 아니라 정부 채권으로만 이 주식을 구입할 수 있도록 규정했고, 회사는 투자자들에게 액면가의 4퍼센트 이익을 보장했다. 당시 국채는 액면가의 약 30퍼센트로 거래되고 있었다. 정리하면 이렇다. 액면가 100만 원이었던 국채가 '똥값'이 되어 실제 시세는 30만 원밖에 안 되는데, 이것으로 새로 설립하는 회사 주식을 사면 100만 원 제값을 다 쳐주고 게다가 매년 4만 원의 이익까지 보장한다! 사람들은 귀가 솔깃했다. 울화통 터지는 국채를 하루빨리 처분하고 싶었는데 좋은 기회가 온 것이다. 국채 소유자들이 대거 주식으로 갈아탔고, 그 결과 루이 15세 정부가 갚아야 할 부채의 20퍼센트가 정리되었다.

지금까지 모든 일이 잘되었다. 정부는 손 안 대고 코푸는 격으로 거액의 부채를 속 시원하게 해결했고, 국채 보유자들로서는 형편없는 가치의 채권을 처분하고 대신 전도유망한 신사업 회사의 주주가 된 데다 최소한 4퍼센트의 이익을 확보할 수 있게 되었다. 그런데 이 회사, 정말 '전도유망'한 거 맞나? 이 회사가 개발하는 미시시피 계곡이 과연 엄청난 수익을 가져다줄 것인가?

집에서 새는 바가지,
미시시피 들판에서도 새는 법

 당시만 해도 미시시피 지역은 프랑스에 거의 알려지지 않
았다. 프랑스는 신대륙 개발과 관련하여 캐나다 지역의 모
피 무역 위주로 진행하다가 17세기 말에 가서야 남쪽으로
눈을 돌렸다. 1673년 마르케트Marquette 신부와 루이 졸리에Louis Joliet라는
상인이 미시시피 유역에 도달했고, 이후 루이 엔느팽Louis Hennepin 신부
가 이 강을 탐험하여 세인트앤서니Saint Anthony 폭포에까지 이르렀다. 엔
느팽 신부는 미시시피 지역을 소개하는 책을 출판하기도 했지만 오랫동
안 누구도 관심을 두지 않았다.

미시시피의 단꿈

1710년대에야 비로소 미시시피 지역 개발에 뜻을 둔 사람이 나타났다.

〈세인트앤서니 폭포에 도착한 엔느팽 신부〉, 더글러스 볼크, 1905년경.
17세기 말 프랑스의 루이 엔느팽 신부가 아메리카 대륙의 미시시피 유역을
탐험해 이 지역을 프랑스에 소개했다. 1712년에 드디어 앙투안 크로자가 미시시피
개발권을 따냈지만 사업은 진척되지 않았고, 훗날 존 로가 이를 인수했다.

1712년 앙투안 크로자가 이 지역 전체에 대한 독점 개발·교역권을 따냈다. 그 내용은 귀금속 광산 개발, 인디언과의 교역, 물레방아와 공방工房건설, 여기에 더해 매년 한 척의 선박으로 아프리카 노예를 수입하는 권리 등이었다. 내용은 그럴듯했지만 실제 사업은 거의 진척되지 않았다. 시작은 창대하나 끝이 미약할 게 틀림없었다. 사업 부진으로 골머리를 앓고 있던 차에 존 로가 회사를 인수하겠다고 나섰다.

루이지애나(루이 14세의 이름을 딴 '루이의 땅'이라는 뜻)라고도 불리는 미시시피 지역은 존 로가 인수한 회사의 수익 기반이었다. 이곳을 잘 이용하여 이익이 나면 약속한 4퍼센트의 수익 배분이 이루어지지만 그럴 가능성은 전혀 없었다. '5만분의 1 지도, 그다음에는 조선소를 짓겠다는 백

사장의 사진을 보여주며, 당신이 배를 사면 그 구매 증명서를 가지고 영국 정부로부터 차관을 받은 다음, 기계 등등을 사서 이제부터 여기다가 조선소를 지어 당신의 배를 만들어줄 테니까 사라……' 이런 수준이었다. 정주영 회장은 성공했지만 존 로는 그렇지 못했다.

이런 때 필요한 게 과장 광고다. 자원의 보고인 미시시피에서 광산 개발만 하면 대박이다, 현지 인디언들 역시 프랑스 업자들을 기다리고 있다, 그래서 인디언들도 기독교를 받아들이려 한다! 존 로는 일단 이렇게 광고를 한 다음 그 내용을 실천하려 했다. 그러려면 무엇보다 미시시피에 가서 일할 정주민이 필요했는데, 지원자가 없었다. 파리 시내를 돌며 부랑자와 창녀 들을 잡아오고, 교도소 수감자들을 석방하여 아메리카로 보냈다. 이렇게 해서는 사업이 성공할 것 같지는 않지만, 뭐 어쩌겠는가. 망하지 않으려면 '대마불사'를 철칙으로 삼아 사업 규모를 키워야 한다. 존 로의 사업은 다음 단계로 나아갔다.

'실패+실패=성공'?

1718년 7월 18일, 존 로는 국가로부터 받기로 한 400만 리브르를 포기하는 대신 담배세 청부업을 인수했다. 이어서 세네갈 노예 회사를 헐값에 인수했다. 이제 사무실과 창고, 배 열두 척, 여기에 경력 사원들까지 갖추고 나니 그럴듯했다. '은행업-국가 재정 업무-무역'으로 구성된 이른바 '로 체제'의 기본 꼴이 만들어졌다. 이제 이 시스템을 엄청나게 부풀릴 일만 남았다.

1719년 1월 1일자로 일반은행이 왕립은행Banque Royale으로 승격했다. 국왕 이름이 붙자 모든 면에서 차원이 달라졌다. 은행권의 발행 규모는 예치금에 상관없이 정부 참사회의 결정에 따라 얼마든지 확대될 수 있었다. 더구나 은행권은 강제 유통력을 부여받았다. 1720년부터 600리브르 이상의 지불과 상품의 도매 거래에서 정금의 사용을 금지하고, 오직 왕립은행에서 발행한 화폐만 사용하도록 규정했다.

은행업 다음으로는 상업과 재정 업무 부문에서도 변화가 있었다. 존 로는 과거 1664년 콜베르가 주도하여 세운 프랑스 동인도회사Compagnie des Indes Orientales를 인수했다. 이 회사의 성과 역시 별 볼일이 없었다. 원래는 희망봉부터 태평양까지 육로와 해로 교역을 독점하고, 정부로부터 조세 할인, 자금 대여 등 온갖 특혜를 누리면서 다양한 식민 활동을 하려고 했다. 그러나 18세기 초까지 사업 대부분이 실패했고, 마다가스카르 식민지만 살아남았으나 이 사업 역시 신통치 않았다. 인도, 시암(오늘날의 타이), 중국 방면의 활동도 성공과는 거리가 멀었다. 이런 상황에서 미시시피 회사와 동인도회사를 합치는 것이 대안이 될 수 없었다. '실패+실패=성공'이 될 리가 없지 않은가. 여기에 더해서 1718년 세네갈 회사(서인도 지역의 사탕수수 플랜테이션과 노예 매매 사업)를 합병하고 생도맹그 회사(사탕수수 플랜테이션 사업)도 인수했다. 동인도와 서인도 지역 회사를 합병한 이 덩치 큰 회사는 '인도회사Compagnie des Indes'라 불렸다.

재정·조세 부문에서도 덩치 키우기는 계속되었다. 존 로는 조폐국 국장으로 임명되어 화폐 제조의 특권을 손에 쥐었다. 더 나아가 인도회사는 징세 청부업과 직접세 수납까지 떠맡았다. 1719년 1월부터 시작해서 10개월 만에 눈부신 속도로 기업 합병을 한 셈이다. 정체를 알 수 없는 외국인이 나타나 한 나라의 무역, 식민지 개발, 화폐 발권과 정화 주조, 세금 징수까지 독점했다. 내친 김에 프랑스 정부는 1720년 1월 존 로를 국가 재정 및 경제와 관련하여 수장 격인 재무총감, 말하자면 사실상의 총리로 임명했다. 과연 존 로는 프랑스 경제를 살릴 마법을 행할 것인가?

투기 광풍, '한 사람은 내 마부요'

존 로는 거침없이 사업 규모를 확대해갔다. 인도회사로 개칭한 후 한 달 후인 1719년 6월에 두 번째 주식 발행을 했다. 한 주당 500리브르의 주 5만 주를 10퍼센트 프리미엄을 붙여 모집했다. 이번에는 1차 모집 때와 달리 채권이 아니라 금이나 은행권으로만 투자할 수 있었고, 게다가 매우 특이한 투자 방식을 규정했다. 미시시피 회사 주식 100단위를 산 사람이 새 회사 25단위의 주식 매입권을 갖는다는 것이다. 달리 말하면 '어머니' 회사의 4주를 가지면 '딸' 회사의 한 주를 살 수 있다. 욕심에 눈먼 투자자들은 기꺼이 '어머니'와 '딸'에 투자했다.

내친 김에 또 한 번 유사한 방식으로 확장을 시도했다. 북아프리카 교역과 알자스 지역의 암염광산 개발권에 대해서도 비슷한 방식으로 투자자를 모집했다. 5,000만 리브르의 자본을 모으는데, '어머니 4주+딸 1주'를 가져야 '손녀' 한 주를 살 수 있도록 했다.

이런 과정을 거쳐 인도회사의 주식은 총 62만 4,000주로 늘어났다. 주식의 명목 가치 총액은 3억 1,200만 리브르지만, 시가 총액은 열여섯 배인 47억 8,175만 리브르에 이르렀다. 이는 실제 사업 내용과는 아무런 상관없이 투기 수익을 기대한 결과일 뿐이었다. 더구나 주식 매입 대금을 20개월에 걸쳐 분할하여 지불할 수 있도록 조치했기 때문에, 소액만 가지고 주식 매매에 뛰어든 사람도 많았다. 주가가 오르자 투자자들은 큰 수익을 올렸다.

파리에는 신흥 부자들이 넘쳐났다. 푸주한, 빵가게 주인, 하녀 들이 엄청난 돈을 벌었다. 4,000만 리브르를 번 굴뚝 청소부, 3,000만 리브르를 번 웨이터 같은 졸부의 레전드들이 탄생했다. 백만장자millionaire라는 말도 이때 생겨났다. 카페와 레스토랑이 주식거래소 역할을 했고, 가게 주인들이 중개인을 자처하며 주식거래를 수행했다. 의자나 헛간을 빌려주는 대가로 짭짤한 소득을 올리는 사람도 많았다. 주인이 8,000리브르에 팔고 오라는 심부름을 하던 하인이 도중에 1만 리브르에 사겠다는 사람을 만나 자신이 2,000리브르를 챙겼다는 등의 소문도 돌았다. 특히 유명한 것은 존 로의 마부 이야기다(가끔 화제가 되는 회장님 운전기사 이야기의 18세기 버전이다). 존 로가 하는 일을 어깨 너머로 보고 따라한 마부가 큰돈을 벌었다. 어느 날 그가 다른 마부 두 명을 데리고 나타났다. 자신은 이제 은퇴할 테니 다른 마부를 쓰라는 것이다. '알겠네만, 두 사람까지는 필요 없다네' 하고 존 로가 말하자 전직 마부가 답했다. '한 사람은 내 마부요.'

남들은 떼돈을 번다는데 나만 가만히 있으면 바보처럼 느껴지는 법, 시골에서 많은 사람이 파리로 상경하여 주식거래소로 달려갔다. 프랑스뿐 아니라 스위스, 함부르크, 오스트리아, 네덜란드 사람들도 투기에 뛰어들었다. 라이프치히에서는 루이지애나 회사를 소개하는 책이 대여섯 권이나 출간되었다. 버블은 국제적인 성격을 띠어갔다.

〈인플레이션〉, 미시시피 버블 기간에 파리는 '투기꾼들의 거리'라 불릴 정도로 주식을 사고 팔려는
사람들로 붐볐다. 심지어 이들이 서류를 작성할 수 있도록 등을 빌려주고 돈을 번 사람도 있었다.

아슬아슬한 돌려막기

주가가 계속 오르자 존 로는 걱정이 앞섰다. 주가가 갑작스럽게 폭락할 경우 모든 일이 물거품처럼 사라질 수 있기 때문이었다. 어떻게든 주식 시세의 하락을 막아야 했다. 우선, 회사가 자사 주식을 매입했다. 또 존 로의 은행은 자사 주식을 담보로 2,500리브르까지 2퍼센트의 낮은 이자로 돈을 빌려주었다. 주식을 담보로 빌린 돈으로 다시 자사 주식을 사게 하기 위해서였다. 게다가 1719년 12월 30일 소집된 주주총회에서 한 주당 200리브르, 즉 명목 가치의 40퍼센트에 달하는 배당금을 약속했다. 이러한 조치 덕분에 주가가 다시 오르면서 12월 말에는 8,000리브르로 정점을 찍었다.

주식 투기를 하려면 시중에 돈이 있어야 한다. 왕립은행은 1719년 연말까지 10억 리브르, 1720년 2월에 또다시 2억 리브르 하는 식으로 화폐 발행을 늘렸다. 그러니까 결국 자기 은행에서 돈을 찍어 투자자들에게 대출해주면, 사람들은 그 돈을 다시 이 회사에 투자했던 것이다. 주식을 담보로 대출받다 보니 시중에 유통되는 주식이 많지 않아 주가는 더 올랐다. 돈을 찍어 억지로 주가 하락을 막고 있다는 이야기인데, 이렇게 돈을 마구 찍어도 될까? 그럴 수 없다는 건 자명하다. 돈 가치가 떨어지면 모든 게 무너지고 만다.

그러니 이번에는 은행권의 가치 하락을 막아야 했다. 은행권의 가치가 떨어지면 사람들은 금과 은 같은 '진짜' 돈을 찾을 테니, 이를 인위적으로 막으려 했다. 우선, 금속 화폐 사용을 점진적으로 금지하는 대신 은행권이 프랑스 전 지역에서 통용될 수 있도록 강제력을 부여했다. 500리브르 이상을 정화로 보유하는 것은 불법이고, 이를 위반할 때에는 해당 금액을 몰수하거나 1만 리브르의 벌금형을 부과하기로 했다. 조만간 금화와 은화의 제작과 통용을 아예 금지했다. 오직 왕립은행에서 발행하는 화폐만 사용하도록 규정한 것이다. 이 같은 일련의 정책을 집행하기 위해 왕립은행과 인도회사를 통합했다. 무역회사이자 세무서이자 은행이라는, 아무리 봐도 기이한 괴물 조직이 탄생했다.

지금까지 벌려놓은 일들이 성공하느냐 마느냐의 관건은 그가 발행한 화폐에 대한 신뢰도에 달려 있다. 신뢰가 유지되려면 회사가 실제 수익을 올려야 한다. 다시 말해, 회사의 핵심 사업 부문인 아메리카 대륙 개발과 교역이 성공해야 한다. 그동안 미시시피 지역은 어떻게 변했을까? 수십 억 리브르의 주가 총액을 지탱할 정도로 엄청난 부를 창출하고 있을까? 그럴 리가 없다. 집에서 새는 바가지, 미시시피 들판에서도 새는 법. 파리의 부랑아, 거리의 여인 등이 아메리카에 건너가 밤낮으로 열심히 일해서 문전옥답을 일구려 하지는 않았다. 누벨오를레앙Nouvelle Orléans(현재는 영어식으로 '뉴올리언스'가 되었다. 섭정인 오를레앙 공 필리프에서 따온 이름이다)은 달랑 건물 몇 채만 있는 소읍小邑으로서 망하지 않기 위해 발버둥만 치고 있을 뿐, 노다지 광산 같은 것은 없었다. 이곳 주인은 여전히 치타마샤족Chitimacha 인디언들이고, 프랑스인들이 더부살이를 하고 있었다. 아프리카와 아시아 지역의 사업 역시 이렇다 할 수익을 거두지 못했다.

작년보다 절반만큼만 부자라니?

파국이 다가오고 있다. 회사가 실질적으로 벌어들이는 게 없으니 주식 시세 보존책도 조만간 한계에 다다를 것이다. 일부 현명한 투자자들은 이런 사정을 알아채고 슬슬 '종이'를 실물 자산으로 바꾸기 시작했다. 역시나 믿을 건 진짜 돈, 즉 금속 화폐다. 프랑스 왕족 중 한 명으로, 대투자자인 콩티Conti 공이 왕립은행에 수레 세 대에 주식을 가득 싣고 와 금으로 바꾸어달라고 요구하자, 지불 거부는 못 하지만 이로 인해 '로 체제'가 흔들렸다. 이런 소문이 파리에 돌면서 투자자들이 동요했다.

일단 투자자들을 안심시켜야 했다. 1720년 3월, 존 로는 언제든지 주식을 시가대로 정산해주겠다고 약속했는데, 이게 엄청난 실책이었다. 안심하고 주식을 계속 보유하라는 뜻이었는데, 투자자들이 몰려와 주식을 돈으로 바꾸겠다고 했다. 40억 리브르나 되는 현금을 어떻게 확보한단 말인가. 일단 돈을 더 찍는 수밖에 없었다. 회사는 3월 26일부터 5월 1일까지 무려 14억 리브르의 화폐를 발행했다. 자연히 극심한 인플레이션이 발생했다. 파국을 막으려면 하루바삐 돈의 가치를 올려야 했다.

5월 21일, 존 로는 주식과 은행권의 명목가치를 점진적으로 낮추겠다고 발표했다. 당시 시가 8,500리브르인 주식의 가치를 매달 500리브르씩 하락시켜 12월에 5,500리브르로 낮추고, 은행권 또한 매달 5퍼센트씩 떨어뜨리겠다는 것이다. '명목'가치는 떨어지더라도 주식의 '실질'가치는 달라지지 않는다고 투자자들을 안심시켰다. 은행권이든 주식이든 모두 표면상의 숫자만 같은 비율로 하락할 뿐 내재 가치는 똑같이 유지된다는 것이었다.

'로 체제'의 붕괴를 풍자한 베르나르 피카르의 풍자화, 1720. 미시시피 버블이 터지자
파리의 민중들이 들고일어났다. 섭정 오를레앙 공 필리프는 존 로를 해임하고,
외국으로 탈출하는 것을 도왔다. '로 체제'의 실패로 오랫동안 프랑스인들은
은행과 주식 제도를 믿지 않았고, 이는 프랑스 경제성장을 저해하는 요인이 되었다.

　사람들은 어리둥절했다. '작년보다 절반만큼만 부자'라니, 속았다고 판
단했다. 고등법원에서 이 조치를 승인하지 않았지만, 사태가 더욱 악화
될 게 뻔했다. 사람들은 주식과 은행권을 하루바삐 실제 자산, 즉 금이든
은이든 혹은 무엇이든 실물로 바꾸려고 했다. 심지어 지폐가 잘 유통되지
않자 은행에서는 우선 사람들이 식료품을 살 수 있도록 10리브르짜리 지
폐를 동전으로 교환해주었다. 과거에 미시시피 회사 주식을 사려고 줄선
사람들이 이제는 10리브르 지폐를 동전과 교환하려고 장사진을 쳤다.

마침내 버블이 터졌다. 주식을 팔려는 사람들이 늘어났고, 주식 가치와 화폐 가치가 동시에 급락했다. 7월에 왕립은행에서 은행권을 정화로 상환할 수 없게 되자, 파리에서 민중들이 들고일어났다. 비비엔 거리에 위치한 은행 앞에 1만 5,000명이 운집하여 시위를 벌이다가 10여 명이 압사하는 일도 있었다. 11월에 지폐 유통이 중단되었고, 로 체제는 회복 불가능한 지경에 이르렀다. 투자자들은 막대한 손해를 입었다. 특히 단기 투기 수익을 노리고 '단타 매매'를 하느라 회사 명부에 이름이 등재되지 않은 사람들은 주식을 몰수당했다.

섭정 필리프 공은 존 로를 해임했다. 그는 12월 말에 섭정이 마련해준 안전통행권과 부르봉 공작이 제공한 무장 마차를 타고 벨기에 국경을 넘어 도주했다. 로마, 코펜하겐, 베네치아 등지를 돌아다니며 도박을 하면서, 언제든 프랑스로 돌아가 자기 아이디어를 제대로 구현하여 경제도 살리고 명예도 회복하겠다고 생각했다. 그러나 1723년 필리프 공이 사망하면서 그런 희망은 완전히 사라졌다. 런던에서 몇 년을 보내다가 마지막에는 베네치아에서 여생을 보냈다. 그곳에서 존 로는 다시 평범하고 가난한 도박꾼으로 살다가 1729년 폐렴으로 죽었다.

존 로 체제의 실패는 많은 투자자의 돈을 날린 단기간의 피해로 끝난 게 아니다. 프랑스인들은 주식이니 은행이니 하는 것에 공포감을 갖게 되었다. 이는 결과적으로 오랫동안 금융 제도의 발달을 지연시킴으로써 경제에 지대한 악영향을 미쳤다. 은행과 주식 제도 없이 어떻게 경제가 발달할 수 있는가. 사회·경제 전체가 신용을 잃었으니 경제성장에 이보다 더 큰 악재는 없었다.

3

미시시피 버블에서 남해 버블로

 버블은 프랑스만의 일이 아니었다. 자본주의의 성장이 국제적이라면 자본주의의 폐해, 돈에 미친 광기 또한 이미 국제적으로 변했다. 버블 현상은 전염병처럼 이웃 나라로 번졌다. 미시시피 버블은 영국의 남해 버블South Sea bubble에 큰 영향을 끼쳤다. 영국 역시 프랑스와 유사한 상황에 처했다. 파리에 존 로가 있다면 잉글랜드에는 존 블런트가 있었다.

18세기 초, 영국은 대불전쟁과 대★북방전쟁을 동시에 치르느라 재정 상태가 심각했다. 이미 엄청난 적자 상태인데도 불구하고 당장 급한 전비를 마련해야 했다. 1711년 어지간히 급했던지 의회는 국영 복권 사업을 추진했다. 이때 복권 판매를 위탁받아 성공적으로 수행한 사람이 핼로우 칼날 회사Hallow Sword Blade Company(특이한 이름의 사설은행이다) 이사인 존 블런트였다. 그는 사기성 짙은 사업 수완으로 이름을 알리기 시작했다.

의회 대표 로버트 할리와 존 블런트는 막대한 액수의 국채 문제에 대한 해결 방안을 고안해냈다. 새 회사를 설립해 주식을 발행한 다음 1,000만 파운드의 국채를 이 회사 주식과 교환한다는 것이다. 그렇게 해서 탄생한 것이 남해회사다. 남해South Sea란 당시 남아메리카 대륙 주변의 대양을 일컬었다. 남해회사는 남아메리카에 대한 독점 무역권과 아시엔토(노예무역 독점권)를 부여받았다. 사실 이 지역은 전쟁 상대국인 에스파냐 지배하에 있기 때문에 교역을 통해 수익을 낼 가능성이 거의 없었음에도 회사는 엄청난 성공을 거둘 것처럼 떠벌렸다.

회사 설립의 실무는 블런트가 맡았다. 1711년 9월 10일, 특허장을 받고 정식으로 회사가 설립되어 국채를 주식으로 전환했다. 그러나 실제 사업 상황은 별반 좋지 않았다. 이 회사가 유일하게 성공한 것은 주식 발행을 매개로 농간을 부리는 일이었다. 마침 바다 건너 프랑스에서 존 로 체제의 실험 소식이 속속 들려왔다. 남해회사도 여기에 자극을 받아 유사한 방식을 흉내냈다.

1719년, 남해회사는 3,150만 파운드라는 거액의 유상증자를 통해 국채를 인수한다는 계획을 세웠다. 정부로서는 그동안 계속 불어난 국채 부담을 줄이려 했고, 회사는 이 기회에 금융 수익을 꾀했다. 즉 남해회사는 유상증자의 대가로 정부에 750만 파운드를 지불하는 대신 새로 발행하는 주식의 일부를 시장에 매각하여 자금을 조달한다는 것이다.

회사는 액면가 100파운드 주식 31만 5,000주를 발행한다. 이 주식을 그대로 100파운드에 채권 소유주에게 넘기면 회사로서는 남는 게 하나도 없고 정부에 지불하는 750만 파운드만큼 손해만 본다. 그런데 만일 주가가 올라서 200파운드가 되면? 발행한 주식 중 절반만으로도 자금을 모을 수 있고, 남은 절반을 시장에 팔면 회사는 1,575만 파운드를 번다. 이 중 750만 파운드를 정부에 넘기고 차액은 회사가 가진다. 만일 주가가 300파운드 혹은 400파운드가 되면? 더 적은 주식으로 채권을 인수하고, 남은 주식을 시장에 팔아 훨씬 더 많은 돈을 남기게 된다. 그러니 주가가 오를수록 회사에 유리하다.

혼란스러울수록 사기가 잘 먹힌다

남해회사는 아메리카에서 엄청난 수익이 예상된다는 소문을 퍼뜨렸다. 1720년 1월에 128파운드였던 주가는 재무장관 존 에이즐러비가 증자 계획안을 의회에 보고하면서 오르기 시작하여 2월에 175파운드, 3월에 330파운드가 되었다.

사실 국채 관련 정책은 이처럼 불안정한 방식으로 추진해서는 안 된다. 주가 변동과 연계시켰다가 시장 과열로 인한 사고 발생을 막으려면 주식과 채권 간 전환 비율을 미리 정해야 한다. 예컨대 주가를 150파운드로 상정하고 국채를 신주新株와 교환한 다음 남은 주식을 시장에 매각했다면 훨씬 건전하게 일이 진행되었을 것이다. 원래 남해회사 내부에서 논의한 내용도 이 같은 온건한 방식이었다. 그러나 블런트는 이 계획에 제동을 걸었다. 그는 일부러 전환 비율을 미리 정하지 않고 일단 주식 청약부터 받았다. 투자자들은 주가가 앞으로 어떻게 될지 알 수 없어서 혼란스러워했다. 블런트는 바로 이것을 노렸다. 혼란스러울수록 사기가 먹힌다고.

의회에서는 로버트 월폴 같은 지각 있는 의원들이 만약의 사태를 예방하기 위해 국채와 주식 간 전환 비율을 미리 정하자고 주장했다. 그런데 재무장관 에이즐러비를 비롯한 일부 인사들은 주식의 내재 가치를 객관적으로 정할 수 없다는 이유로 반대했다. 이들은 왜 반대했을까? 남해회사가 비밀리에 이들에게 주식을 유리하게 '판매'했기 때문이다. '판매'했다는 것은 단지 미리 약정된 가격에 주식을 살 권리를 받았다는 의미다. 실제로는 돈 한 푼 안 내고 서류상으로만 주식을 보유하고 있다가 주가가 크게 올랐을 때 주식을 회사에 되팔아 엄청난 차액을 챙기는 것이다. 재무장관은 욕심을 더 부려 개인적으로도 남해회사 주식을 다량 매입해두고는 주가가 오르기를 기다렸다. 이런 사람들이 주가 상승의 광풍을 막는 조치를 취할 리 없었다. 결국 1720년 3월, 전환 비율을 확정하지 않은 채 남해회사 안을 가결하자 주가가 고삐 풀린 듯 올랐다. 4월 14일, 주식 청약을 받자 액면가의 세 배인 300파운드에 200만 주가 한 시간 만에 '완판'되었다.

존 블런트는 가난한 구두수선공의 아들로 태어나 무역 업무를 담당하는 법무사로 성공한 뒤 남해회사 창립 멤버가 되었다. 그는 영리한 달변가로, '말 한 마디 한 마디에 힘을 주고 떨리는 음성으로 연설하여 마치 예언자인 양 행동했다.' 우리 주변에도 이런 가짜 예언자들이 얼마나 많은가. 블런트는 극도의 혼란을 조장해놓고는 다음과 같이 허위·과장 광고를 했다.

신사 여러분! 두려워하거나 걱정하지 마십시오. 확고하고 결연하게, 용기 있게 행동하십시오. 나는 여러분 앞에 놓인 것이 범상한 물건이 아님을 확언합니다. 세상에서 가장 위대한 것이 당신 앞에 놓여 있습니다. 유럽의 모든 돈이 당신에게 집중될 것이며, 세상의 모든 나라가 당신에게 축하를 보낼 것입니다.

미시시피 회사 따라하기

블런트는 프랑스의 미시시피 회사 방식을 모방해 사기 행각을 벌였다. 주식 청약시 필요한 증거금(전체 납부금 중 일정 금액을 미리 납부하는 것)의 비율을 낮추었다. 20퍼센트만 내면 먼저 주식을 받고, 잔액은 16개월 동안 여덟 번에 걸쳐 나눠 지불하면 된다. 당장 돈이 없더라도 주식 투자에 나서도록 유도한 것이다. 또 한 가지 미시시피 사례에서 배운 것은 주식을 담보로 돈을 빌려주는 방식이다. 투자자들은 남해회사에서 돈을 빌려 그 돈으로 남해회사 주식을 청약하고, 그 주식은 곧 남해회사에 담보로 잡힌다. 돈이 없어도 주식 투자를 할 수 있어서 주식 시장에 사람들이 몰리고, 반면 주식 자체는 담보로 잡혀 있어서 유통이 안 되므로 희소해진다. 그러니 주가가 오를 수밖에 없다.

남해회사는 같은 해 4월과 7월에 두 번 더 주식 청약을 받았다. 두 번 다 선풍적인 인기를 끌며 청약을 마쳤다. 채권을 가진 사람들 다수가 이 회사 주식으로 갈아탔다. 그 결과 3,100만 파운드의 국채 중 2,600만 파운드의 채권이 액면가 총액 850만 파운드의 주식으로 전환되었다. 회사는 전환하고 남은 주 17만 5,000주를 시장에 유통시켜 엄청난 이익을 챙겼다. 정부로서는 갚아야 할 빚을 손쉽게 정리했고, 투자자들은 자기 손

윌리엄 호가스가 그린 남해회사 버블을 풍자한 그림(19세기). 남해회사는 존 로의
미시시피 회사 방식을 그대로 답습해 주식을 담보로 돈을 빌려주고, 그 돈으로 자사의 주식을
사게 했다. 남해회사의 주식은 주식 시장에서 선풍적인 인기를 끌며 '완판' 되었다.

에 쥔 주식 가격의 고공행진에 만족했다.

주식 매매로 큰돈을 버니 기쁘지 아니한가? 높은 값에 주식을 사주는
아둔한 사람들이 있으니 또한 즐겁지 아니한가? 200파운드에 사서 300
파운드에 팔면 한 주당 100파운드를 남긴다. 한 주당 300파운드에 산 사
람은 400파운드나 500파운드에 팔면 된다. 주가가 계속 오르는 한 여기
에 참여한 사람들은 다 돈을 번다. 그렇게 영국 국민 모두가 엄청난 부자
가 될 수 있을까? 누군지 모르지만 주가가 떨어지기 전 가장 비쌀 때 산
사람들이 엄청난 피해를 입으리라는 것은 불 보듯 뻔하다. 이론상으로는

주가가 쌀 때 사서 가장 비쌀 때 팔면 최대한 돈을 벌 수 있다. 문제는 그 시점이 언제냐는 것이다. 세기의 천재 아이작 뉴턴도 투자 행렬에 끼어들었다. 누군가 그에게 언제까지 주가가 오를지 묻자 이렇게 대답했다. "나는 천체의 무게를 측정할 수는 있어도 미친 사람들의 마음은 알 수 없다오." 더블린의 대주교 윌리엄 킹은 다른 사람과 달리 자신만은 폭락 직전에 팔 수 있다고 확신했다.

영국의 종교는 남해회사 주식

남해회사 주가가 크게 오르자 덩달아 주식회사가 190개나 설립되었다. 대부분은 실제 사업 내용은 맹탕이고 허울뿐인 부실기업이었으나, 투기 과열로 인해 이 회사들의 주식마저 크게 올랐다. 이런 정체불명의 사업을 내걸고 투자자들을 유혹하는 회사를 '버블 기업'이라 한다.

'미지의 남방 대륙Terra Australis Incognita'에 노예를 공급하겠다는 회사가한 예다. 당시 많은 사람이 남반구 극단(남극 지방을 가리킨다)에 열대 대륙이 존재하며, 제2의 콜럼버스 같은 인물이 그 대륙을 발견하리라고 믿었다. 열대 지방은커녕 얼어 죽을 정도로 추운 얼음 세계만 존재한다는 사실이 나중에 쿡 선장에 의해 확인되었지만, 그것은 아주 먼 후대의 일이었다. 그 이전에는 사기꾼 사업가가 그곳에 흑인 노예를 수출할 회사를 차린다며 투자를 권했다. 원양 어선에서 잡은 활어를 런던까지 실어올 수 있는 배를 만들겠다는 회사, 장례식을 대신 치러주는 회사도 등장했다. 사실 활어 운반 기술은 오늘날 실현되었고, '묻지도 않고 따지지도 않고' 노인 고객들을 상대로 장례식을 대행해주는 상조회사도 최근에 등장했다. 그렇지만 이런 일들은 18세기까지만 해도 꿈같은 이야기였다. 당시 버블 기업 중 가장 유명한 사례는 "위대한 모험을 할 계획이지만 누구도 그것이 무엇인지 모르는 사업"을 하겠다던 회사다. 이런 회사 190개 중 마지막까지 살아남은 곳은 런던보험회사를 비롯해 4개에 불과했다. 투자자들은 장기적인 안목에서 회사의 내재 가치를 따져보는 게 아니라, 단지 주가가 크게 오르기를 기다렸다가 뒤늦게 주식을 사려는 우둔한 사람에게 팔아넘겨 돈을 벌겠다는 생각뿐이었다.

이런 부정직한 방식에 제동을 걸어야 할 고위직 인사들이 오히려 여기에 편승해 큰 수익을 노리고 있었다. 심지어 국왕 조지 1세도 남해회사 주식을 가지고 있었는데, 재무장관이 주식 매각을 권유했으나 팔지 않았다. 국왕도 주가가 오르는 것을 기다려 더 큰 이익을 얻으려 한다는 점이 분명하니, 주식 투기의 모범을 보이고 계셨던 셈이다. 모두가 주식에 열광했다. 《걸리버 여행기》를 쓴 조너선 스위프트는 이렇게 표현했다.

런던에서 온 사람들에게 그곳 사람들의 종교가 무엇이냐고 물으면 남해회사 주식이라고 답한다. 영국 정부의 정책이 무엇이냐고 물으면 역시나 남해회사 주식이라고 답한다. 영국이 주로 교역하는 상품이 무엇이냐고 물으면 여전히 남해회사 주식이라고 답한다.

특기할 사실은 여성 투자자도 매우 많았다는 점이다. 18세기 당시 토지 거래는 여전히 남성들의 전유물이었으나, 새로 시작된 주식 투자는 남녀 누구나 가능한 일이었다. 주식 시장에서 활동하는 대표적인 신여성

남해회사의 주식 투자 열풍에 빗대어 많은 사람이 결국 남해에 빠지게 된다는 내용을 담은 '남해 버블 카드'.

은 메리 워틀리 몬터규였다. 오스만 제국 주재 대사가 된 남편을 따라 여행하면서 본 이슬람 세계를 소개하는 편지를 써서 유명해진 바로 그 여성이다(《레오폴트 1세와 카를로스 2세》 편 참조). 영국에 천연두 백신 도입을 주장하는가 하면, 당대 여성들의 지적·사회적 발전을 저해하는 분위기를 비판하기도 했다. 여기에 더해 선구적으로 주식 투자에 나선 것이다.

그런데 여기에는 아픈 사연도 숨어 있으니, 그녀는 르몽Remond이라는 프랑스 건달과 음탕한 편지를 주고받은 적이 있는데, 이 작자는 이걸 빌미로 그녀에게서 돈을 뜯어내고 있었다. 그녀는 돈을 마련하기 위해 남해회사 주식에 투자를 한 것이다. 그녀를 연모한 저명한 시인 알렉산더 포프도 주식 투자를 권하는 편지를 보냈다. 남해회사 주식을 사면 확실히 큰 이익을 얻는다는 정보를 입수하여 메리 몬터규에게만 알려준다는 내용으로, 사실 당시는 남해회사 주가가 최고점에 이른 때라 주식을 사면 패가망신하는 때였다.

버블이 꺼지다

남해회사의 3차 주식 청약의 열기는 최고조에 달했다. 5,000만 파운드가 2~3시간 만에 '완판'되었다. 곧이어 4차 청약 소식이 들려올 때 아직까지도 돈의 향연에 끼지 못해 안타까워하던 사람들이 너도나도 달려들었다. 그렇지만 이쯤 되자 '꾼'들은 슬슬 낌새를 알아차렸다. 4차 청약에는 런던 금융인들과 암스테르담 출신 투자자들이 참가하지 않았다. 네덜란드인들은 오히려 주식을 팔아 암스테르담으로 투자처를 옮겼다. 블런트도 곧 버블이 꺼지리라는 것을 직감하고 있었지만 순진한 투자자들에게 대출 혜택을 광고했다. 소위 '상투를 잡는' 사람들이 바로 이런 순진한 사람들이다.

1720년 여름, 버블이 붕괴되기 시작했다. 그 시작은 놀랍게도 남해회사 임원들이 다른 버블 회사들을 공격한 일이었다. '미천한' 버블 기업 때문에 남해회사 주가가 떨어질지 모른다고 판단했기 때문이다. 이해 7월, 블런트는 관계官界에 있는 지인들에게 반反버블법—옛날식으로는 포말법泡沫法—을 제정하도록 압박했다. 의회의 승인 없이는 회사를 설립할 수 없고, 기존 기업들도 정관에 명시되지 않은 활동을 할 수 없다는

1711~1720년까지 유럽 각지에서 이어진 거품 경제 현상과 경제 붕괴 상황을 풍자한 그림. 남해회사 주식의 구입 영수증과 중개인을 통해 주식을 사는 여성들, 거리에 모여 모든 것을 잃었다고 한탄하는 사람들, 그리고 감옥에 갇힌 투기꾼 등 다양한 군상이 보인다.

내용이었다. '나'만 사기를 쳐야 하는데, '가짜 사기꾼'들이 설쳐대니 이런 작자들을 단속해달라는 식이다.

반버블법이 통과된 후 남해회사 직원이 버블 기업 세 곳의 임원을 체포해달라고 요청했다. 이 일은 큰 파장을 몰고 왔다. 버블 기업을 단속한다고 하자 주식 시장에 패닉 현상이 나타났다. 실제 정관에 없는 사업을 하려 한 기업의 주가가 350파운드에서 30파운드로 하락하는 일도 있었다. 총체적으로 약세장이 이어졌다. 게다가 남해회사로부터 돈을 빌려 주식을 산 사람의 경우 대부금을 갚아야 하는 만기가 도래하자 돈을 마련하기 위해 주식을 팔았다. 남해회사 역시 높은 배당을 약속하며 주가를 지키려 했지만 지금 당장 돈 갚는 데 급급했던 터라 내후년에 고수익을 내는 게 무의미할 수밖에 없었다. 그리고 사람들은 더는 그런 사탕발림에 넘어가지 않았다.

국제적인 요인도 작용했다. 1720년 6~7월에 외국인들이 암스테르담과 함부르크에서 한창 떠오르는 버블 기업들에 투자하기 위해 남해회사 주식을 매각했다. 런던의 돈이 말라갔다. 결정적으로 이 무렵 파리의 미시시피회사의 몰락 소식이 들려왔다.

8월 초에 남해회사 주가가 1,000파운드를 넘어 최고점에 이르렀는데, 9월 초에 800파운드로 떨어지더니, 그다음 주에 600파운드, 9월 말에는 200파운드로 떨어졌다. 너도 나도 꿈에서 깨어 주식을 팔아치우려 했다. 그럴수록 주가는 더 떨어지고 결국 수많은 사람이 파산했다. 이 중에는 뉴턴도 있었다. 천재 물리학자는 주식을 일찍 처분해서 꽤 큰돈을 벌었지만 그 후에도 주가가 오르는 것을 보고 다시 샀다. 하필 그때가 주가가 최고점이어서, 그는 2만 파운드의 거액을 날렸다. '공부가 제일 쉬웠어요'라고 생각했을 것이다. 메리 몬터규 부인도 돈을 잃는 바람에 건달 르몽의 협박 편지에 계속 시달렸다. 많은 파산자가 자살했다. 그중에는 존 블런트의 조카 찰스 블런트도 있었다. 이해 여름 마르세유에서 페스트가 발병하여 프랑스 전역으로 퍼지더니 영국을 위협했다. 영국인들은 신의 응징이 닥쳐오는 것이라고 해석했다.

돈을 잃은 군중의 분노는 하늘을 찔렀다. 웨스트민스터 사원 앞에 모인 군중이 관련자 처벌과 배상을 요구했다. 12월에 의회에서 실태 조사를 위한 위원회가 꾸려져 조사에 착수했다. 조사 결과 네 명의 의원이 추방되고, 재무장관 에이즐러비는 '가장 악명 높고 위험하고 사악한 부패'를 저질렀다는 규탄을 받은 후 남해회사 임원들과 함께 런던탑에 수감되었다.

몬터규 부인에게 주식 투기를 권한 시인 알렉산더 포프는 뒤늦게 깨닫고 부패한 세상을 비판하는 시를 썼다.

부패가 마치 큰 홍수처럼
모든 것을 삼키고
스멀거리며 올라오는 탐욕이
어두운 안개처럼 퍼져 태양을 가리도다.

파리와 런던을 덮친 부패의 홍수와 탐욕의 안개는 그 후 온 세상으로 퍼져갔다. 오늘날에도 세계 각지에서는 기름진 거품이 부풀어 올랐다가 허무하게 꺼지는 일이 반복되고 있다.

저자 후기

이 책에 실린 글들은 지난해 네이버캐스트 〈파워라이터 ON〉에 연재했던 것이다. 매주 온라인 상에 글을 써서 올리는 작업은 실로 흥미롭고 박진감 있었다. 천천히 글을 쓰고 여러 번 수정해가며 완성한 원고를 책으로 출판하는 데에 익숙했던 나로서는 빠른 호흡으로 글을 써서 곧바로 수많은 가상 독자들에게 선보이는 이 작업이 꽤나 낯설고도 신선한 경험이었다.

이 분주한 프로젝트에 참여하게 된 데에는 나름의 생각이 없지 않았다. 세상이 이리도 빨리 변화하는데 옛 방식만 고집하면 도태될 터이니 나도 하루바삐 문명개화의 큰 흐름에 동참해보고 싶다는 개인적인 동기도 작용했다.

그렇지만 그보다 더 중요한 다른 이유가 있다. 요즘 젊은이들이 세계 역사에 무지하다는 자각이다. 세계사 과목을 한번 들어본 것과 안 들어본 것만 해도 천지차이다. 고등학교에서 세계사를 선택하지 않았다는 그 우발적 원인 때문에 우리 청년들의 사고가 '해저 2만 리' 수준으로 떨어졌다. 나를 비롯해 내 주변의 교수들은 강의 중에 당연히 알 법한 내용을 의외로 학생들이 이해하지 못하는 경우를 종종 경험한다. 그 원인을 알아보면 역사 지식이 부족하기 때문이라는 사실을 깨닫게 된다.

이 세상을 이해하는 기본이 역사학이라는 점은 두말할 필요가 없다. 오늘날의 청년 세대는 곧 세계를 무대로 활약할 사람들이 아닌가. 세계를 보는 넓은 안목을 갖추어야 하는 동시에, 인간계에서 벌어지는 복잡 미묘한 일들을 세밀하게 읽어내는 능력도 있어야 한다. 그러기 위해서는 우리가 살아가는 이 세상이 실제로 어떻게 변화해왔는지 탐구하는 역사 연구만한 것이 없다. 알기 쉽게 이야기를 풀어서 들려주면 많은 사람이 세계 역사에 한번 눈을 돌려보지 않을까 하는 희망을 품어본다.

이 책이 젊은 독자들에게 와닿았으면 하고 바라는 이유가 여기에 있다. 그런데 바로 여기에 또 다른 어려움이 있다. 듣기로 온라인의 글은 종이책과는 달라, 짧고 강렬하고 섹시해야 통한다는 것이다. 아시다시피 역사 분야의 글은 그런 성격과는 거리가 멀어도 한참 멀다. 이 책의 글도 인터넷 세계를 유랑하는 분들이 보기에는 다소 길고 둔탁할지 모르겠다. 그래도 나름 최선을 다해 '선정적으로' 쓰려고 노력했다는 사실을 알아주면 고맙겠다.

온라인의 멋진 신세계에 들어가보도록 권하고, 그 후 다시 인간미 가득한 구세계에서 책을 엮어준 휴머니스트에 감사드린다. 어리석거나 현명하거나 사악하거나 친절한 많은 친구와 가족에게 고마움을 전한다.

2017년
주경철

부록

유럽 왕가 계보도(16~17세기)

합스부르크 왕가

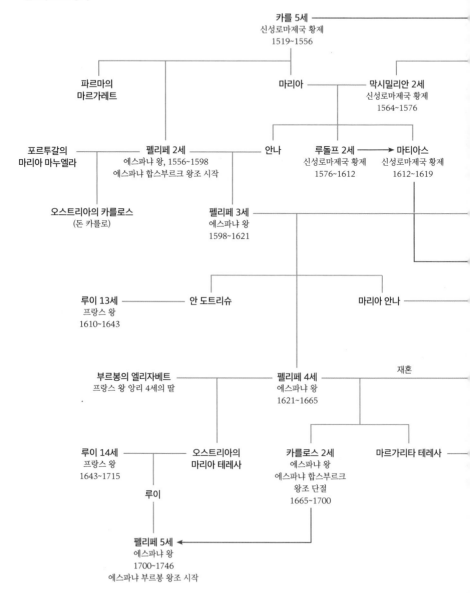

카를 5세
신성로마제국 황제
1519~1556

파르마의
마르가레트

마리아 ── 막시밀리안 2세
신성로마제국 황제
1564~1576

포르투갈의
마리아 마누엘라 ── 펠리페 2세
에스파냐 왕, 1556~1598
에스파냐 합스부르크 왕조 시작

안나

루돌프 2세 ──▶ 마티아스
신성로마제국 황제   신성로마제국 황제
1576~1612   1612~1619

오스트리아의 카를로스
(돈 카를로)

펠리페 3세
에스파냐 왕
1598~1621

루이 13세 ── 안 도트리슈
프랑스 왕
1610~1643

마리아 안나

부르봉의 엘리자베트
프랑스 왕 앙리 4세의 딸

펠리페 4세
에스파냐 왕
1621~1665

재혼

루이 14세 ── 오스트리아의
프랑스 왕   마리아 테레사
1643~1715

루이

카를로스 2세
에스파냐 왕
에스파냐 합스부르크
왕조 단절
1665~1700

마르가리타 테레사

펠리페 5세 ◀──
에스파냐 왕
1700~1746
에스파냐 부르봉 왕조 시작

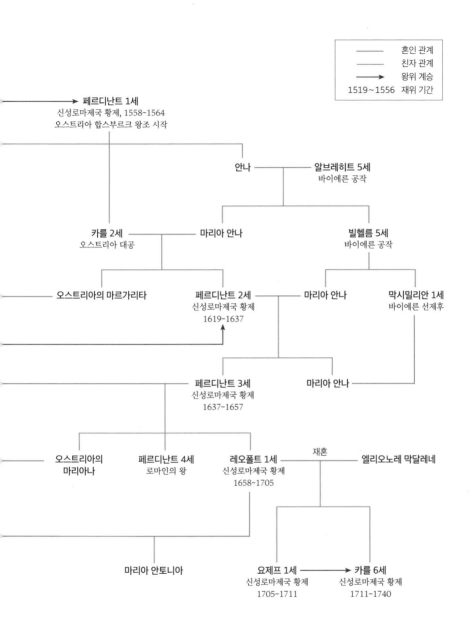

페르디난트 1세
신성로마제국 황제, 1558~1564
오스트리아 합스부르크 왕조 시작

안나 ───── 알브레히트 5세
바이에른 공작

카를 2세 ───── 마리아 안나
오스트리아 대공

빌헬름 5세
바이에른 공작

오스트리아의 마르가리타 ───── 페르디난트 2세
신성로마제국 황제
1619~1637

마리아 안나 ───── 막시밀리안 1세
바이에른 선제후

페르디난트 3세
신성로마제국 황제
1637~1657

마리아 안나

오스트리아의 마리아나

페르디난트 4세
로마인의 왕

레오폴트 1세
신성로마제국 황제
1658~1705

재혼

───── 엘리오노레 막달레네

마리아 안토니아

요제프 1세
신성로마제국 황제
1705~1711

───▶ 카를 6세
신성로마제국 황제
1711~1740

프랑스 왕가

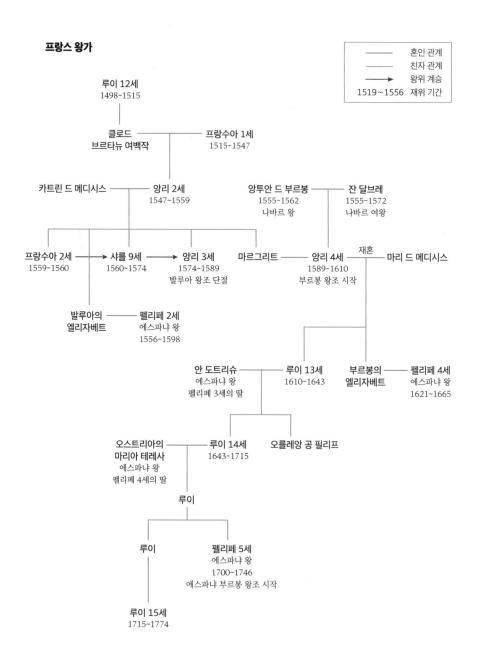

유럽사 연표(16~17세기)

1500	신성로마제국 카를 5세 태어남
1517	마르틴 루터, 95개조 논제 게시
1519	카트린 드 메디시스(이하 '카트린'), 이탈리아 피렌체에서 태어남
	카를 5세, 신성로마제국 황제로 즉위
1526	오스만 제국, 모하치 전투에서 헝가리군 격파
1533	카트린, 프랑스 왕자 앙리(앙리 2세)와 결혼
	오라녀 공 빌렘(이하 '빌렘'), 독일 딜렌부르크에서 태어남
1534	잉글랜드, 로마 가톨릭과 결별하고 영국국교회 성립
1543	코페르니쿠스, 지동설을 주장한 《천체의 회전에 대하여》 펴냄
1544	빌렘, 카를 5세의 부름으로 브뤼셀 궁전에서 지내게 됨
1546	신·구교 간 슈말칼덴 전쟁 일어남
1547	프랑스 프랑수아 1세 사망, 앙리 2세 즉위
	잉글랜드 헨리 8세 사망, 에드워드 6세 즉위
1553	잉글랜드 에드워드 6세 사망, 메리 1세 즉위
1554	메리 1세, 가톨릭 교도인 에스파냐 왕자 펠리페(펠리페 2세)와 결혼
1555	아우크스부르크 종교회의에서 루터파에 한해 신앙의 자유 인정
	메리 1세, 가톨릭으로 복귀하고 신교도 탄압
	신성로마제국 황제 카를 5세 양위
1556	카를 5세 퇴위. 페르디난트 1세가 신성로마제국 황제로, 펠리페 2세가 에스파냐 왕으로 즉위하여 합스부르크 왕가가 오스트리아계와 에스파냐계로 분리
1557	프랑스, 생 캉탱 전투에서 에스파냐군에 대패
1558	카를 5세 사망
	잉글랜드 메리 1세 사망, 엘리자베스 1세 즉위

1559	프랑스 빌레코트레 칙령 발표 후 신교 탄압
	프랑스와 에스파냐, 카토 캉브레지 조약 체결하여 이탈리아를 놓고 벌인 전쟁 종결
	에스파냐 펠리페 2세, 파르마의 마르가레트를 네덜란드 총독에 임명
	엘리자베스 1세, 영국국교회 수장령 부활시킴
1560	프랑스 '앙부아즈 음모' 사건 일어남
	프랑스 프랑수아 2세 사망, 샤를 9세 즉위
1561	카트린, 생 제르맹 칙령(신교도의 정치적 관용 허가) 반포
	프랑스 기즈 가문 군사들에 의한 바시 학살을 계기로 위그노 전쟁(~1598) 일어남
1564	갈릴레오 갈릴레이(이하 '갈릴레오') 이탈리아 피사에서 태어남
1566	네덜란드 북부 7개주 연합 귀족들, 종교 탄압에 항의해 탄원서 제출. 칼뱅파에 의한 성상파 괴운동 일어남
1567	에스파냐 펠리페 2세, 네덜란드에 알바 공 파견. 알바 공, 철권통치기구인 비상위원회 설치
1568	네덜란드 독립전쟁(~1609) 시작
1570	프랑스, 생 제르맹 화해로 위그노 전쟁 휴전
1571	에스파냐, 레판토 해전에서 오스만군에 승리
1572	프랑스 생 바르텔레미 학살 발생
1574	프랑스 샤를 9세 사망, 앙리 3세 즉위
	에스파냐군, 네덜란드 레이던시를 포위했으나 점령 실패
1576	프랑스 볼리외 칙령(신교도의 예배와 관직 취업 권리 보장) 공포
1578	네덜란드에서 알테라치(암스테르담이 독립운동 측으로 돌아섬) 일어남
1579	네덜란드 북부 7개주, 유트레히트 동맹 결성, 남부 10개주는 가톨릭과 에스파냐 지배 인정
1581	네덜란드 전국의회, 펠리페 2세에 대한 충성 서약 철회하고 네덜란드 독립을 선포
1582	그레고리우스력 성립
1584	나바르의 앙리(신교도)가 프랑스 왕위 계승자가 됨
	빌렘, 가톨릭교도에게 암살당함
1587	독일 트리어 지역에서 마녀사냥 일어남(~1600년대 중반)
1588	프랑스 앙리 3세, 신교도의 왕위 계승을 막고자 결성된 가톨릭 동맹과 전쟁 시작
	앙리 3세, 기즈의 앙리 암살
1589	카트린, 병으로 사망
	프랑스 앙리 3세가 암살되어 발루아 왕조가 단절되고, 앙리 4세가 즉위해 부르봉 왕조 시작
	갈릴레오, 피사 대학에서 강사로 일하기 시작함
1592	갈릴레오, 파도바 대학에 수학 교수로 취임

1593	프랑스 앙리 4세, 가톨릭으로 개종
1595	독일 밤베르크 지역에서 마녀사냥 일어남(~1630년대)
1598	프랑스 앙리 4세, 낭트 칙령을 발표해 위그노 전쟁 종결
	잔 로렌초 베르니니(이하 '베르니니'), 이탈리아 나폴리에서 태어남
1603	잉글랜드 엘리자베스 1세 사망, 스코틀랜드 왕 제임스 6세가 제임스 1세로 잉글랜드 왕에 즉위
1608	네덜란드 립밸스하이, 망원경 최초 발명
1609	갈릴레오, 망원경을 제작하여 천체 관측
	에스파냐, 네덜란드와 휴전. 네덜란드 독립을 사실상 인정
1610	프랑스 앙리 4세 암살당함. 루이 13세 즉위
	갈릴레오, 목성의 위성을 발견하고 《별들의 메신저》 펴냄. 피사 대학 수학 주임 교수로 취임
1616	코페르니쿠스의 《천체의 회전에 대하여》 금서 지정
1618	30년전쟁 일어남(~1648)
1619	베르니니, 〈저주 받은 영혼〉 완성
1624	베르니니, 〈다비드〉 완성
1625	베르니니, 〈아폴론과 다프네〉 완성
	잉글랜드 제임스 1세 사망, 찰스 1세 즉위
1630	갈릴레오, 《밀물과 썰물에 관한 대화》 집필(1632년 제목을 '대화'로 바꾸어 출간)
1633	베르니니, 성 베드로 성당 〈발다키노〉 완성
	갈릴레오, 종교재판소에서 이단 판정을 받고, 공개적으로 지동설 주장 철회
1635	프랑스, 30년전쟁 참가
1638	프랑스 루이 14세 태어남
1642	갈릴레오 사망
	잉글랜드에서 청교도 혁명 일어남(~1649)
1643	프랑스 루이 13세 사망, 루이 14세 즉위
1644	교황 인노첸시오 10세 즉위, 베르니니에게 성 베드로 성당 종탑 설계 문제의 책임을 물음
1648	베스트팔렌 조약 체결로 30년전쟁 종식. 신성로마제국이 연방국가로 분열되고, 네덜란드가 독립을 공인받음
	프랑스에서 프롱드의 난 일어남(~1653)
1649	루이 14세, 프롱드의 난으로 파리 탈출
	잉글랜드, 찰스 1세 처형하고 공화정 선포
1651	베르니니, 나보나 광장의 피우미 분수 완성

1652	베르니니, 산타마리아 델라 비토리아 성당의 〈테레사 성녀의 황홀〉 완성
	제1차 잉글랜드-네덜란드 전쟁 일어남(~1654)
1654	스웨덴 여왕 크리스티나, 양위 후 가톨릭으로 개종하고 로마로 이주
1655	베르니니, 파리 방문
1657	신성로마제국 황제 페르디난트 3세 사망
1658	레오폴트 1세, 신성로마제국 황제로 즉위
1659	프랑스, 에스파냐와 피레네 조약 체결하고 전쟁 종결
1660	루이 14세와 에스파냐 공주 마리아 테레사(마리테레즈) 결혼
1661	프랑스 루이 14세, 친정을 선포하고 콜베르를 재무장관에 기용
	에스파냐 카를로스 2세 태어남
1664	루이 14세, 귀족 조사 사업 시작
1665	펠리페 4세 사망, 카를로스 2세 즉위
	제2차 잉글랜드-네덜란드 전쟁 일어남(~1667)
1666	레오폴트 1세와 에스파냐 공주 마르가리타 테레사 결혼
1667	프랑스, 에스파냐와 귀속전쟁 벌임(~1668)
1671	존 로, 스코틀랜드 에든버러에서 태어남
1672	프랑스-네덜란드 전쟁 일어남(~1678)
	제3차 잉글랜드-네덜란드 전쟁 일어남(~1674)
1673	폴란드 얀 소비에스키, 호침 전투에서 오스만군에 승리
1680	베르니니 사망
1683	오스만 제국, 신성로마제국의 빈 침공(대튀르크 전쟁, ~1699). 얀 소비에스키가 이끄는 신성동맹의 참전으로 오스만군에 승리
1685	잉글랜드 제임스 2세 즉위
	루이 14세, 낭트 칙령을 폐지하는 퐁텐블로 칙령 공포
1686	유럽 국가들, 반불동맹인 아우크스부르크 동맹 결성
1687	신성로마제국, 오스만 제국으로부터 헝가리 탈환
1688	아우크스부르크 동맹 전쟁 일어남(~1697)
1689	잉글랜드 제임스 2세가 폐위되고 메리 2세와 윌리엄 3세가 공동 왕으로 즉위. 〈권리장전〉 승인
1697	라이스바이크 조약 체결하여 아우크스부르크 동맹 전쟁 종결
1699	대튀르크 전쟁 종결
1700	카를로스 2세가 사망하여 에스파냐 합스부르크 왕조 단절. 펠리페 5세가 즉위하여 에스파냐

	부르봉 왕조 시작
1701	에스파냐 왕위 계승 전쟁 일어남(~1714)
	프로이센 왕국 설립. 브란덴부르크 선제후 프리드리히 1세 즉위
1705	신성로마제국 황제 레오폴트 1세 사망, 요제프 1세 즉위
	존 로, 《화폐 및 교역론》 펴냄
1707	잉글랜드와 스코틀랜드가 병합하여 대영제국 수립
1711	신성로마제국 황제 요제프 1세 사망, 카를 6세 즉위
	영국 의회, 존 블런트에게 위탁해 국영 복권 사업 추진
	존 블런트, 영국 국채 문제 해결을 위해 남해회사 설립
1712	프랑스의 앙투안 크로자, 아메리카 미시시피 지역을 개발하는 '루이지애나 회사' 설립
1713	에스파냐 왕위 계승 전쟁 종결을 위해 위트레흐트 조약 체결(신성로마제국은 불참)
	프로이센 프리드리히 빌헬름 1세 즉위
1714	프랑스-신성로마제국 간 리슈타트 조약·바덴 조약 체결로 에스파냐 왕위 계승 전쟁 종결
1715	프랑스 루이 14세 사망, 증손자 루이 15세 즉위(오를레앙 공 필리프가 섭정)
	프랑스 정부, 재정난으로 존 로에게 도움 요청
1716	프랑스 일반은행 설립. 존 로, 첫 주식 발행
1717	존 로, '루이지애나 회사'를 인수하여 '미시시피 회사' 설립
1719	프랑스 일반은행, 왕립은행으로 승격
	존 로, 프랑스 조폐국장에 임명됨
1720	존 로, 프랑스 재무총감에 임명되었으나, 거품 경제 붕괴로 해임되어 도주함
	남해회사, 3월에 첫 주식 청약을 진행했으나 곧 거품 경제가 붕되어 12월에 영국 의회에 서 진상조사를 벌임
1729	존 로, 베네치아에서 사망

찾아보기

반反버블법(포말법) • 322, 324

발루아의 마르그리트Marguerite de Valois • 20,
21, 26, 35, 36 , 37, 40, 49, 332

발루아의 엘리자베트Élisabeth de Valois • 20, 27,
64, 330, 332

발타자르 제라르Balthazar Gérard • 58, 90, 91

〈발다키노〉• 29, 260, 266, 284, 335

밤베르크 • 132, 137, 146, 152~155, 158,
161, 164, 335

버블 기업 • 319, 320, 322, 324

버지니아 갈릴레이Virginia Galilei • 94, 127

베네데토 카스텔리Benedetto Castelli • 94, 114,
118, 119

베네치아 • 27, 101, 106, 107, 110, 121, 246,
294, 312, 337

베르사유궁 • 7, 171, 174, 178, 187~190,
193, 201, 242, 280, 282

베스트팔렌 조약 • 59, 91, 172, 335

《별들의 메신저》• 109, 335

보스니아(인) • 226, 246

부르봉의 엘리자베트Isabelle de Bourbon • 170,
212, 218, 330, 332

블루아성 • 50~52

빈첸초 비비아니Vincenzo Viviani • 94, 100, 127

빌레코트레 칙령 • 29, 334

〈빌헬뮈스Wilhelmus〉• 83

30년전쟁 • 91, 172, 278, 335

《새로운 두 과학》• 127

생 바르텔레미 학살 • 6, 35, 39, 40, 44, 54,
334

생 제르맹 칙령 • 32, 334

생 캉탱 전투(1557) • 27, 64, 65, 79, 193, 333

샤를 9세Charles IX • 20, 26, 30, 35, 38, 39, 42,
46, 48, 332, 334

성 베드로 성당 • 250, 259, 260, 264, 265,
267~270, 279, 282~285, 335

성상파괴운동 • 72~74, 79, 334

세르비아(인) • 246, 247

쉬피오네 보르게세Scipione Borghese • 250, 254,
258

스위스 • 153, 199, 213, 306

스코틀랜드 • 50, 235, 292, 294, 296,
335~337

《시금저울》• 122

신교(도) • 6, 20, 26, 29, 31~43, 47~50, 53,
54, 58, 64, 66, 70, 72~74, 78, 87~89,
124, 139, 155, 161, 196~201, 246, 261,
277, 278, 333, 334

신성동맹 • 230, 231

신성로마제국 • 7, 8, 24, 61~63, 153, 170,
172, 200~206, 212~214, 225~240,
243~247, 330, 331, 333, 335~337

ㅇ

아리스토텔레스 철학 • 98, 100, 101

아시엔토 • 206, 314

아우크스부르크 동맹 전쟁(1688~1697) • 201,
204, 235, 336

아이작 뉴턴Isaac Newton • 103, 116, 290, 319,
324

〈아폴론과 다프네〉• 255, 257, 258, 335

안 도트리슈Anne d'Autriche(오스트리아의
안) • 170, 172~174, 330, 332

안니발레 카라치Annibale Carracci • 254

알랑송 공작→프랑스의 프랑수아

알렉산데르 7세Alexander VII • 50, 260, 276,
279, 284, 285

주경철의 유럽인 이야기 2

근대의 빛과 그림자

1판 1쇄 발행일 2017년 7월 24일
1판 9쇄 발행일 2023년 10월 23일

지은이 주경철

발행인 김학원
발행처 (주)휴머니스트출판그룹
출판등록 제313-2007-000007호(2007년 1월 5일)
주소 (03991) 서울시 마포구 동교로23길 76(연남동)
전화 02-335-4422 **팩스** 02-334-3427
저자·독자 서비스 humanist@humanistbooks.com
홈페이지 www.humanistbooks.com
유튜브 youtube.com/user/humanistma **포스트** post.naver.com/hmcv
페이스북 facebook.com/hmcv2001 **인스타그램** @humanist_insta

편집주간 황서현 **편집** 최인영 이영란 **디자인** 김태형
조판 홍영사 **용지** 화인페이퍼 **인쇄** 삼조인쇄 **제본** 해피문화사

ⓒ 주경철, 2017

ISBN 979-11-6080-028-9 04900
      979-11-6080-026-5(세트)

NAVER 문화재단 파워라이터 ON 연재는 네이버문화재단 문화콘텐츠기금에서 후원합니다.